研究生卓越人才教育培养系列教材

绿色低碳发展与治理

主　编　田洪志

副主编　李　冬　司林波
　　　　王社坤

参　编　葛鹏飞　梁　炜
　　　　李　楠　李晶莹

西北大学出版社
·西安·

图书在版编目（CIP）数据

绿色低碳发展与治理 / 田洪志主编. — 西安 ： 西北大学出版社， 2024. 11. — ISBN 978-7-5604-5565-5

Ⅰ. F124.5

中国国家版本馆 CIP 数据核字第 20248T5N91 号

绿色低碳发展与治理

LÜSE DITAN FAZHAN YU ZHILI

田洪志　主编

出版发行　西北大学出版社

（西北大学校内　邮编：710069　电话：029-88303042　88303593）

http: //nwupress.nwu.edu.cn　E-mail: xdpress@nwu.edu.cn

经　　销　全国新华书店

印　　刷　西安博睿印刷有限公司

开　　本　787 毫米×1092 毫米　1/16

印　　张　16.75

版　　次　2024 年 11 月第 1 版

印　　次　2024 年 11 月第 1 次印刷

字　　数　306 千字

书　　号　ISBN 978-7-5604-5565-5

定　　价　46.00 元

前　言

随着全球气候变化与环境污染问题的日益严峻，绿色低碳发展与治理已经成为我们这个时代最为紧迫的议题之一。作为应对气候变化的重要手段，绿色低碳发展不仅关乎人类的未来生存与发展，更是对自然环境的尊重与保护。《绿色低碳发展与治理》这本书就是在该背景下应运而生的，它旨在深入探讨中国绿色低碳发展的理论与实践，为构建可持续的未来贡献力量。

绿色低碳发展，顾名思义，是指在满足经济社会发展需求的同时，通过降低二氧化碳等温室气体排放，实现经济发展与生态环境保护的良性循环。这一概念的提出，既是人类对环境问题深刻反思的结果，也是科技进步与社会发展的必然选择。作为世界上最大的发展中国家和人口大国，低碳发展已经成为中国的责任与追求。然而，低碳发展并非易事。它涉及经济、社会、环境等多个领域，需要政府、企业、社会公众等多方参与和共同努力。在这个过程中，治理机制的建设与完善尤为重要。只有通过科学有效的治理，才能确保绿色低碳发展顺利推进，实现经济社会与生态环境和谐共生。

《绿色低碳发展与治理》系统地给出了绿色低碳发展的理论框架与全球实践经验，深入分析了低碳发展中的关键问题与挑战。本书第 1 章介绍了绿色经济、人类发展与碳排放以及绿色低碳发展与治理，第 2 章介绍了低碳经济的基本理论，第 3 章分析了中国的碳排放现实与实行绿色低碳发展的必要性，第 4 章则研究能源转型与化石能源的清洁利用，第 5 章从化工角度介绍了最新的低碳技术，第 6 章则给出中国碳减排政策与行动目标，第 7 章介绍了国际低碳治理体系以及对中国有益的国际借鉴，第 8 章介绍了低碳经济研究的相关算法与模型，第 9 章和第 10 章分别介绍了产业政策与绿色低碳治理、碳市场与绿色金融问题，第 11 章介绍了绿色低碳发展相关的法律制度，第 12 章介绍了中国完善低碳发展与治理的体制与机制。

本书既有对绿色低碳发展理念的深入阐述，也有对低碳技术的详细介绍；既有对国际绿色低碳发展经验的总结，也有对中国绿色低碳发展道路的探讨。本书旨在为读者提供一个全面、深入、系统的绿色低碳发展与治理知识平台，帮助读者更好地理解和把握绿色低碳发展的内涵与要求，为推动低碳发展提供有力的理论支撑和实践指导。

本书由西北大学碳中和学院组织校内各单位的教师进行编写，具体章节编写分工如下：第 1 章由经济管理学院田洪志、碳中和学院闫卉晴、经济管理学院倪萍编写；第 2 章由碳中和学院、经济管理学院李楠和碳中和学院白枢奇编写；第 3 章由化工学院李晶莹、马龙飞和公共管理学院司林波、张锦超编写；第 4 章由化工学院李冬、潘柳依、姚何丹编写；第 5 章由化工学院李冬、刘姣姣、朱永红编写；第 6 章由公共管理学院司林波、张锦超编写；第 7 章由碳中和学院、经济管理学院李楠和经济管理学院杨亚亭编写；第 8 章由经济管理学院田洪志、张冰玉和碳中和学院闫卉晴编写；第 9 章由经济管理学院葛鹏飞、岳雯编写；第 10 章由经济管理学院葛鹏飞、唐楚雄编写；第 11 章由法学院王社坤编写；第 12 章由公共管理学院梁炜、韩雨桐、陈小玥编写。田洪志负责统稿和最后的修改工作。

感谢西北大学碳中和学院陈京京、谢钢、孟庆彬等老师对本书的支持，感谢所有作者和西北大学出版社的陈英烨编辑。我们也感谢所有关心和支持低碳发展与治理事业的读者和朋友们，正是你们的关注和支持，让我们有了不断前行的动力。

田洪志

2024 年 3 月

目 录

第1章　绪论

1.1　绿色经济

1.1.1　绿色经济的内涵

绿色经济是以改善生态环境、节约自然资源为必要内容，以经济、社会、自然和环境的和谐为出发点，以资源、环境、经济、社会的协调发展为落脚点，以经济效益、生态效益和社会效益兼得为目标的一种发展模式。其中“绿色”是“生态”的代名词，“经济”是指人类进行的经济实践活动。因此，绿色经济是和生态创造与发展相关的人类经济实践活动。该概念强调“经济要生态”“生态要经济”，即要求经济活动要利于保护生态环境或至少不损害生态环境，同时要在生态环境保护中产生经济效益，“绿水青山就是金山银山”是对绿色经济最好的诠释。简言之，绿色经济是在生态环境容量、资源承载能力范围内，实现资源节约、环境友好、生态公平、社会福利不断提高的一种可持续发展经济形态。

1.1.2　绿色经济的特征

绿色经济能实现产量和质量的双赢。对中国这样一个人口大国而言，商品的产量和质量同等重要，这也正是绿色经济的优势所在。经济发展至今，自然资源日趋有限，唯有大幅度地提高经济生产和资源利用效率，才能充分实现土地的经济价值。绿色经济发展建构在绿色竞争力基础之上，通过多层次地综合利用生态系统中的各种生物，提高生物资源的利用效率和产品质量，实现绿色产品价值的多次增值，更符合现代人对生活质量的要求。因此，在许多发达国家，尽管绿色产品的价格要比常规食品高出20%～30%，但依然供不应求。此外，虽然近些年各国设置了诸多贸易壁垒特别是绿色壁垒来保护国内的经济利益，但货真价实的绿色农产品仍然广受欢迎。经济发展进程中人们消费需求的变化反映出绿色经济发展的国际性和趋势性。

绿色经济以质量和效益并举为目标。绿色经济注重生产方式与生态环境之间的协调，要求生产出来的农产品无污染、品质高、安全可靠，具有质量保证。不仅如此，绿色经济还具有很高的经济效益。有观点认为，绿色生产的产量和效益肯定比常规生产的产量低，这其实是人们对绿色经济的误解。在绿色生产体系建立初期，其产量通常低于常规生产，但从长远来看，一旦建立起良性的生产体系，绿色生产的产量并不一定会比常规生产的产量低。相反，整个绿色体系的生产力还要高于常规体系的生产力。将国内草莓与蔬菜的有机栽培与完全施用化肥的常规栽培进行比较，试验结果表明：只要施入足够量的有机肥，有机栽培的产量比完全施用化肥的常规栽培的产量要高出10%～30%，甚至更高。可见，绿色经济属于典型的"优质优价"产业。如果能实现产业化经营，由生产初级产品转向侧重于生产加工品，延长产业链，提高绿色产品的加工率，附加值会更高，经济效益也将更加可观。

绿色经济是一种可持续的经济发展模式。一种经济模式是否具有长久的生命力，以及对社会有多大的贡献，取决于它是否和人类社会的可持续发展相一致，是否能有效处理人口的数量增长和多样化需求与自然资源和生态环境的承载力之间的矛盾，是否能实现经济、社会、环境之间的有机协调和全面发展。绿色经济通过总结吸收其他经济方式的成功经验，运用传统经济精华和现代科学技术，人工设计生态工程，充分利用自然资源及动物、植物、微生物之间相互依存的关系，实现无污染的绿色产品生产和生态环境保护之间的良性循环，即通过遵循生物的互利共生和能量物质转化规律，优化绿色经济生态系统结构，降低化肥等物质投入和自然灾害等系统风险，实现经济的高效稳定。通过多层次地综合利用生态系统资源，提高生物利用效率和产品质量，生产出满足国内外市场需求的多种优质绿色产品，实现生态效益和经济效益的统一。通过对绿色经济系统中投入产出链和生产、加工、商贸的优化组合，促使农、工、贸一体化之间形成良性循环，使产品价值多次增值，实现经济效益与社会效益相结合。

由此可见，绿色经济作为一种科学的、开放度较大的半人工生态系统，在整体性、地域性、集约性、高效性和调控性的综合作用下，实现了人口、资源、经济与社会生态之间的协调统一，是一种具有可持续性的现代经济发展模式。

1.1.3 中国的绿色经济发展模式

第一，加快转变经济发展方式，大力支持发展绿色产业。中国既定的经济发展模式是资源依赖型、投资驱动型和高碳经济型的经济发展方式。这种发展方式是造成中国当前许多发展问题的根源。因此，必须转变经济发展方式，坚定不移地发展生态农业、生态工业和生态服务业，完善现代化的生态化产业体系，坚定不移地发展环保产业。第二，有效控制温室气体排放，积极应对全球气候变化。调整产业结构和能源结构，通过节能降耗、提高能效、增加森林碳汇等多种措施，大幅度地降低能源消耗强度和二氧化碳排放量，有效控制温室气体排放。第三，积极倡导绿色消费，树立生态文明理念。把节约文明、环境道德纳入社会运行的优良秩序，把生态环境保护、资源承载能力作为经济发展的首要条件，引导公众自觉选择低碳排放、节约环保的消费模式。

1.2 人类发展与碳排放

人类文明经历了原始文明、农业文明和工业文明三个发展阶段。人类一直在利用自然资源、生态环境服务于自身的生存和发展，尤其是工业革命以来，以机器取代人力，以大规模工厂化生产取代个体手工生产，人类步入了能源消耗时代。自工业革命至今，人类发展的基础是能源，特别是化石能源的使用。随之而生的是资源问题、能源问题和生态环境问题，从无到有、从小到大、从局部到全球，特别是20世纪70年代以来，资源环境问题更加突出。如何审视经济发展中的不良影响，着力解决越来越严峻的资源与环境问题，走人与自然和谐相处的发展道路，已经成为世界性的热点话题。

1.2.1 人类的碳排放历史

在工业革命之前，全球二氧化碳的排放量非常低，二氧化碳的浓度基本保持在300 ppm以下。随着蒸汽机的发明和煤炭的使用，欧美各国逐渐步入了机械化时代，但大量污染物的产生及二氧化碳的排放也随之而来。1824年，科学家发现了温室效应，其中二氧化碳是最重要的温室气体。从19世纪50年代开始，人类逐渐步入石油天然气时代。1950年，全世界排放了60亿t二氧化碳。到1990年，这一数字几乎翻了两番，达到了 220 多亿 t。重要的是，二氧化碳排放量仍在迅速上升，人类现在每年的二氧化碳排放量超过 340 亿 t。近年来，由于受到疫情的冲击，全球碳排放量的上升速度有所放缓，但尚未达到峰值。

欧美发达国家的碳排放量最先开始上升，发展中国家的碳排放量从 20 世纪中叶开始增加，中国在 1978 年改革开放之后碳排放量逐年升高。欧美国家随着经济发展的放缓和人口的减少，碳排放量已经陆续达到了峰值并开始下降，所以在碳排放方面这些国家为发展中国家提供了参考。按照碳排放强度现状，中、美、印、俄、日是目前列于世界前五位的碳排放大国，领先于其他国家；中、美、印三个国家排放了全球一半的二氧化碳。另外，由于一部分发展中国家的人口远大于发达国家，其碳排放量也位居发达国家之前。

按照各国历史累计二氧化碳排放量计算，截至 2021 年年底，美国是全球最大的累计排放国，排在第二位的是中国。自 2006 年以来，中国的二氧化碳排放量增加了三倍多，超过美国成为世界上年排放量最大的国家，约占全球年排放总量的四分之一。

在全球人口和经济规模日益增长的大环境下，环境问题开始逐渐暴露出来，人类开始意识到过度使用能源的环境危害。这些环境危害不仅包括烟尘、光化学烟雾和酸雨等，还包括大气中二氧化碳浓度升高导致的全球气候变化问题。人为排放的二氧化碳等温室气体在给自然环境造成破坏的同时，又威胁到人类自身的生存发展。因此，降低碳排放强度成为人类保护地球的共同使命。

“低碳经济”提出的大背景，是全球气候变暖对人类生存和发展的严峻挑战。包括工业化进程在内的一系列人类活动对全球气候变化产生了巨大影响。燃烧化石燃料、砍伐森林等行为都是使得大气中的二氧化碳浓度升高、温室效应增强的重要原因，进而加速了全球气候变暖的进程。全球变暖的主要危害包括：南北极的冰川融化，海平面上升，周围的小岛屿国家和沿海低洼地区面临被淹没的风险（如岛国马尔代夫将在 50 年后被完全淹没）；气候变化异常，极端天气频发，引发重大的自然灾害问题；疾病防控等系统被破坏，对人类生活中的多个方面造成不利的影响。当气候变暖到一定程度时，现有的生物链将不可逆转地崩溃，危及人类生存。

在全球变暖的大背景下，中国近百年的气候也发生了明显变化。有关中国气候变化的主要观测事实包括：一、近百年来，中国年平均气温升高了 0.5～0.8℃，略高于同期全球增温平均值，近 50 年变暖趋势尤其明显。从地域分布来看，西北、华北和东北地区气候变暖明显，长江以南地区变暖趋势不显著；从季节分布来看，冬季增温最明显。1986—2005 年，中国连续出现了 20 个全国性暖冬。二、区域降水变化波动较大。

中国年平均降水量在 20 世纪 50 年代以后开始逐渐减少，平均每 10 年减少 2.9 mm，1991—2000 年略有增加。从地域分布来看，华北大部分地区、西北东部和东北地区降水量明显减少，平均每 10 年减少 20～40 mm，其中华北地区最为明显；华南与西南地区降水量明显增加，平均每 10 年增加 20～60 mm。

导致气候变化的原因是多方面的，既有自然因素，也有人为因素，其中人类活动对于气候的影响无法忽略。气候变化与人类的碳排放，即二氧化碳等温室气体的排放量关系紧密。自然界本身也排放着各种温室气体，如果依靠地球本身的作用吸收和分解温室气体，会使大气中温室气体的变化呈现一种循环，进而使得温室气体排放增长缓慢。据美国能源部二氧化碳信息分析中心（Carbon Dioxide Information Analysis Center, CDIAC）的研究数据显示，全世界的化石燃料所引起的二氧化碳排放量由 1751 年的 300 万 t 上升到 2008 年的 8.749 亿 t。

1.2.2 二氧化碳的双重性

二氧化碳是维持地球生态系统及生命的重要组成部分，是由生物体，特别是植物释放出来的，经过气候系统循环后重新返回到大气中。因此，其对地球上的生命有着重要的作用。但是，二氧化碳也可能会为全球变暖和环境污染做出贡献，使其具有双重性。

一方面，二氧化碳在地球生态系统中起着重要的调节作用，其中最重要的是它的能量调节作用，它可以捕获太阳能并释放到地球，从而维持地球表面的温度。此外，二氧化碳还是植物生长和发育的重要因素，它作为植物在光合作用过程中的重要原料，可以让植物获得更多的养分，使其发育繁茂。

另一方面，二氧化碳的增加可能会引起全球变暖，并导致环境污染。这是因为当大量的二氧化碳被释放到大气中时，其会形成一层“热屏障”，阻挡太阳光线透过，从而使地球表面的温度升高。此外，这种屏障也会令空气中的污染物无法挥发，从而带来大气污染。

人类排放的二氧化碳等温室气体会导致气候变暖，反过来影响人类自身的生存和发展，因此发展绿色低碳经济成为保护我们共同的家园——地球——的客观需要。在世界人口和经济规模不断增长的大背景下，资源和粮食供应紧缺的问题频发，由能源消费引起的环境污染问题也越来越严重。随着科技水平的提高以及人类环境意识的增强，人们对于过度排放温室气体带来的环境污染问题以及环境污染对人体健康带来的负面影响逐渐有了更清晰的认识。1988 年，由世界气象组织（World Meteorological Organization, WMO）和联合国环境规划署（United Nations Environment Programme, UNEP）共同成立的政府间气候变化专门委员会（Intergovernmental Panel on Climate Change, IPCC），从科学证据、适应与减缓、政策措施等方面对气候变化进行了全面评估，并于 2007 年发布了第四次评估报告。该报告指出：20 世纪后半叶，北半球的平均气温是过去 1300 年中最高的。在过去 100 年间，世界平均气温上升了 0.74℃，海面平均上升了 17 cm。如果不能扭转这种趋势，21 世纪末气温将上升 4℃，海面将上升 60 cm。这反过来又将对水资源、生态系统、农业生产以及沿海地区带来诸多持久而深远的影响。近些年出现城市比郊区温度高的“热岛”效应，干旱、洪水、台风等极端气候事件，造成人民生命财产损失的增加，也是客观事实。因此，降低生产和生活中温室气体的排放强度、提高碳生产率，成为世界发展的新方向，也是人类迈向生态文明新道路的积极探索。

1.3 绿色低碳发展与治理

在 21 世纪的今天，全球气候变化和环境问题已成为人类面临的重大挑战。为应对这些挑战，绿色低碳发展应运而生，成为各国政府和国际社会共同关注的焦点。绿色低碳发展不仅有助于减少温室气体排放、保护生态环境，还能推动经济转型升级、实现可持续发展。绿色低碳发展已成为各国共同追求的目标。因此，深入研究和探讨绿色低碳发展与治理具有重要的理论价值和实践意义。需要注意的是，绿色和低碳发展的概念并不重复。绿色偏重于经济发展方式的生态环境友好性，即发展经济不能以破坏生态环境为代价，而低碳发展偏重于经济发展方式的过程和结果清洁性，即尽可能在原料开采、产品生产、交通运输以及下游消费等环节减少碳排放，努力控制全球气候变化。

1.3.1 绿色低碳发展的内涵与特征

绿色低碳发展是指在满足经济社会发展需求的同时，通过技术创新、制度创新、产业转型、能源结构优化等手段，降低碳排放强度，实现经济社会发展与生态环境保护的双赢。其核心在于推动能源绿色低碳变革，构建清洁低碳、安全高效的能源体系，实现能源消费革命和能源供给革命。

绿色低碳发展是一种绿色环保的经济发展新模式，它具有以下特征：

（1）低能耗。绿色低碳发展注重在经济发展过程中降低能耗，实现人、自然、经济三方面的和谐发展。通过提高能源利用效率，减少不必要的能源消耗，推动经济高效发展。

（2）低排放。绿色低碳发展要求在实现经济增长的同时，减少温室效应气体（主要是二氧化碳、甲烷等）的排放，避免对环境造成过大的负担。这要求在发展经济的同时，注重环境保护，实现经济与环境的协调发展。

（3）低污染。绿色低碳发展强调减少污染物的排放，改善人类生存条件。通过减少污染物的排放，推动绿色生活、绿色消费，引导人们改变传统的生产生活方式，实现经济的可持续发展。

（4）创新与技术进步。绿色低碳发展需要依靠创新和技术进步来推动。通过研发和应用新的低碳技术，提高能源利用效率，减少碳排放，推动经济向更加绿色、环保的方向发展。

（5）可持续发展。绿色低碳发展的最终目标是实现可持续发展。这要求在发展经济的同时注重环境保护，实现经济、社会和环境的协调发展。通过推动绿色产业发展、建设低碳城市、促进可再生能源利用等措施，实现经济的长期稳定和社会的全面发展。

综上所述，绿色低碳发展具有低能耗、低排放、低污染、创新与技术进步以及可持续发展的特征。这些特征共同构成了绿色低碳发展的核心理念和行动方向，为实现经济、社会和环境的协调发展指明了路径。

1.3.2　绿色低碳发展的现状与挑战

近年来，全球绿色低碳发展取得了显著进展。许多国家制定并实施了一系列应对气候变化的政策和措施，如减少化石能源消费、发展可再生能源、提高能源利用效率、制定碳达峰碳中和目标等。同时，随着科技的不断进步，绿色低碳技术也得到了快速发展和应用，如太阳能、风能、电动汽车等。

然而，绿色低碳发展仍面临诸多挑战。一是全球气候变化形势依然严峻，温室气体排放量仍在不断上升。二是绿色低碳技术的发展和应用仍存在诸多制约因素，如技术成本高、市场规模小等。此外，国际合作与竞争日趋激烈，需要各国共同努力推动绿色低碳发展。

1.3.3 进行绿色低碳治理的必要性与举措

进行绿色低碳治理的必要性主要体现在以下五个方面：

（1）应对气候变化。绿色低碳治理是应对全球气候变化的重要手段。通过减少温室气体排放，减缓全球气温上升的速度，可以降低气候变化对地球生态系统的破坏，保护生物多样性和生态平衡。

（2）节约能源资源。绿色低碳治理有助于节约能源资源，提高能源利用效率。通过采用节能技术、推广节能产品、提高能源管理水平等措施，可以降低生产和生活中的能源消耗，减少资源浪费。

（3）促进可持续发展。绿色低碳治理有助于实现经济、社会和环境的协调发展，推动可持续发展。通过调整产业结构、优化能源结构、推广清洁能源等措施，可以促进经济的高效发展，同时保护环境，实现资源的可持续利用。

（4）提高生活质量。绿色低碳治理有助于提高人们的生活质量。通过减少空气、水和土壤污染等环境问题，可以改善人们的居住环境，提高人们的健康水平。

（5）推动技术创新。绿色低碳治理需要依靠技术创新来推动。通过研发和应用新的低碳技术、推动能源技术的革命性变革等措施，可以推动绿色低碳产业的发展，促进经济的绿色转型。

进行绿色低碳治理可以从以下四个方面展开：

（1）加强政策引导。政府应制定和完善绿色低碳发展的政策体系，明确发展目标、任务和措施。通过财政、税收、金融等手段，引导和激励企业和社会各界积极参与绿色低碳发展。

（2）加大资金投入。加大对绿色低碳技术研发和应用的资金投入，鼓励企业加大研发力度，提高技术水平和市场竞争力。同时，引导社会资本流向绿色低碳领域，推动绿色低碳产业的快速发展。

（3）加强国际合作与交流。面对全球性的气候和环境问题，各国应加强合作与交流，共同应对挑战。通过国际合作，共享技术、经验和资源，推动全球绿色低碳发展的进程。

（4）提高公众意识。加强宣传教育，提高公众对绿色低碳发展的认识和意识。通过普及绿色低碳知识、推广绿色低碳生活方式，引导公众积极参与绿色低碳发展。

1.3.4 未来绿色低碳发展的趋势与展望

随着科技的不断进步和政策的不断完善，绿色低碳发展可能会呈现出以下趋势：

（1）绿色低碳技术将持续创新。随着科技的快速发展，绿色低碳技术将不断创新和突破。未来，太阳能、风能、生物质能等可再生能源将得到更广泛的应用和推广，绿色建筑、智能交通等低碳技术也将得到快速发展和应用。

（2）绿色低碳产业将成为新的经济增长点。随着绿色低碳技术的不断应用和推广，绿色低碳产业将成为新的经济增长点。未来，绿色低碳产业将带动相关产业的发展和壮大，为经济增长注入新的动力。

（3）国际合作与竞争将更加激烈。面对全球性的气候和环境问题，各国将加强合作与竞争，共同推动绿色低碳发展。未来，国际合作将更加紧密，竞争将更加激烈，需要各国共同努力推动全球绿色低碳发展的进程。

绿色低碳发展与治理是全球共同面临的重大课题。通过加强政策引导、加大资金投入、加强国际合作与交流、提高公众意识等措施，推动绿色低碳发展取得更加显著的成效。随着科技的不断进步和政策的不断完善，绿色低碳发展将呈现出更加广阔的前景和更加激烈的竞争态势。

第2章 低碳经济的基本理论

2.1 低碳经济的界定

2.1.1 低碳经济的内涵和外延

1. 低碳经济的基本概念

碳有广义和狭义之分。狭义的碳是指造成当前全球气候问题的二氧化碳气体，特别是化石能源燃烧所产生的二氧化碳。广义的碳包括在《京都议定书》中提出的六种温室气体。所谓“低”，则是针对当前高度依赖化石燃料的能源生产消费体系所导致的“高”的碳强度及其相应“低”的碳生产率，最终要使碳强度降低到自然资源和环境容量能够有效配置和利用的目标而言的。“低碳”是指较低或者更低的温室气体的排放。

低碳经济是指最大限度地减少煤炭和石油等高碳能源消耗的经济，也就是以低能耗、低污染为基础的经济。从实质上来看，低碳经济兼顾了“低碳”和“经济”，是人类社会应对气候变化，实现经济社会可持续发展的一种模式。“低碳”意味着经济发展必须最大限度地减少或停止对碳基燃料的依赖，实现能源转型和经济转型。“经济”意味着要在能源利用转型的基础上和过程中继续保持经济增长的稳定性和可持续性，这种理念不能排斥发展和产出最大化，也不能排斥长期经济增长。低碳经济中的经济涵盖了整个国民经济和社会发展的各个方面。

在政府文件中，首次出现中碳、低碳经济概念是在英国的《能源白皮书》中，其要点是提高能效、采用可再生能源以及采用碳捕获与封存技术。该白皮书虽为低碳发展模式制定了较为详细的目标和路线图，但并没有为低碳经济提出明确的内涵和可供比较的指标体系。目前被广泛引用的是英国环境专家鲁宾斯德的阐述，即低碳经济是一种正在兴起的经济模式，其核心是在市场机制基础上，通过制度框架和政策措施的制定和创新，推动提高能效技术、节约能源技术、可再生能源技术和温室气体减排技术的开发和运用，促进整个社会经济朝向高能效、低能耗和低排放的模式转型。

2. 低碳经济的科学内涵

低碳经济不仅是一种经济发展理念，更是一种经济发展模式。低碳经济首先是一种经济发展理念。这种发展理念以“三低三高”（低能耗、低污染、低排放，高效能、高效率、高效益）为前提，以“稳定大气中的温室气体浓度并保持经济的增长”为目标。它是人与自然和谐共处、经济发展与环境保护“双赢”的理性权衡，是人类在“后工业时代”经济发展的方向。同时，低碳经济也是一种经济发展模式。这种经济发展模式的核心在低碳，目的在发展。在保证经济社会健康、快速和可持续发展的条件下最大限度地减少温室气体的排放。

低碳经济不仅是一个经济问题，也是一个社会问题。低碳经济是一个涉及能源、环境和贸易等方面的经济问题，其发展与推进可以通过改善能源结构、调整产业结构、提高能源效率、增强技术创新、增加碳汇能力等措施来实现。更重要的是，它还是一个社会问题，涉及提高政府、企业和个人对低碳经济理念的认识，涉及在生产、流通、消费和管理中贯彻低碳经济理念，还涉及社会经济的增长方式、发展模式、生活方式、消费模式等诸多方面。低碳发展本质上应该是全社会共同支持的结果。

低碳经济不仅是一个科学问题，也是一个政治问题。低碳经济的提出与全球气候变化、“两型”社会建设、节能减排问题密不可分。低碳问题的解决方案有赖于科技创新，发展低碳经济不能与科技进步脱钩，科技进步是发展低碳经济的强大动力。低碳经济的内涵和发展已经涵盖了科学和政治领域。发展低碳经济已经逐渐发展成为一个环境、经济和政治外交的“大拼盘”，围绕《联合国气候变化框架公约》所衍生出来的一系列国际事件正是复杂的国际政治和环境外交的一个缩影。

3. 低碳经济的基本特征

根据众多研究对低碳经济的不同解释，可以概括出低碳最基本的含义，即较低（更低）的温室气体（主要是二氧化碳）排放。因此，为维持生物圈的碳平衡，抑制全球气候变暖，需要降低生态系统碳循环中的人为碳通量，通过减排二氧化碳，减少碳源，增加碳汇，改善生态系统的自我调节能力。低碳经济具有“三低”的基本特征：

（1）低能耗。低碳经济是相对于基于无约束的碳密集能源生产方式和能源消费方式的高碳经济而言的。低碳经济是目前最可行的、可量化的、可持续的发展模式。想要长期减少温室气体排放，并最终实现经济社会可持续发展的关键在于技术创新和发展模式创新，致力于发展清洁、低碳的能源技术，建立低碳经济增长模式和低碳社会消费模式。这也是协调经济社会发展和保护全球气候变化的根本路径。因此，发展低碳经济的关键在于降低单位能源消费量的二氧化碳排放量（碳强度），通过碳捕捉、碳封存、碳蓄积，降低能源消费的碳强度，控制二氧化碳排放的增长速度。

（2）低污染。低碳经济是相对于人为碳通量而言的，旨在解决人为碳通量增加引发的地球生物圈碳失衡问题。为应对全球气候变化问题，能源领域正在不断地进行技术创新。低碳能源是低碳经济的基本保证，清洁生产是低碳经济的关键环节。因此，发展低碳经济的关键在于改变人们的高碳消费倾向和碳偏好，减少化石能源的消费量，减少碳足迹，实现低碳生存。

（3）低排放。低碳经济是基于化石能源的经济发展模式而言的。未来能源发展的方向是清洁、高效、多元和可持续。因此，促进经济增长与由能源消费引发的碳排放“脱钩”是发展低碳经济的关键所在，实现经济与碳排放错位增长（低增长、零增长或者负增长），通过能源替代、发展低碳能源和无碳能源控制经济体的碳排放弹性，并最终实现经济增长的碳脱钩。

2.1.2 低碳经济的相关概念

1. 库兹涅茨曲线

库兹涅茨曲线（Kuznets Curve）又称倒 U 曲线（Inverted U Curve）、库兹涅茨倒 U 字形曲线假说，于 1955 年由美国经济学家、诺贝尔奖获得者西蒙・史密斯・库兹涅茨提出，是描述收入分配状况随经济发展过程而变化的曲线，是发展经济学中的重要概念。1993 年，Panayotou 借用 1955 年库兹涅茨界定的人均收入与收入不平等之间的倒 U 曲线，首次将这种环境质量与人均收入之间的关系称为环境库兹涅茨曲线（EKC）。

2. 环境库兹涅茨曲线的基本概念

EKC 揭示出环境质量开始随着收入增加而退化，收入水平上升到一定程度后环境质量随收入增加而改善，即环境质量与收入为倒 U 字形关系。在环境库兹涅茨曲线中，一般将经济增长与环境污染的变化分为三个阶段：① 经济起飞阶段，表现为经济高速增长和环境剧烈破坏；② 转折拐点，表现为经济高速增长，环境污染达到峰值后开始下降；③ 低环境污染与经济稳定增长阶段，相当于经济可持续发展阶段。

在此，可假设柯布—道格拉斯生产函数为

$$Y=F(K,\ L,\ E) \tag{2-1}$$

即

$$Y_{（产出或经济增长）}=F（资本投入，劳动力，环境因素）\tag{2-2}$$

此生产函数的反函数就是库兹涅茨曲线。由库兹涅茨曲线假设，在第一阶段，环境破坏开始加剧，库兹涅茨曲线的斜率大于零，故它的倒数也大于零；在第二阶段，随着环境治理技术逐渐成熟，环境状况开始好转，库兹涅茨曲线的斜率小于零，故它的倒数也小于零；在第三阶段，整个经济体基本达到环境污染与经济发展脱钩，经济发展不再以污染环境为代价，库兹涅茨曲线的斜率趋向于零，故它的倒数趋向于无穷大。

$$\begin{cases}\text{第一阶段}\dfrac{dE}{dY}>0\Rightarrow\dfrac{dY}{dE}>0\\ \text{第二阶段}\dfrac{dE}{dY}<0\Rightarrow\dfrac{dY}{dE}<0\\ \text{第三阶段}\dfrac{dE}{dY}\to 0\Rightarrow\dfrac{dY}{dE}\to\infty\end{cases}$$

因此，传统环境库兹涅茨曲线是一个以市场经济原理为基础的模型，假定市场会对环境污染问题做出自动调节，则无须政府制定政策特别是与环境保护相关的干预措施。然而，没有政府的政策干预，从第一阶段到第三阶段的路程会被延长，从而影响未来的经济增长走势。

多国的经济发展案例表明，大规模的环境破坏主要来自高速经济增长、大量的能源消耗。因此，不能消极地等待通过市场机制渐进地引导一个经济体到达 EKC 的第三阶段，而需要寻求一种新的可持续发展的方法，以帮助这些经济体走出高增长、高污染、高排放的困境，走一条低消耗、低污染、低排放、高效率的增长之路。

3. 低碳库兹涅茨曲线

在利用库兹涅茨曲线分析经济问题的过程中，假设没有环境和低碳技术的条件下，则重点在于分析环境污染需要付出的代价，以及高碳经济对经济增长潜力的影响；假设有环境和低碳技术的支撑，则主要分析经济可持续增长的可能性与发展潜力。这种有正向环境影响的 EKC，即低碳库兹涅茨曲线。

分析经济发展也有多种增长模型。例如，没有考虑技术进步的增长模型；有技术进步的增长模型；有环境制约但没有技术进步的增长模型；有环境制约同时有技术进步的增长模型等。传统的 EKC 还存在一定的局限。

倒 U 字形 EKC 仅是一般化环境—收入关系的一种，不足以说明环境质量与收入水平间的全部关系。EKC 更多地反映地区性和短期性的环境影响，而非全球性的长期影响。

EKC 的概念不能适用于所有的环境指标，如土地使用的变化、生物多样性的丧失等。

环境退化是多种因素导致的，不同阶段的环境退化与经济增长有着不同的关系，发展中国家的环境退化与人口压力、自然资源的过度开发、非密集生产方式、低生产率等有关，发达国家的环境退化更多地与过度消费有关。

经济增长与环境改善可以并行，其前提条件是在收入水平提高的同时，实施有效的环境政策。

针对 EKC 的局限性以及经济发展的可持续性，有必要寻求一种新的 EKC，以建立一种新的经济增长模型。可以考虑在 EKC 中增加正向的一个环境治理技术因素和技术革新因素，形成有环境制约同时有技术进步的低碳经济增长模型。

假设环境保护技术可以带来持续发展的结果。基于这一假定，可以将柯布–道格拉斯生产函数改写成

$$Y=F(K,\ L,\ E,\ T_E) \tag{2-3}$$

即

$$Y_{(\text{产出或经济增长})}=F(\text{资本投入，劳动力，环境因素，环境保护技术因素}) \tag{2-3}$$

因为环境保护技术对 GDP 的贡献是正的，环境技术减轻了环境负荷，使得 $dE>0$ 或者 $dE\rightarrow 0$，则 $\frac{\partial Y}{\partial E}<0$ 或者 $\frac{\partial Y}{\partial E}\rightarrow 0$。此时，库兹涅茨曲线的斜率 $\frac{\partial E}{\partial Y}<0$ 或者 $\frac{\partial E}{\partial Y}\rightarrow 0$，即库兹涅茨曲线趋于下降或者稳定。

这说明，一个经济体可以平缓地经历第一阶段，尽快达到曲线的第二、第三阶段，实现理想的、可持续的发展。低碳库兹涅茨曲线说明，要实现环境因素制约下的低碳经济增长，经济必须保持合理而不超过环境负荷的高速增长。

4. 气候经济

气候经济内涵深远，将来会对世界各国的社会、经济发展产生重要影响。气候经济是一种新型的可持续发展方式，它依据自然规律进行社会发展，以达到维护生态环境和保护自然资源的目标。气候经济以全球气候变化为主要政策背景，分析当前社会发展中存在的各种气候危机，包括气候变暖、环境污染等，并通过提出政策倡议，实施可持续发展，以保护自然资源和环境，并实现可持续经济发展。

气候经济按照经济学原理，以市场驱动的方式，遵循自然规律，引入发展政策，结合科学技术和政府政策，实现经济发展与环境保护的双赢。为此，政府通过制定演变、价格体系、全球金融市场监管、开发和利用可再生能源等方式，实施气候经济政策，促进经济发展，同时也减少温室气体的排放，减少环境污染，有效地保护自然环境，实现

可持续发展。

人类未来取决于如何有效地实施气候经济政策，以维护社会稳定，实现可持续发展。当前，人类社会发展面临诸多挑战。因此，必须采取积极有效的措施，加强社会意识，建立激励机制，实施绿色发展战略，促进经济发展和资源保护，为未来社会发展提供坚实的基础。总之，气候经济是人类未来的重要支柱，只有实施气候经济政策，才能在发展过程中有效地维护生态环境，实现可持续发展，为人类未来发展奠定基础。

5. 生态文明

在人类及社会发展过程中，人类与自然的关系在不断地发生着变化，从起初的敬畏自然、依赖自然到后来的以人为中心地改造自然甚至破坏自然，人类走过了很长的一段路，经历了不同阶段的文明形式。从原始文明、农业文明到工业文明，现在正在逐渐进入生态文明的阶段。

生态文明是人类文明史螺旋式上升发展过程中的一个阶段，是对工业文明生产方式的否定之否定，是对以往的农业文明、现存的工业文明优秀成果的继承、保存和超越。与以往的农业文明和工业文明一样，生态文明主张在改造自然的过程中发展社会生产力，不断提高人们的物质和文化生活水平，但它又和以往的文明形态不同。生态文明是指人类在物质世界和精神世界中充分发挥人的主观能动性，按照自然生态系统运转的客观规律建立起来的人与自然、人与社会共生共荣、共同发展的良性运行机制以及和谐协调的社会文明形态。它是人类物质、精神和制度成果的总和，是一种文明形态。按照生态文明的要求重构经济和科技体系、政治和文化体系，强调发展绿色经济、绿色科技，强调和平与发展，反对工业文明的资源侵略和生态殖民；强调人与自然和谐协调的同一性，实现国家间的公平与代际间的公正。可以说，生态文明是人类 21 世纪的必然选择，是社会文明发展的必然趋势。它比工业文明更具崇高性和先进性，是社会文明发展的新阶段。

生态文明的内涵丰富，虽然目前对于生态文明的内涵尚未有完全一致的阐述和界定，对于生态文明的研究视角也在不断地更新和发展；但是在研究过程中不难发现，对于一些重要的问题，学术界还是比较一致和认同的。这也是今后生态文明研究中的理论趋势所在。

一是生态文明的尺度和范畴。针对生态文明与其他文明形态的关系，之前主要是从两条路径，即从物质文明、精神文明和生态文明的维度和原始文明、农业文明和工业文明的维度来研究生态文明。现今学术界已经大部分认同，生态文明是一种社会文明形式，是有别于工业文明的一种人类社会文明历史发展的新阶段，它与原始文明、农业文明和工业文明一起，构成了人类社会的文明历史，它也将是人类社会文明未来发展的趋势。

二是生态文明的研究对象。初始的生态文明研究主要是从人与自然的关系入手，对于经济发展带来的负面结果的反思是对人类中心主义的批评，认为应该加入“人–自然”系统的研究。随着生态文明研究的深入，更多研究认识到，生态文明所涵盖的范围应该更为宽广，应该是对“人–自然–社会”复合系统的研究。

三是生态文明的研究重点。之前的生态文明研究注重于理论研究，今后生态文明研究更多地会转向经济领域，如研究生态生产力的发展和生态文明经济，即生态文明理念是如何贯彻到实践环节中的。

2.1.3 低碳经济的基本理论

1. 可持续发展理论

根据国际共识，可持续发展是指“既满足当代人的需求又不危及后代人满足其需求的发展”。其概念最早可追溯到 1980 年由国际自然资源保护协会、联合国环境规划署和世界自然基金会共同出版的《世界自然保护策略：为了可持续发展的生存资源保护》一书。1987 年，以挪威首相布伦特兰为首的世界环境与发展委员会在《我们共同的未来》这份报告中明确提出了“可持续发展”这一概念，并以此为主题对人类共同关心的环境与发展问题进行了全面论述，受到世界各国政府组织和舆论的极大重视。①

可持续发展理论深刻揭示了低碳经济的发展内涵。可持续发展理论在 20 世纪 80 年代由西方学者最早提出，是人类对当时能源危机和环境危机的反思，揭示了自然、社会、经济三者之间的复杂关系。可持续发展理论以公平性、持续性、共同性为三大基本原则，最终目的是实现共同、协调、公平、高效、多维发展，其核心内容是正确处理经济、社会、资源和环境的关系，做到协调发展，既要使人类的各种需要得到满足，个人得到充分发展，又要保护资源和环境，不对后代人的生存和发展构成威胁。其核心要素“可持续性”是指通过适当合理的手段，包括经济、技术、政府干预等，对自然资源进行合理利用，实现可持续发展。1992 年，在日本京都签署通过的《京都议定书》标志着可持续发展理论走向实践，人们开始探索人与自然和谐发展的模式。

① 宋维明. 低碳经济概论［M］. 北京：中国林业出版社，2015.

2. 生态经济理论

生态经济理论提出，人类文明的发展史实质上是一种经济增长过程。随着社会技术的进步和革新、自然资源的不断被开发与利用，世界人口剧增，对于环境承载力的要求越来越大，环境污染也越来越严重。20 世纪 30 年代所凸显出的环境问题更让人类意识到工业化发展模式在带来经济快速发展的同时，也对环境产生了巨大危害，其中最为出名的便是“世界八大公害事件”（比利时马斯河谷烟雾事件、美国多诺拉烟雾事件、伦敦烟雾事件、美国洛杉矶光化学烟雾事件、日本水俣病事件、日本富士山骨痛病事件、日本四日市哮喘病事件、日本米糠油事件）。此后，发达国家的能源危机、生态破坏、环境污染等问题进一步恶化，不仅制约了世界经济的发展，也引发了许多全球性的生态问题，如全球变暖、臭氧层破坏等。此时，人们开始对传统的经济发展模式产生质疑并进行批判，许多经济学家开始寻求一条人与自然、经济协同发展的新道路，生态经济便是在这个背景下产生的。20 世纪 60 年代，美国海洋学家莱切尔・卡逊在其《寂静的春天》一书中首次将生态环境与经济社会问题进行结合研究。1966 年，美国经济学家鲍尔丁在其一篇论文中正式提出“生态经济”的概念，从此其与“可持续发展”成为新时代解决经济与生态问题的新声音，并且其研究在全球领域得到了广泛推进。

生态经济是指在生态系统的承载能力范围内，运用生态经济学原理和系统工程方法改变生产和消费方式，挖掘一切可以利用的资源潜力，发展一些经济发达、生态高效的产业，建设体制合理、社会和谐的文化以及生态健康、景观适宜的环境。生态经济所表达的理念是经济活动要适应生态规律，这与我国近年所倡导的“绿水青山就是金山银山”不谋而合。而生态经济将生态系统和经济系统统一的有机运动以及发展的规律性作为其主要研究对象，这也决定了它具有综合性、战略性、整体性的特点，而这些特点又从不同角度体现了生态经济的特性。生态经济理论的基本内容包括社会经济发展同自然资源和生态环境的关系，人类的生存、发展条件与生态需求，生态价值理论，生态经济效益，生态经济协同发展等，强调经济效益、社会效益和环境效益的有机高效统一，实现低碳可持续发展。从本质上来讲，低碳经济属于生态经济范畴，但低碳经济更能体现目前全球经济发展的主要目标和矛盾。

3. 外部性理论

“外部性”这一概念源于英国学者马歇尔在 1890 年发表的《经济学原理》中的“外部经济”概念，之后其弟子庇古首次从福利经济学的角度系统地研究了外部性问题，在马歇尔提出的“外部经济”概念的基础上扩充了“外部不经济”的概念和内容。经济学家把外部性概念看作是经济学文献中最难捉摸的概念之一。不同的经济学家对于外部性的定义主要分为两类：一类是从外部性的产生主体角度来定义；另一类是从外部性的接受主体角度来定义。其差别在于考察角度不同，但二者在本质上是一致的，即外部性是某个经济主体对另一个经济主体产生的一种外部影响，而这种外部影响又不能通过市场价格进行买卖。大部分经济文献按照前者来定义理解外部性。

外部性具有正负之分，在经济生活中外部性是一种溢出效应，对于受影响者来说，这种效应是强加的，并且这种正向收益或者负向成本并不会反映在市场机制的运行过程之中。其在低碳经济中的体现也很明显，如鼓励植树造林可以增加碳汇，减少大气中的温室气体，即为正外部性；部分消费者或工厂在消费和生产过程中向大气中排放二氧化碳等温室气体，损害了社会的整体福利，即为负外部性。低碳经济的外部性主要表现在三个方面：① 在低碳经济的外部性产生前，没有任何交易行为，如企业排放温室气体不会与受害者商讨交易方式；② 低碳经济的外部性存在产权缺失，使得事后补偿和谈判存在鉴定困难等问题；③ 低碳经济中存在个人成本、收益与社会成本、收益不一致的情况，体现为低碳经济中的环境污染的社会成本高于企业排放的个人成本。

4. 循环经济理论

循环经济的思想萌芽可以追溯到环境保护兴起的 20 世纪 60 年代。20 世纪 60 年代初，美国经济学家波尔丁提出生态经济时提到循环经济理论。受当时发射的宇宙飞船的启发，波尔丁认为飞船是一个孤立无援、与世隔绝的独立系统，靠不断消耗自身资源存在，最终它也会因资源耗尽而毁灭。唯一使之延长寿命的方法就是要实现飞船内的资源循环，尽可能少地排出废物。同理，地球经济系统如同一艘宇宙飞船，尽管地球的资源系统大得多，寿命也长得多，但是也只有实现对资源循环利用的循环经济，地球才能得以长存。20 世纪 90 年代后，发展知识经济与循环经济已经成为国际社会的两大趋势，此后对于循环经济的理论研究和实践也在不断深入。

循环经济本质上属于生态经济，它要求运用生态学规律来指导人类的经济活动，提倡的是一种在物质不断循环利用的基础上的经济发展模式，把传统的依赖资源消耗的线性增长的经济，转变为依靠生态型资源循环来发展的经济。循环经济遵循减量化（Reduce）、再利用（Reuse）、再循环（Recycle）的“3R”原则，并在 1998 年引入德国循环经济概念后，确立“3R”原理的中心地位。“3R”原则具体内涵包括：减量化原则，减少进入生产和消费流程的物质，从源头开始注重资源节约；再利用原则，尽可能地多次或多方式多角度使用产品，提高产品和服务的效用，防止产品过快成为垃圾；再循环原则，通过对完成自身功能后的产品进行再利用和再加工，用来生产同级或次级产品，提高循环发展效率。

循环经济从循环手段的角度实现经济活动的生态化。[①]在企业生产的源头和全程充分利用资源，使每个企业在生产过程中少投入、少排放、高利用，达到废物最少化、资源化、无害化，实现可持续生产和消费，逐步建成循环型社会。

5. 碳排放脱钩理论

"脱钩"（Decoupling）一词源于物理领域的"解耦"，意为使两个或多个物理量之间的响应关系不再存在。1966 年，国外学者提出经济发展与环境压力脱钩的问题，将脱钩概念引入社会经济领域。之后经济合作与发展组织（Organization for Economic Cooperation and Development，OECD）提出脱钩理论，用来形容阻断经济增长与资源消耗或环境污染之间的联系。20 世纪末，OECD 将脱钩概念引入农业政策研究中，并逐步拓展到环境等领域。碳排放的经济增长弹性就是碳排放脱钩情况，因此弹性成为衡量各地区低碳状况的主要工具。

对于脱钩的分类，Tapio 的研究是最为深入的。除了 OECD 定义的绝对脱钩和相对脱钩外，Tapio 认为大多数学者的界定标准过于简单，容易过分高估一些较弱的变化。2005 年，Tapio 以 1970—2001 年欧洲 30 国交通业的二氧化碳排放量为研究样本，模拟了经济增长和二氧化碳排放量之间的指数趋向，提出一组新的脱钩指标体系，即 Tapio 脱钩指标体系。其将脱钩状态分为三大类八小类，使得脱钩理论进入新的研究阶段。脱钩理论还有许多需要完善之处，如指标构建缺乏与环境容量的自动联系、各国指标难以兼容等问题，其对我国等发展中国家的技术、人才、管理以及与发达国家的经济合作方面还有着许多考验。

6. 碳足迹理论

碳足迹（Carbon Footprint）指由企业机构、活动、产品或个人引起的温室气体排放的集合。制造企业的供应链一般包括采购、生产、仓储和运输，其中仓储和运输环节会产生大量的二氧化碳。温室气体排放的渠道主要有交通运输、食品生产和消费、能源使用以及各类生产过程。碳足迹标示着一个人或者团体的"碳耗用量"。"碳"，就是石油、煤炭、木材等由碳元素构成的自然资源。"碳"耗得越多，导致地球暖化的元凶——二氧化碳——也制造得越多，碳足迹就越大；反之，碳足迹就越小。

碳足迹概念源于生态足迹，是加拿大经济学家 William 于 1992 年提出的，是一种度量可持续发展程度的新方法。目前碳足迹的计算主要有四种方法：第一种是生命周期评估法（Life Cycle Assessments，LCA），是一种自下而上的计算方法，是对产品及其"从

① 厉以宁，朱善利，傅帅雄，等. 低碳发展宏观经济研究理论框架［M］. 北京：人民出版社，2018.

开始到结束”的过程进行计算的方法，计算过程比较详细准确；第二种是通过所使用的能源矿物燃料排放量计算，即IPCC碳排放法（IPCC碳排放法是政府间气候变化专门委员会编写的温室气体清单指南），其在计算过程中全面考虑了温室气体的排放；第三种是投入产出法，利用投入产出进行计算；第四种是Kaya碳排放恒等式，其通过一个简单的数学公式将经济、政策和人口等因子与人类活动产生的二氧化碳建立起联系。碳足迹的计算主要分为两部分，即第一碳足迹和第二碳足迹。每个人都有自己的碳足迹，它指每个人的温室气体排放量，以二氧化碳为标准计算。第一碳足迹是因使用化石能源而直接排放的二氧化碳，如平时出行乘坐汽车、飞机等；第二碳足迹是因使用产品或服务所间接产生的碳排放，如我们消费的饮料，饮料瓶在生产和运输过程中所产生的碳排放即为第二碳足迹。

目前，碳足迹作为一种重要的碳管理工具，对于管理和约束企业实现低碳生产具有重要作用。越来越多的企业开始关注低碳制造，以应对来自政府、社会及公众的压力，展示企业自身的社会责任。众多知名企业已经开始将碳足迹作为衡量企业社会责任的重要指标。随着国家相关政策的进一步完善落实，产品碳足迹评估认证也将成为企业低碳环保和承担社会责任的新标志。

2.1.4 影响低碳经济发展的因素

低碳经济理论专家认为，要实现低碳经济发展必须具备必要的自然基础和社会经济基础，并需要有技术支撑和制度安排等方面的配套支持，各国各地区的低碳经济发展在不同阶段会在不同程度上受到影响低碳经济发展因素的制约。①

影响低碳经济发展的因素是多方面的，涉及经济、资源、环境、社会等领域。王莉等（2012）通过构建碳排放分析模型计算出我国年度二氧化碳排放量，由Tapio脱钩弹性得出影响我国低碳经济发展的七大因素：人均GDP（国内生产总值）、城镇居民家庭人均可支配收入、农村居民家庭人均纯收入、第三产业产值占GDP的比重、第三产业从业人员比重、煤炭占能源消费总量的比重和水电、核电、风电占能源消费总量的比重。②王茁宇（2016）认为能源消费结构、社会经济发展水平、技术研发水平是制约低

① 刘传江. 低碳经济发展的制约因素与中国低碳道路的选择［J］. 吉林大学社会科学学报，2010，50（3）：146-152.

② 王莉，何跃. 影响我国低碳经济发展的主要因素分析［J］. 科技进步与对策，2012，29（8）：104-107.

碳经济发展的最主要因素。[①]贾林娟（2014）研究得出低碳经济发展水平受经济发展阶段、技术水平、能源消费模式和资源禀赋等因素的影响及制约。[②]

第一，低碳经济发展有其自然的影响因素。二氧化碳等温室气体的大量排放对人类生存和发展具有显著的负面影响。因此，人类在进行经济活动时所产生的总体碳排放量有客观的上限，应当依据基本的地球物质循环（尤其是碳循环）和碳平衡的原理，计算各种公共工程和商业活动的碳排放及碳预算收支。同时，通过衍生产品的市场机制和“京都机制”使得碳排放权得以自由交易。

第二，自然因素对低碳经济发展的影响是全球化层面的制约。也就是说，低碳经济发展需要各国政府之间的合作、国际组织及各国国际人士的支持和共同参与。面对气候变化，再强大的国家也无力单独面对，必须寻找全球合作。

第三，国家或地区的低碳经济发展水平会受到本国经济社会发展状况和技术水平能力的制约，且这种制约更多体现在国别或者地区之间的内部层面的差异性上。相比于发达国家在资金和技术方面具有的显著优势，虽然发展中国家在资金和技术上也会得到发达国家的援助和支持，但由于低碳经济本质上受内源经济的影响，而他国及地区的帮助影响相对较小，处于不同经济发展阶段的国家或地区在发展低碳经济时的起点差距仍然很显著。发展中国家在工业经济发展与低碳经济发展两重任务相冲突时，其制约因素以及受影响的程度与发达国家相比也会变大。

综上所述，我们可以将影响低碳经济发展的因素大体归纳为政府的政策支持和引导、经济基础、能源消费结构、产业发展均衡性以及低碳技术水平等。

（1）政府的政策支持和引导。世界上大多数国家都在近几十年相继推出了适应于低碳经济发展的政策法规，明确提出节能减排、低碳发展。而适用于全球层面的协定也为低碳发展注入了重要力量，如 1992 年在里约热内卢举行的联合国环境与发展大会上通过了应对气候变化的第一份国际协议《联合国气候变化框架公约》，1997 年在日本京都举行的联合国有关会议上也通过了要求作为温室气体排放大户的发达国家采取具体措施限制温室气体排放的《京都议定书》，其建立了旨在减排的三个灵活合作机制——国际排放贸易机制（Emissions Trading，ET）、联合履行机制（Joint Implementation，JI）和清洁发展机制（Clean Development Mechanism，CDM）。但大部分文件的约束力仍然显得乏力，例如美国、欧盟相关国家只是口头承诺，在现实合作工作上却没有做出实质性

① 王苗宇．低碳经济发展的制约因素与中国低碳道路的选择［J］．财经界，2016（26）：21.

② 贾林娟．低碳经济发展影响因素及路径设计［J］．科技进步与对策，2014，31（3）：26-29.

努力。

（2）经济基础。我国改革开放走过了40多年的时间，取得了举世瞩目的成就，GDP每年以7%的平均速度增长，改革开放使我国的经济基础更加雄厚，中国经济的快速发展给低碳经济发展奠定了基础。随着经济增长方式的转变、产业结构的调整、生产效率的提高、节能技术的改进等，资源的浪费和环境的污染会减少。对于我国来说，低碳经济有着很大的提升空间和发展潜力。节能减排技术在全球范围内的共享使温室气体逐步减少，为我国发展低碳经济提供了一定的技术支持。改革开放所带来的经济增长和技术进步为发展低碳经济奠定了坚实的经济基础。

（3）能源消费结构。以我国为例，目前工业发展的耗材仍然以煤炭为主，而煤炭所释放的二氧化碳相对于天然气等化石燃料要高得多。能源消费结构的转变不是一个突然的过程，而这种制约对一国或地区的低碳经济发展影响也难以在短时间内降低。能源消费结构是影响低碳经济发展比较重要的因素。

（4）产业发展均衡性。我国现在处于工业化和城市化快速发展时期，第二产业在整个国民经济中占绝对比重，支撑国民经济的又都是高耗能产业部门，要在短期内实现产业结构调整存在较大的难度。而工业生产技术水平的落后又加重了我国经济的“高碳”特征。2020年前三季度，占社会能源消费六成以上的规模以上工业能源消费增长1.1%，其中电力、钢铁、化工、石化、建材、有色等六个主要耗能行业能源消费增长1.9%，增速比上半年加快1.1个百分点。而在工业内部结构中，又存在高耗能行业发展过热的现象，导致我国能源利用率低的问题较为突出。此外，我国处在国际产业链的低端，扮演着“世界加工厂”的角色。如何加快产业结构的调整和提高工业技术水平是我国发展低碳经济面对的重大挑战。

（5）低碳技术水平。从欧美国家成功的经验来看，要想完成低碳经济的成功转型，关键是新能源的开发和提高能源利用率，而这二者的实现都依赖于技术创新。低碳技术除了涉及电力、交通、化工、建筑等传统部门外，还涉及新能源、清洁煤、可再生能源等新兴部门，因此研发低碳产品、提高低碳技术水平是低碳经济转型的重中之重。而科研核心技术发展不理想具体有几个方面的原因：首先，低碳经济的发展虽然表面上受到社会各界的普遍关注，但政府并未推出相应的激励制度，以激励各部门积极研究低碳科技；其次，经费使用不科学，科学研究是一个漫长的过程，不可能一蹴而就地出科技成果，但大部分政府部门并没有意识到这个特点，经费拨出呈阶段性，不系统，使得研究容易发生中断；再次，政府没有拨出足够的经费支持科学技术研究，科研是一个多投入、少获得的项目，低碳经济的发展需要大量人力、物力和财力的投入，但大部分决策难以持久坚持，也使得低碳科技研究工作受阻；最后，低碳经济领域技术人才的缺乏也是制约低碳经济发展的重要因素，大力培养高层次人才是最为重要的一点，各国应当互相学习和借鉴，加快低碳技术方面的国际交流与合作，国内应增加对人才培养的投入，建设交叉型低碳人才培养体系，从而更好地提高整体研发技术和水平。

2.2 区域协同低碳发展

2.2.1 区域协同低碳发展的内涵

区域协同低碳发展是由“区域协同发展”和“低碳发展”复合而成的交叉型概念，需要同时满足区域协同发展和低碳发展的要求。可以从两方面来理解此概念。如果以低碳发展为战略目标，将协同发展作为约束，则可将区域协同低碳发展理解为：在协调发展各区域相互关联机制及考虑各区域目标的基础上，实现各区域之间的良性互动，进而最大限度地实现整个区域的低碳发展并且协调实现各个区域的低碳发展。如果以协同发展为目标，将低碳发展作为途径，则可以将概念理解为：在低碳约束下，最大限度地实现各个区域的协同发展，从而实现整体区域的良性发展。对于“区域协同发展”和“低碳发展”的概念，简要介绍如下：

区域协同发展的概念是将协同发展延伸至整个区域层面得到的。它要求将多个区域视为一个整体来看待，相当于一个相互关联的有机系统。在这个系统中，每个小区域都是一个不可或缺的子集，具有自身的独立性，也与整体中的其他小区域有着密不可分的联系。总的来说，区域协同发展是在充分考虑各个区域的相互关系和自身目标实现的基础上统筹兼顾，来谋求整体大区域的目标最终得以实现。

低碳发展的概念可以从静态和动态的角度去理解。从静态的角度来讲，低碳发展就是以低碳排放、低污染、低能耗为特征的可持续发展模式；从动态的角度来理解，低碳发展是指在实现社会经济发展的同时，在每一个发展阶段尽可能地减少碳排放，最终实现与碳排放脱钩的状态，实现低碳经济发展。①

① 张友国. 区域协同低碳发展路径与政策：溢出—反馈效应的视角［M］. 北京：社会科学文献出版社，2018.

区域协同低碳发展的内涵具体有：

（1）区域协同低碳发展强调经济增长，更强调以低碳排放的方式实现经济增长。

（2）区域协同低碳发展既注重全局性的低碳发展，也兼顾各个区域的低碳发展。

（3）区域协同低碳发展鼓励区域间的良好竞争，更鼓励区域间的协同合作和互利共赢。

区域协同低碳发展的战略意义具体有：

（1）区域协同低碳发展是实现更长远发展目标的内在要求。

（2）区域协同低碳发展不仅是生态文明建设的必然要求，也是生态文明建设的重要途径。

（3）区域协同低碳发展有助于将生态文明建设融入经济建设，从而利于提升经济增长质量和可持续竞争力。

（4）区域协同低碳发展是中国应对全球气候变化、融入和引领全球环境治理的客观要求和坚实保障。

2.2.2 区域间碳排放转移测算方法

区域间碳排放转移是指隐含在商品中的碳排放通过区域间贸易在区域间的流动。从目前已有的文献来看，当前研究碳排放转移的主流方法是投入产出模型。这一方法又可进一步分为两类：一是双边贸易含污量（Emissions Embodied in Bilateral Trade，EEBT）方法（简称"EEBT 方法"），该方法基于每个区域的单区域投入产出（Single Regional Input-Output，SRIO）模型展开分析；二是基于多区域投入产出（Multi-Regional Input-Output，MRIO）模型的方法（简称"MRIO 方法"）①，该方法能够刻画国家和地区之间因贸易而产生的溢出反馈效应（Spillover and Feedback Effects），并能涵盖所有上游生产活动所产生的间接影响，但该方法需要更多的数据和信息支持。

1. EEBT 方法

如表 2-1 所示，EEBT 方法比较直观和透明。假定有 k 个区域，每个区域的经济系统都是由 n 个行业构成的。令q_i^r表示区域 r 部门 i 的直接碳排放量，则区域 r 的直接碳排放总量为$q^r=\sum_i q_i^r$。如果采用 EEBT 方法，区域 r 向区域 s 调出产品和服务所引起的碳

① 张友国. 中国区域间碳排放转移：EEBT 与 MRIO 方法的比较［J］. 重庆理工大学学报（社会科学），2016，30（7）：17-27.

排放 $q^{\prime rs}$ 可表示为

$$q^{\prime rs}=F^rL^rU^{rs}$$

式中，F^r 是区域 r 的部门能源强度系数（$f^r_i=q^r_i/x^r_i$）构成的向量。$L^r=(I-A^{rr})^{-1}$，其元素 I'^r_{ij} 表示区域 r 生产单位第 i 类最终使用对本区域第 j 类产品或服务的完全消耗；A^{rr} 表示完全由区域 r 生产的产品构成的区域 r 的直接消耗系数矩阵。U^{rs} 是区域贸易向量，其元素 U^{rs}_i 表示区域 s（$s\neq r$）的中间使用和最终使用中来自区域 r 的第 i 类产品或服务的价值合计。

区域 r 向国内其他区域提供最终需求而引起的碳排放总量，即区域 r 的调出隐含碳可表示为 $\sum(s\neq r)\,q^{rs}$。区域 r 因消费国内其他地区提供的最终产品和服务引起的碳排放总量，即区域 r 的调入隐含碳可表示为 $\sum(s\neq r)\,q^{sr}$。类似贸易差额，可以引入贸易隐含碳差额概念，并将其定义为调出隐含碳与调入隐含碳的差值。一个地区调出的隐含碳高于其调入的隐含碳的部分可称为隐含碳的出超，反之，则可称为隐含碳的入超。比较可知，$\sum r\sum(s\neq r)\,q^{\prime rs}=\sum(s\neq r)\,q^{\prime sr}$，即各地区调出隐含碳的合计值与调入隐含碳的合计值相等。

表 2-1　与 EEBT 方法对应的能源投入产出简表

		中间使用			最终使用、调出和出口				总产出
		区域 1	…	区域 k	区域 1	…	区域 k	出口	
中间投入	区域 1	$A^{11}X^1$	…	0	Y^{11}	…	U^{1k}	E^1	X^1
	⋮	⋮	⋱	⋮	⋮	⋱	⋮	⋮	⋮
	区域 k	0	…	$A^{k1}X^k$	U^{k1}	…	Y^{kk}	E^k	X^k
进口		$IM^{1'}$	…	$IM^{K'}$	im^1	…	im^k		im
增加值		$V^{1'}$	…	$V^{k'}$					
总投入		$X^{1'}$	…	$X^{k'}$					
排放量		$Q^{1'}$	…	$Q^{k'}$					

2. 基于 MRIO 模型的省际贸易隐含碳核算

如表 2-2 所示，令 X^{rs}_{ij} 表示区域 r 向区域 s 的部门 j 提供的中间投入品 i 的价值量，X^s_j 是区域 s 中部门 j 的总产出，$a^{rs}_{ij}=X^{rs}_{ij}/X^s_j$，则区域间的投入产出系数矩阵可表示为

$$A=\begin{bmatrix} A^{11} & \cdots & A^{1m} \\ \vdots & \ddots & \vdots \\ A^{m1} & \cdots & A^{mm} \end{bmatrix}$$

式中，A^{rs}是区域 r 向区域 s 提供的中间投入品的系数矩阵，其元素为a_{ij}^{rs}。

区域 r 向区域 s 提供最终消费的产品和服务所引起的碳排放 q^{rs} 可表示为

$$q^{rs}=FL\ (0,\ \cdots Y^{rs},\ \cdots O)^{T}$$

式中，符号 T 是向量，即矩阵的转置；$L=(I-A)^{-1}$ 是区域间的 Leontief 逆矩阵，其元素L_{ij}^{rs}表示区域 s 生产单位第 i 类最终使用对区域 r 的第 j 类产品或服务的完全消耗；$F=((F^{1})^{\mathrm{T}},\ \cdots\ (F^{r})^{\mathrm{T}},\ \cdots,\ (F^{m})^{\mathrm{T}})^{\mathrm{T}}$； Y^{rs} 为最终需求向量，其元素 Y_{i}^{rs}表示区域 s 的最终需求中来自区域 r 的第 i 类产品或服务的价值。当 $s\neq r$ 时，对区域 s 来说，q^{rs} 就是来自区域 r 的隐含碳调入量；对区域 r 来说，q^{rs} 就是它对区域 s 的隐含碳调出量。当 $s=r$ 时，$q^{rs}=q^{rr}$ 表示区域 r 的最终需求中来自本地区的商品和服务所引起的碳排放为 100%，我们不妨称为自给碳排放。

类似地，区域 r 向国内其他区域提供最终需求而引起的碳排放总量，即区域 r 的调出隐含碳为$\sum(s\neq r)\ q^{rs}$。区域 r 因消费国内其他地区提供的最终产品和服务引起的碳排放总量，即区域 r 的调入隐含碳为$\sum(s\neq r)\ q^{sr}$。进一步，$\sum r\sum(s\neq r)\ q^{sr}=\sum(s\neq r)\ q^{sr}$，即按 MRIO 方法计算出的各地区调出隐含碳的合计值与调入隐含碳的合计值相等。

表 2-2　与 MRIO 方法对应的能源投入产出简表

		中间使用			最终使用、调出和出口				总产出
		区域 1	…	区域 k	区域 1	…	区域 k	出口	
中间投入	区域 1	$A^{11}X^{1}$	…	0	Y^{11}	…	T^{k1}	E^{1}	X^{1}
	⋮	⋮	⋱	⋮	⋮	⋱	⋮	⋮	⋮
	区域 k	A^{k1Xk}	…	$A^{k1}X^{k}$	Y^{k1}	…	Y^{kk}	E^{k}	X^{k}
进口		$IM^{1'}$	…	$IM^{K'}$	im^{1}	…	im^{k}		im
增加值		$V^{1'}$	…	$V^{k'}$					
总投入		$X^{1'}$	…	$X^{k'}$					
排放量		$Q^{1'}$	…	$Q^{k'}$					

2.2.3　区域碳排放责任核算框架

碳排放责任核算是气候治理领域的重点和难点问题，对于实现国家或地区的减排目标、最大化减排效率和保证未来发展空间有着重要的理论和现实意义。而区域碳排放责任核算框架的核心便是准确刻画跨区域的碳排放影响，学者经过研究发现多区域投入产出模型可以精确刻画区域间的贸易以及由此产生的区域间资源和环境溢出反馈效果。张友国（2014）认为，根据经济利益的类型，可将利益原则区分为生产原则、收入原则、消费原则等三种基本原则及由它们衍生出来的收入加权原则、消费加权原则、综合利益原则和加权综合利益原则等四种共担责任原则。①王猛猛等（2021）根据责任主体数量，将现有碳责任核算分为单独责任和共担责任，由于责任主体的差异，单独责任又可以分为生产者责任、消费者责任和收入者责任三种，共担责任的责任主体是上述三种单独责任主体的组合，以此来核算碳排放责任。②本书参考王猛猛（2021）和张友国（2014）从多区域投入产出角度来构建区域碳排放责任指标的方法。

（1）生产责任法。"生产者责任"原则下主要核算某国或某经济体行政范围内所产生的直接碳排放量，而不考虑生产出来的产品和服务的后续流向。这一原则具有确定的计算方法与公式，从实物角度出发便于测算与监控，且一定程度上可以反映区域的减排潜力，因而在现实层面得到最为广泛的应用。目前国际上通用的方法是国家温室气体清单指南中提出的方法：某区域的碳排放规模等于其能源消费量和碳排放系数的乘积。其中各类能源消费数据来源于相应的统计资料，碳排放系数可以根据指南中提供的平均低位发热量、单位热值碳含量、碳氧化率等数据计算得到。这种核算方法所需的数据主要来源于区域的统计数据库，获取难度相对较低且统计口径一致，计算过程较为简单，不确定性相对较低。

（2）消费责任法。与用生产责任法核算能源消耗产生的直接碳排放不同，消费责任法是对总生产碳责任的重新分配，其核算过程揭示了区域最终需求或最终使用是如何产生碳排放的。消费责任视角下，生产过程中产生的碳排放通过生产链被全部归因到最终使用上，一项最终消费产生的碳排放不仅包含其消费过程的直接排放，更包含其消费产品在全部生产链中产生的间接碳排放。消费责任法的核心是 Leontief 模型和投入产出表，根据投入产出表的行平衡模型，利用投入产出数据和能源消费数据计算出直接消耗系数矩阵、Leontief 逆矩阵、完全消耗系数矩阵和碳排放强度系数，最终得到基于消费责任视角的碳排放责任。

（3）收入责任法。收入责任法的核心是 Ghosh 模型和投入产出表，根据投入产出表的列平衡模型，利用投入产出数据和能源消费数据，计算出直接分配系数矩阵、Ghosh 逆矩阵、完全分配系数矩阵和碳排放强度系数，最终得到基于收入责任视角的碳排放责

① 张友国. 基于经济利益的区域能耗责任研究［J］. 中国人口·资源与环境，2014，24（9）：75-83.
② 王猛猛，刘红光. 碳排放责任核算研究进展［J］. 长江流域资源与环境，2021，30（10）：2502-2511.

任。与生产责任法相比，消费责任法和收入责任法对于数据的要求更高，计算过程更复杂，增加了结果的不确定性。收入责任视角下，碳排放责任与物质生产能力的流动是分开的，总责任对于生产力水平的任何变化都不敏感，如果完全根据增加值来核算碳排放责任会产生责任与发展相割裂的问题。此外，经济增长主要来源于两个方面：一是通过对外部环境的消耗产生的增加值，二是经济主体进行自主创新产生的正外部性带来的收入。在实际核算过程中，我们很难区分这两个部分。如果仅从整体增加值的角度来核算收入者责任，则所有增加值率高的产业主体责任会非常高；而对于很难进一步获取增加值甚至亏损的传统产业来说，其收入者责任可能很低，甚至不用承担减排责任。

以生产为基础的核算方案考察国家（地区）作为直接排放者的角色，核算其行政界线范围内的直接排放；以消费为基础的核算方案考察国家（地区）作为最终消费者的角色，核算其最终使用导致的直接和间接上游排放，表明了最终使用是如何产生碳排放的；以收入为基础的核算方案考察国家（地区）作为增加值获得者的角色，核算其初始投入所导致的直接和间接下游排放，表明了增加值获得者通过碳排放来获得收入的过程（表 2-3）。

表 2-3 核算方法对比

碳排放核算方法	生产责任法	消费责任法	收入责任法
影响方式	直接影响	间接影响	间接影响
排放属性	直接碳排放	隐含碳排放	引致碳排放
承担主体	生产者	消费者	增加值获得者
核算视角	供应链	需求链	价值增加链
计量方法	IPCC 核算模型	Leontief 模型	Ghosh 模型
核心数据	能源消费数据	投入产出表	投入产出表
局限性	碳泄漏	削弱减排动力	削弱减排动力

上述三种方法是基于单一责任主体对碳排放责任进行核算，而在现实经济活动中，整个产业链的运行是十分复杂的，仅让某一主体承担责任不够公平。共担责任的核算主要有两种思路：一种是通过设置系数将总体排放责任分配到不同责任主体；另一种是将碳排放类型进行细分，然后分配到相应责任主体。基于以上核算思路，本节将共担责任法分为系数法和分类法两种（表 2-4）。

（1）系数法。系数法指通过设置比例系数（即分担系数）将总体碳排放责任分配至不同责任主体的方法，其核心在于分担系数的设置，不同的系数设置方式会得出不同的结果。

（2）分类法。投入产出模型不仅可以核算某一责任主体视角下的区域碳排放责任，同时可以计算出区域间隐含碳排放的转移量。因而分类法可以根据碳排放的来源将排放责任进行分类，然后分配至相应责任主体。与系数法一样，研究者对于分类标准和相应责任主体的选择有自己的理解，这也造成了最终责任核算结果的差异，且合理性难以评价。

表 2-4　共担责任法的分类

方法	分担系数的设置	核算思路
系数法	α责任	对系数α进行取值，生产者和消费者各自承担总体责任的α和 $1-\alpha$
	SCR 模型	将增加值与净产出的比值作为分担系数
	其他	以碳关税的税率作为分担系数
		将非要素中间投入量占某一行业外部总投入量的比值作为修正后的分担系数
分类法		对碳排放来源进行区分

2.2.4　区域协同低碳发展研究现状

区域协同低碳发展是指在区域内协同发展低碳经济、促进资源共享和节能减排的一种发展模式。[①]近年来，国内外学者对区域协同低碳发展进行了不少研究，相关文献也呈现出不断增加的趋势，目前这一领域比较热点的研究主要包括如下几个方面：一是关于区域碳排放估计及碳排放影响因素的研究；二是关于区域间碳排放交互影响的研究，包括碳排放转移、溢出—反馈效应问题及相关方法；三是关于区域碳排放效率的研究，包括区域碳强度、区域碳生产率以及区域碳边际减排成本三方面的研究；四是关于区域碳减排政策的影响及优化的研究，主要包括碳交易、碳税及其他政策、不同政策间的比较及不同政策间的协同等内容。

1. 区域协同低碳发展国际研究

Wan Qilong 等（2022）分析研究了 100 个发达国家和新兴市场国家的绿色房地产融

① 张友国. 区域协同低碳发展路径与政策：溢出—反馈效应的视角［M］. 北京：社会科学文献出版社，2018.

资与建筑业二氧化碳排放量之间的关系，研究发现全球范围内绿色房地产融资的增长与该行业的碳排放量之间存在强烈的反向关系，而这种关系在新兴市场国家表现得尤为明显。[①] Marklund 和 Samakovlis（2007）采用碳边际减排成本（作为效率指标）以及三联法（Triptych）推荐的生活水平、经济结构、能源效率、发电能源结构、气候以及人口规模和增速等公平因素所做的研究表明，欧盟的碳排放机制对公平与效率都有充分考虑。[②]还有一些研究提出了区域间碳交易机制的优化建议。关于碳排放权分配基础的优化研究，Guy 等（2014）从竞争力和全球碳泄漏的影响出发，认为最优的选择是将基于产出和基于能力这两种碳配额分配机制相结合，或者在不确定性有限的情形下采用基于产出的分配机制。[③] David 和 Richard（2010）指出，估计碳排放的边际损害成本需要将气候变化对不同收入和不同地区人群的各种影响货币化，对于全球性的决策者来说最佳的政策选择（如碳税水平），未必是区域性决策者的最佳选择。[④] Hartmann 等（2023）通过四个研究实验和两个试点实验发现重点碳税对关心气候变化和较不保守的个人的购买意愿产生了很大的影响，当碳税显著时，参与者的购买意愿一直较高，这也说明了道德观念对于抵消碳税价格效应的作用。[⑤] Boeters（2014）的研究结果也表明，不同地区不同部门碳价的差异化程度巨大，几乎是从碳税（碳价为正值）变化到碳补贴（碳价为负值）。从统一碳价转变为差异化碳价能大幅度改善福利。[⑥]除了碳交易和碳税之外，其他区域的碳减排政策特别是能源价格（税）也受到了不同程度的关注。Amy 和 Robert（2006）基于 OECD 国家的面板数据所做的实证研究表明，引入能源价格后，环境库兹涅茨曲线假说不成立。这意味着经济增长并不能自动实现收入和环境质量的双重改善。[⑦]

---

① Wan Qilong, Qian Jine, Baghirli Araz, et al. Green finance and carbon reduction: Implications for green recovery［J］. Economic Analysis and Policy, 2022, 76: 901–913.

② Marklund Per-Olov, Samakovlis Eva. What is driving the EU Burden-sharing Agreement: Efficiency or equity?［J］. Journal of Environmental Management, 2007, 85（2）: 317–329.

③ Guy Meunier, Jean-Pierre Ponssard, Philippe Quirion. Carbon leakage and capacity-based allocations: Is the EU right?［J］. Journal of Environmental Economics and Management, 2014, 68（2）: 262–279.

④ David Anthoff, Richard S J Tol. On international equity weights and national decision making on climate change［J］. Journal of Environmental Economics and Management, 2010, 60（1）: 14–20.

⑤ Hartmann Patrick, Marcos Aitor, Barrutia Jose M. Carbon tax salience counteracts price effects through moral licensing［J］. Global Environmental Change, 2023, 78: 12635.

⑥ Boeters Stefan. Optimally differentiated carbon prices for unilateral climate policy［J］. Energy Economics, 2014, 45: 304–312.

⑦ Amy K Richmond, Robert K Kaufmann. Energy prices and turning points：The relationship between income and energy use/carbon emissions［J］. The Energy Journal, 2006,27（4）: 157–180.

Toon 和 Denise（2014）将宏观的 CGE 模型与微观模拟框架相结合的分析发现，比利时各地区的经济受能源税的影响差异显著，而这主要是因为各地的产业结构不同；在一定的制度环境下，碳交易和其他市场化政策各有优势。①例如，Atefe 等（2015）的研究表明，碳交易从碳排放、成本及服务水平各方面都能产生更好的供应链绩效；而从不确定性的角度来看，碳税可能更优。②又如 Chen 和 Nicolaas（2015）发现，就区域间经济发展不平衡的影响而言，碳交易和碳减排补贴机制的相对优劣性取决于不平衡性的衡量方式、政府出售碳排放交易所获收入的分配方式以及补贴方式③；有少数学者开始关注政策协同对不同地区经济及碳排放的影响。例如，Mercure 等（2014）研究了不同碳减排政策的协同效力。他们基于一个宏观经济模型，从技术扩散和路径依赖的视角分析了全球 21 个地区电力部门温室气体减排的多种政策，发现各种政策之间存在协同效应，即不同政策组合产生的影响大于单独实施这些政策产生的影响之和。具体来说，单独实施碳税并不能带来最大的碳减排量，必须将碳税与技术补贴以及上网电价等政策结合起来才能取得预期的效果。④

2. 区域协同低碳发展国内研究

邵帅等（2023）采用社会网络分析方法研究得出中国区域碳排放空间关联网络可分为“各司其职”的四大板块，并呈现出明显的区域化“俱乐部”空间分布特征，并且区域间的经济发展方式在对外开放、经济集聚、产业结构、能源效率上的互补性以及紧密的区域贸易联系，促使碳排放空间关联网络随着区域间分工与协作的加强而呈现出千里“碳缘”一线牵的特点。⑤宋龙飞等（2022）选取 2003—2018 年煤炭资源型城市的面板数据，实证考察资源禀赋对区域碳排放强度的影响及作用机制。其研究发现：丰裕的资

① Toon Vandyck，Denise Van Regemorter. Distributional and regional economic impact of energy taxes in Belgium［J］. Energy Policy，2014，72：190-203.

② Atefe Zakeri，Farzad Dehghanian，Behnam Fahimnia，et al. Carbon pricing versus emissions trading：A supply chain planning perspective［J］. International Journal of Production Economics，2015，164：197-205.

③ Chen Anping，Nicolaas Groenewold. Emission reduction policy：A regional economic analysis for China［J］. Economic Modelling，2015，51：136-152.

④ Mercure J F，Pollitt H，Chewpreecha U，et al. The dynamics of technology diffusion and the impacts of climate policy instruments in the decarbonisation of the global electricity sector［J］. Energy Policy，2014，73：1-16.

⑤ 邵帅，徐俐俐，杨莉莉. 千里“碳缘”一线牵：中国区域碳排放空间关联网络的结构特征与形成机制［J］. 系统工程理论与实践，2023，43（4）：958-983.

源禀赋显著增加了区域碳排放强度。[①]周四军等（2020）利用中国各省市区2005—2017年的数据，在碳排放强度测试和空间自相关检验的基础上，构建动态空间杜宾模型（SDM）研究中国区域碳排放强度的空间效应。其研究表明：中国区域间的碳排放强度具有显著的空间效应。[②]张翠菊等（2017）根据IPCC提供的方法，估算了1997—2013年的碳排放强度数据，发现地理位置对于碳排放强度的收敛特征具有重要的影响，纳入空间效应有利于提高收敛模型的科学性和准确性，中国碳排放强度具有显著的绝对β收敛、条件β收敛以及俱乐部收敛特征，并且相邻地区的碳排放强度水平对于区域收敛效应具有一定的促进作用。[③]肖宏伟（2014）基于GWR模型，从区域层面构建碳排放驱动因素扩展了GWR模型，并运用空间杜宾模型实证考察各驱动因素对碳排放规模和碳排放强度的影响。其结果显示：地区间碳排放存在显著的示范和带头作用，驱动因素通过直接和间接途径影响碳排放，除能源价格外，其他影响因素均表现出显著性。[④]宋金昭等（2023）发现：经济型基础设施能有效抑制区域碳排放，且在西部区域抑制作用最显著；社会型基础设施整体上促进了区域碳排放，但在东部地区呈现出一定的抑制效果；机制检验结果显示两类基础设施均能通过优化产业结构与推动技术创新有效抑制区域碳排放，且后者的中介作用强于前者。[⑤]查道中等（2022）研究发现：环境规制、交通便利和外商直接投资的提高可以抑制区域碳排放总量，劳动力水平、城镇化进程、产业结构合理化、第二产业与第三产业占GDP比重的提升会刺激碳排放总量提升；城乡收入差距、对外开放、经济发展、产业结构和城镇化进程的变化会对当地碳排放造成影响，同时还可以对相邻区域的碳排放水平进行不同程度的刺激或抑制；环境规制、发展智慧交通、引入外资、缩小城乡收入差距和扩大对外开放水平是当前达成低碳低排目标的高效路径。[⑥]尤志婷等（2022）研究发现：西部地区绿色产业投资减排效果较强，

---

① 宋龙飞，李静. 资源禀赋对区域碳排放强度的影响效应及作用机制［J］. 安徽农业大学学报（社会科学版），2022，31（6）：31-41.

② 周四军，江秋池. 基于动态SDM的中国区域碳排放强度空间效应研究［J］. 湖南大学学报（社会科学版），2020，34（1）：40-48.

③ 张翠菊，覃明锋. 基于空间效应的中国区域碳排放强度收敛分析［J］. 生态经济，2017，33（11）：14-20.

④ 肖宏伟. 基于GWR模型的中国区域碳排放影响因素空间差异研究［J］. 发展研究，2014，332（4）：15-22.

⑤ 宋金昭，张雯雯. 基础设施投资对区域碳排放的影响研究［J］. 中国物价，2023（4）：21-25.

⑥ 查道中，祁鹏. 中国区域碳排放的影响因素及其空间溢出效应分析［J］. 淮北师范大学学报（哲学社会科学版），2022，43（4）：37-42，97.

绿色信贷偏弱；中部地区绿色债券对区域碳排放未产生显著影响，互补效应也只存在于绿色信贷与绿色产业投资间；东部地区单一或交互项与区域碳排放均呈显著的负相关关系，减排效果最优。[①]原嫄等（2016）在全球尺度下进行计量分析，研究发现：区域碳排放随经济发展推进具有先上升后下降的不可抗的基本客观规律，故减排应从降低峰值高度、促进峰值提前等方向入手，第二产业份额对碳排放的影响强度为恒正值，而服务业的影响强度逐步降低，促使第二产业向服务业的份额流动，最终将带来整体影响强度的下降，并且产业结构调整所引起的碳排放变动强度具有明显差异，产业升级对于中高等发展水平国家的减排效率明显高于极高发展水平国家，且中等发展水平国家将在更早的发展阶段迎来碳排放高峰。[②]

总的来说，国内的区域协同低碳发展研究已经有了较为完整的研究框架和理论体系，但在具体实践中还存在一些挑战，需要进一步加强协同与合作，推进区域低碳发展。

---

① 尤志婷，彭志浩，黎鹏. 绿色金融发展对区域碳排放影响研究：以绿色信贷、绿色产业投资、绿色债券为例［J］. 金融理论与实践，2022（2）：69-77.

② 原嫄，席强敏，孙铁山，等. 产业结构对区域碳排放的影响：基于多国数据的实证分析［J］. 地理研究，2016，35（1）：82-94.

第 3 章　中国的碳排放现实与实行绿色低碳发展的必要性

3.1　中国的碳排放现实

全球气候正在持续变暖，据《中国气候变化蓝皮书（2021）》称，2020 年，全球平均温度较工业化前水平（1850—1900 年平均值）高出 1.2℃，其中，中国是全球气候变化的敏感区和影响显著区，升温速率明显高于同期全球平均水平。1951—2020 年，中国地表年平均气温呈显著上升趋势，升温速率为每 10 年 0.26℃。

3.1.1　中国的碳排放总量与特点

1. 中国的碳排放总量

如图 3-1 所示，全球能源消费结构长期以化石能源为主，2021 年化石能源占比达 82.27%。其中，石油、煤炭、天然气仍为全球一次能源消费的主要形式，2021 年占比分别为 30.95%、26.90%和 24.42%。从各国能源消费占比来看，中国的能源消费居于首位，其次为美国、印度、俄罗斯、日本和德国等。2009 年以来，中国成为世界上最大的能源消费国。由于我国“富煤、贫油、少气”的能源资源禀赋特点，能源消费长期以化石能源为主。如图 3-2 所示，2021 年中国化石能源消费占能源消费总量的 83.40%，其中，煤炭、石油、天然气消费占一次能源消费总量的比重分别为 56.00%、18.50%、8.90%，而非化石能源中水电、核能、风电等仅占 16.60%。

化石能源消费量的上升会带来二氧化碳排放量的升高。2006 年以来，中国成为世界上二氧化碳排放排名第一的大国。据国际能源署发布的相关数据，2021 年全球二氧化碳排放总量为 378.58 亿 t，其中，中国二氧化碳排放量为 124.67 亿 t，占比高达 32.93%，

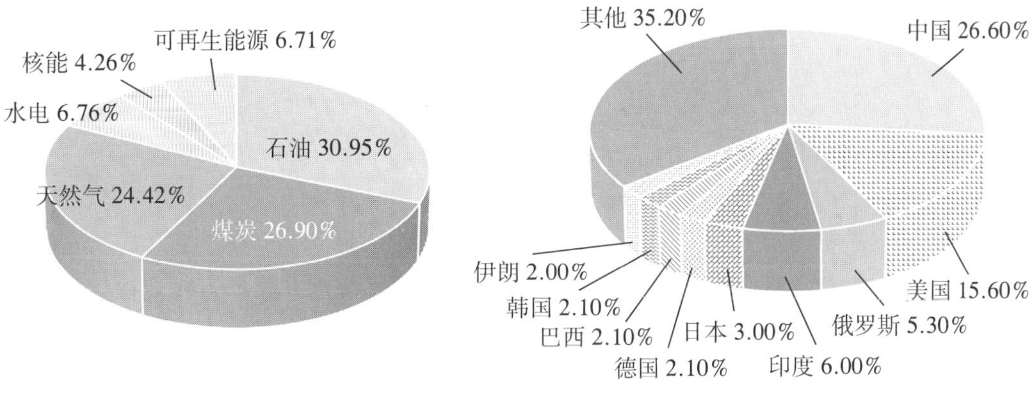

a）全球主要能源消费结构　　b）世界各国能源消费占比

图 3-1　2021 年全球主要能源消费结构及各国能源消费占比

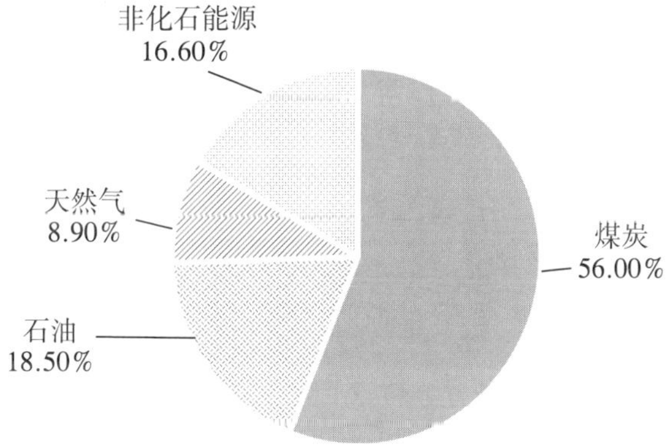

图 3-2　2021 年中国一次能源消耗比例

其次为美国、欧盟、印度、俄罗斯和日本。

图 3-3 和图 3-4 为 2010—2022 年中国 GDP、一次能源消费总量以及碳排放量的变化。当前，我国仍处在工业化、现代化的快速发展中，随着我国经济的迅速发展，能源需求不断增加，能源消费总量增长迅速，导致我国二氧化碳排放量持续增长。如图 3-4 所示，10 多年以来，中国的二氧化碳排放量总体上不断增加，2019 年二氧化碳排放量达到 117.71 亿 t。2020 年尽管受到疫情影响，但我国经济快速恢复，碳排放量增长了 1.5%。相比于 2010 年，2022 年我国国民生产总值增长了 2.95 倍，能源消费总量增长了 1.5 倍，二氧化碳排放量增长了 1.34 倍。近年来，随着可再生能源和水电方面的发展，我国一次能源需求的增速已有所放缓。然而，化石能源依旧是能源主体，高碳能源占比高。

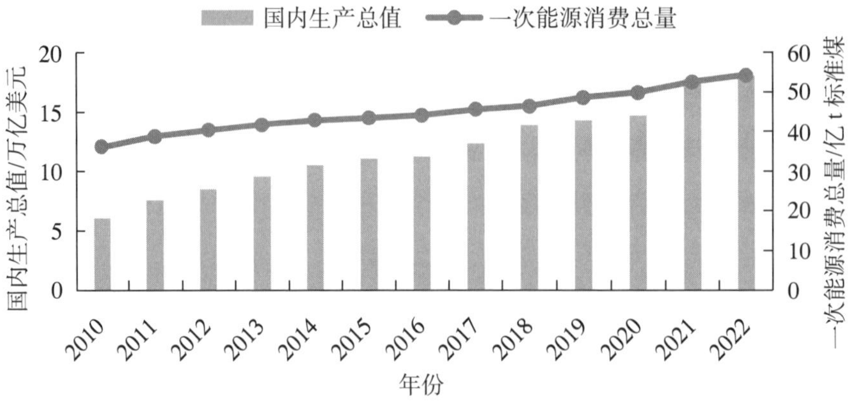

图 3-3　2010—2022 年中国 GDP、一次能源消费总量

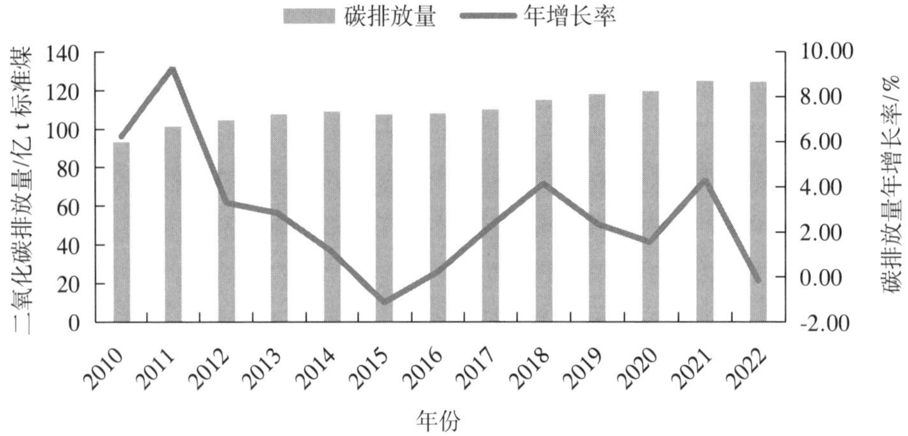

图 3-4　2010—2022 年中国碳排放总量及年增长率

2. 中国的碳排放特点

作为世界上最大的能源消费国和碳排放国，中国二氧化碳排放具有总量大、增速快、人均二氧化碳排放较低、单位 GDP 二氧化碳排放量偏高、碳排放强度高等特点，具体如下：

（1）总量大。作为全球最大的碳排放国，中国近年来由于经济快速发展，能源需求持续增加，二氧化碳排放总量逐年增长。目前，中国的二氧化碳排放量占到全球总量的三分之一，若延续当前发展趋势，我国碳排放量将长期维持在百亿 t 以上。

（2）增速快。进入 21 世纪以来，中国二氧化碳排放量年增长率居高不下。2013 年之前，中国碳排放量年平均增长率均维持在大约 8%的水平。随着经济增长放缓以及中国整体节能减排举措的推进，碳排放增速也有所放缓，2015 年、2016 年甚至出现了负增长，但后期又反弹，甚至 2020 年经历疫情影响后仍保持了一定的增长率。

（3）人均二氧化碳排放较低。2021 年中国二氧化碳排放量为 8.13 吨/人，相较于挪威 70.39 吨/人、卢森堡 363.65 吨/人、加拿大 13.77 吨/人、美国 14.30 吨/人，中国的人均二氧化碳排放量相对较低。这对于我国实现“双碳”目标具有很大的战略意义。

（4）单位 GDP 二氧化碳排放量偏高。如图 3–5 所示，2021 年俄罗斯单位 GDP 二氧化碳排放量最高，达 1 094.38 吨/百万美元，中国单位 GDP 二氧化碳排放量为 703.10 吨/百万美元，普遍高于发达国家单位 GDP 二氧化碳排放量。如图 3–6 所示，从历年发展趋势上来看，中国单位 GDP 二氧化碳排放长期处于下降状态，个别年份略有波动，但未影响总体下降趋势。2021 年中国单位 GDP 二氧化碳排放比 2020 年降低 13.55%，2020 年中国单位 GDP 二氧化碳排放已比 2015 年下降 16.49%。[①]

（5）碳排放强度高。2021 年我国煤炭消费占比达 56.00%，远高于全球平均水平 26.90%。相比于其他化石能源，煤炭碳排放系数最高（煤炭 2.64 t CO_2/tce，石油 2.08 t CO_2/tce，天然气 1.63 t CO_2/tce），是典型的高碳资源。中国是世界上最大的煤炭消费国，大规模的煤炭利用导致我国碳排放强度较高。

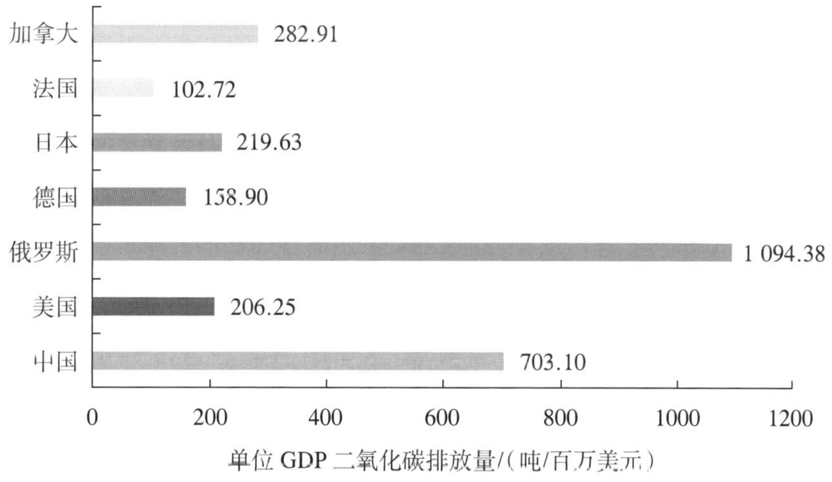

图 3–5　2021 年部分国家单位 GDP 二氧化碳排放量

① 北京市习近平新时代中国特色社会主义思想研究中心. 深刻认识和把握碳达峰碳中和（深入学习贯彻习近平新时代中国特色社会主义思想）[N]. 人民日报，2022-09-01.

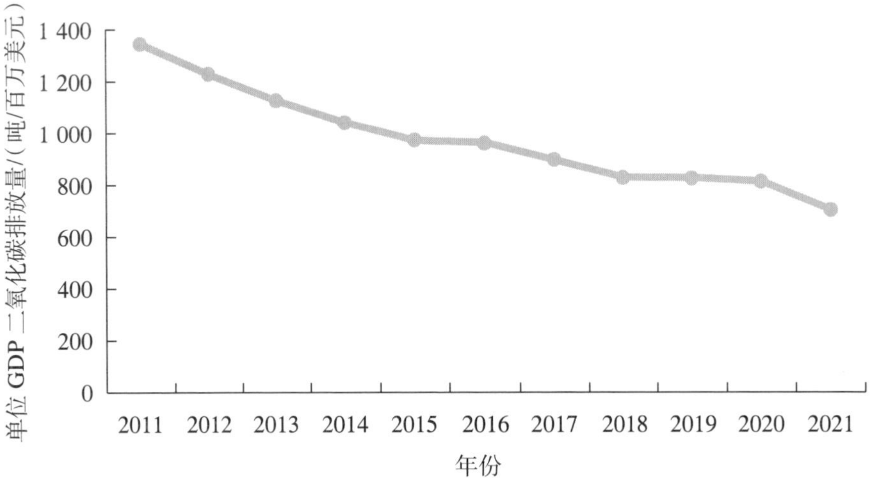

图 3-6 2011—2021 年中国单位 GDP 二氧化碳排放量

数据来源:《BP 世界能源统计年鉴 2022》。

3.1.2 中国的碳排放来源

碳中和目标的实现与碳排放来源关系密切。人类社会的碳排放主要来自工艺过程与能源活动。据国际能源署（International Energy Agency, IEA）发布的《全球能源回顾：2021 碳排放》报告，2021 年全球能源消耗和工业过程产生的二氧化碳排放量达到 363 亿 t 新高，中国与能源相关的排放量约 121 亿 t（含工业过程排放）。其中，化石能源的消耗是最大的碳排放来源，2020 年传统三大化石能源煤炭、石油和天然气对应的碳排放量分别占我国碳排放来源的 66%、16%和 6%。由于我国长期以煤为主的能源结构暂时还无法改变，因此煤炭仍是我国碳排放的主要来源。

如图 3-7 所示，我国的碳排放主要来自能源（包括能源供给以及能源消耗）领域。据国际碳行动伙伴组织统计数据显示，2020 年，我国来自能源领域的碳排放占全国排放总量的 77%，工业过程的碳排放量占 14%，农业及其他碳排放占比分别为 7%和 2%。

从 2020 年我国碳排放各区域分布（图 3-8）来看，华东地区是我国碳排放最多的区域，占全国的比重为 29.69%。其原因在于，华东地区是我国重工业发展的主要区域，也是电力、冶炼等高碳行业的重点分布区域，但华东地区在碳排放控制和回收技术方面相对较好。华北地区碳排放位居第二，占比为 19.28%，鉴于该区域是我国煤炭生产和

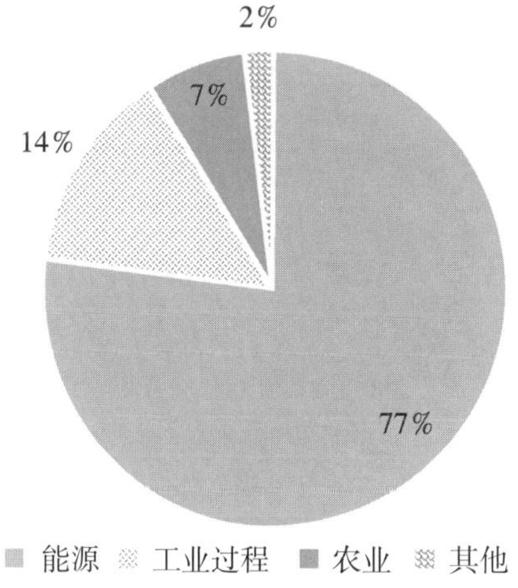

图 3-7　2020 年我国碳排放主要来源

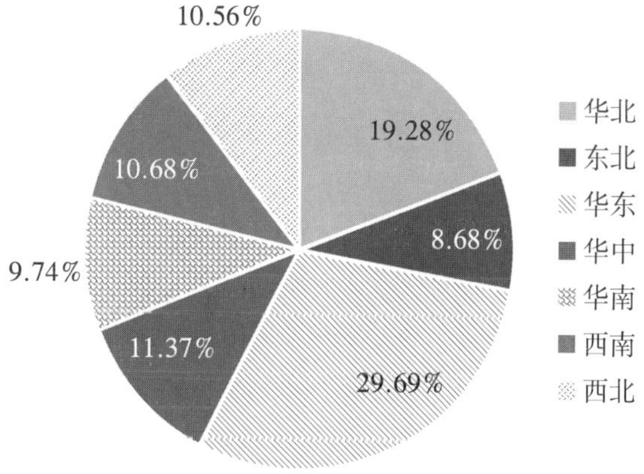

图 3-8　2020 年我国碳排放各区域分布

消费的重点区域，且在碳排放控制及二氧化碳回收技术方面相对东部沿海区域较为落后，若维持现状，未来将有可能成为我国最大的碳排放区域。华中地区碳排放位居全国第三，原因是该区域内人口分布最为密集，工业生产和日常生活中的碳排放相对西部地区较高。华南地区和西南地区在碳排放量方面的差异相对较小。按省区来看，我国碳排放量居于前四的省区分别是山东、河北、江苏和内蒙古，均在 7 亿 t 以上，四省区排放总量占全国的 31.70%；碳排放量最低的三个省（市）依次为海南、青海和北京，均在 1 亿 t 以下。可见，未来我国碳排放的重点区域为华东地区和华北地区。

从终端消费角度来看，不同产业的碳排放量具有明显的差异。如图 3-9 所示，2018 年第二产业碳排放最多，占比高达 64.40%，主要是电力、煤炭的消耗以及过程排放导致的。其中，非金属矿采选业、钢铁生产以及化学原料和化学制品制造业贡献较大。其次是第三产业，占比 22.40%，主要来自交通、商业和公共服务中石油制品的消耗。随后为居民生活，占比 11.10%。第一产业碳排放贡献最低。①

从行业大类来看，中国温室气体排放主要来自能源、工业、交通、建筑、农业和土地利用五大部门。各部门的碳排放情况具体如下：

1. 能源

能源活动是二氧化碳排放的重要来源。中国是世界上无可争议的“煤炭大国”，

① 金涌，胡山鹰，张强．2060 中国碳中和［M］．北京：化学工业出版社，2022.

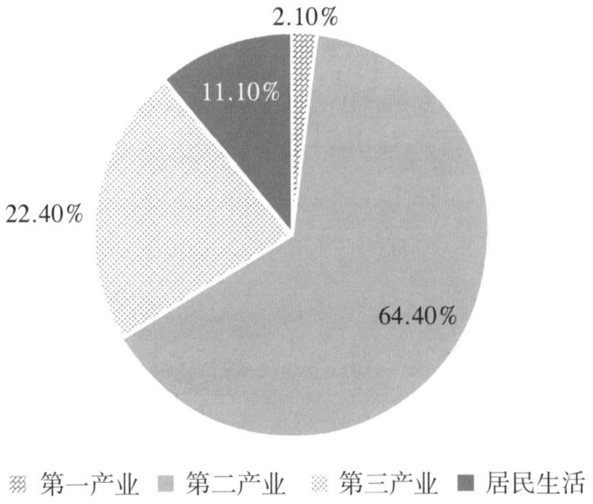

图 3-9 2018 年中国终端消费产业二氧化碳排放比较

不仅享有丰富的煤炭资源，生产了近乎全球一半的煤炭，而且煤炭进口量也是全球第一。[①]据全球能源互联网发展合作组织发布的《中国 2030 年前碳达峰研究报告》显示，2019 年中国能源活动的二氧化碳排放约为 98 亿 t，约占全社会二氧化碳排放（不含土地利用、土地利用变化及森林）比重的 87%。从能源品种看，燃煤发电和供热排放占能源活动二氧化碳排放比重的 44%，煤炭终端燃烧排放占比为 35%，石油排放占比为 15%，天然气排放占比为 6%。从能源活动领域看，能源生产与转换、工业、交通运输、建筑领域的碳排放占能源活动二氧化碳排放的比重分别为 47%、36%、9%、8%，其中工业领域的钢铁、建材和化工三大高耗能产业的占比分别达到 17%、8%和 6%。[②]煤炭发电经济便捷，但是在使用过程中低效能、高排放的特点也使其成为能源部门碳减排的“众矢之的”。与此同时，其他化石燃料（如石油和天然气），甚至一些可再生能源的开发和使用，也会产生碳排放。

2. 工业

工业部门是我国高能耗高排放的重点领域，产生的温室气体主要来自化石燃料燃烧以及化学反应发生时本身释放的温室气体两部分。如图 3-10 所示，我国工业碳排放量

① 彭武元，姚焜亭. 中国分行业终端能源消费 CO_2 排放分解研究［J］. 生态经济，2021，37（8）：21-27.

② 张君宇，宋猛，刘伯恩. 中国二氧化碳排放现状与减排建议［J］. 中国国土资源经济，2022，35（4）：38-44.

呈先升高后降低再高位波动的态势。根据《中国能源统计年鉴》，我国工业碳排放量从 2005 年的 41 亿 t，提升至 2019 年的 74 亿 t，涨幅约 80.49%，年均增速约 4.10%。近年来，我国政府积极采取控制能源消费总量、优化能源结构、提升能源效率、调整产业结构等重要举措，工业碳减排取得了显著成效。2019 年我国工业碳排放强度较 2005 年下降 57.80%，超过同期全国碳排放强度下降速度（约 48.10%），工业低碳转型已取得一定成效。

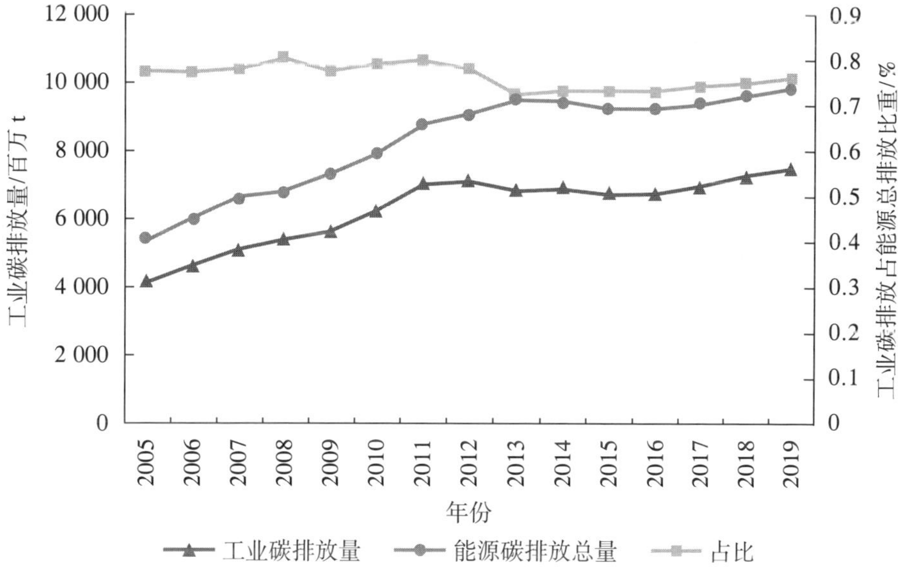

图 3-10　2005—2019 年我国工业碳排放比重及其变化趋势

数据来源：BP 世界能源统计年鉴、IEA 国际能源署。

3. 交通

交通碳排放主要来源于能源活动，温室气体排放来自国内航空、公路、铁路运输等领域的化石燃料燃烧，约占全国总排放量的 7%。在过去 20 年间，随着中国经济的高速发展、城镇化进程的推进，交通运输业的碳排放量也增加了一倍。汽油车、柴油车等化石能源车是公路运输碳排放的主要来源，未来我国由于汽车保有量增长带来的汽车碳排放占比预计会持续增加。因此，电动车、氢燃料车等新能源车是减排的重点发展方向。

4. 建筑

建筑部门的温室气体排放量约占全国总排放量的 5%，主要来自商用建筑和住宅的燃料燃烧。另外，有一些建筑设备在使用过程中也会产生温室气体排放，比如，空调制冷时泄漏的氢氟碳化物比二氧化碳的温室效应更强。建筑在使用过程中产生的能耗是间接排放，因此计入能源部门。建筑的直接排放大约为间接排放的一半。

5. 农业和土地利用

农业和土地利用部门的温室气体排放量约占全国总排放量的 5%，主要来自农业、畜牧业、垃圾处理，以及土地利用、土地利用变化及森林的温室气体排放或移除。农业化肥的发明和使用能够大幅度提高作物的产量，改善农产品的质量，但是农业化肥对环境产生的破坏也不容小觑。畜牧业产生的温室效应也不容忽视，猪、牛、羊在饲养过程中会产生大量温室气体。此外，动物饲料生产需要消耗化肥、燃料，大规模养殖需要能源供给照明、温控、自动投喂，这些都间接增加了二氧化碳的排放量。

从具体行业的碳排放来源来看，作为一个高度工业化的国家，中国的碳排放主要集中在电力、钢铁、水泥、交通等重点排放部门，而农业、居民、商业和公共服务等行业的碳排放相对较低。如图 3-11 和图 3-12 所示，根据国际能源署发布的数据，2021 年中国各部门二氧化碳排放中，电力行业排放量高达 55.39 亿 t，占我国碳排放总量的 44.40%，是碳排放“贡献”最大的行业；建筑行业排放量达 6.72 亿 t，占比 5.40%；交通行业排放量达 9.55 亿 t，占比 7.70%；其他工业燃烧排放量达 33.49 亿 t，占比 26.90%；其他部门碳排放量为 19.49 亿 t，占比 15.60%。

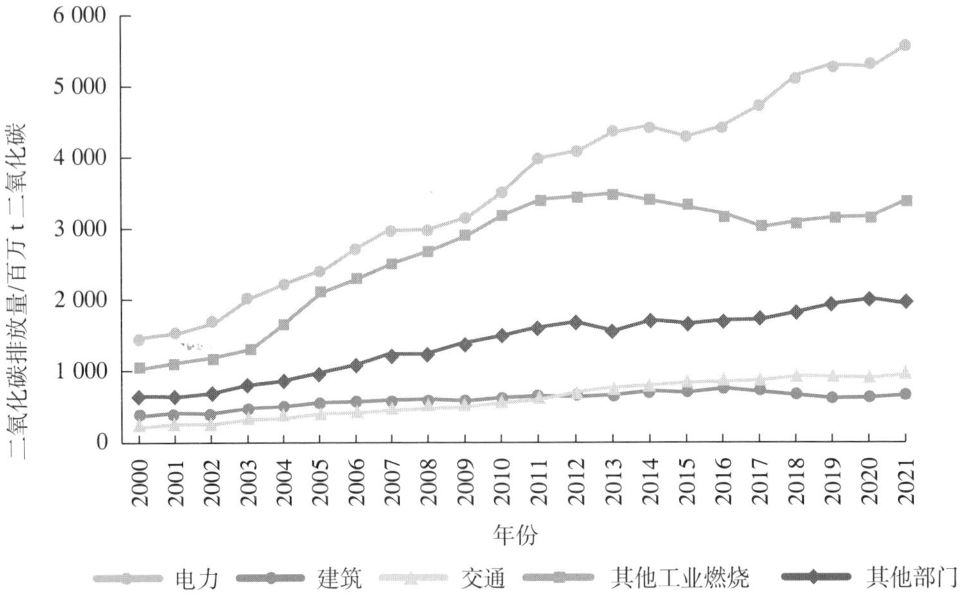

图 3-11　2000—2021 年中国各部门二氧化碳排放量

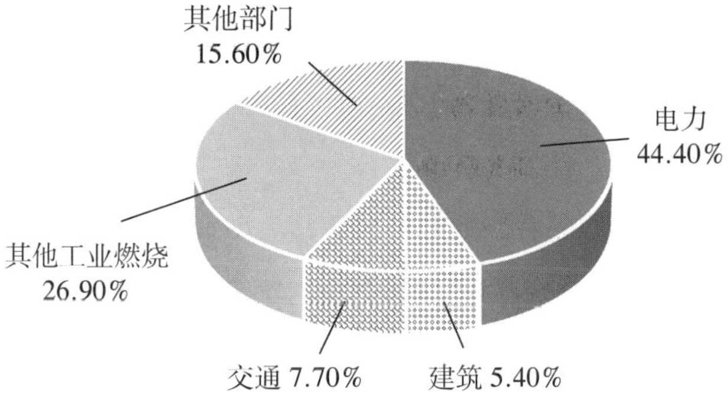

图 3-12 2021 年中国各部门二氧化碳排放量占比

3.1.3 碳排放的核算方法

碳排放核算是有效开展各项碳减排工作、促进经济绿色转型的基本前提，是确定排放主体承担相应社会责任的重要基础，是积极参与应对气候变化国际谈判的重要支撑。对碳排放进行定量分析，可以分析各环节碳排放，找出潜在的减排环节和方式，这对碳中和目标的实现、碳交易市场的运行至关重要。目前，由于核算范围和核算内容的不同，碳排放核算方法繁多，各个层次的核算方法层出不穷，至今仍没有形成统一的标准。

目前，按温室气体清单数据统计的层面划分，国际碳排放核算体系主要由自上而下的宏观层面核算和自下而上的微观层面核算两部分构成。前者最具代表性和较为成熟的是 IPCC 制定的《国家温室气体清单指南》（目前最新版为《2006 年 IPCC 国家温室气体清单指南》2019 修订版），它通过对国家主要的碳排放源进行分类，在部门分类下再构建子目录，直到将排放源都包括进来，其本质上是通过自上而下层层分解来进行核算的。自下而上的碳核算方式通过对企业和产品碳足迹的核算，了解各类微观主体包括企业、组织和消费者在生产过程或消费过程中的温室气体排放情况，理论上可以汇总得到关于一定区域内的碳排放总量。目前，我国区域、省级以及城市的碳排放核算一般采用自上而下的核算方式，企业、产品和项目的碳排放可采用自下而上的核算方式。

1. 自上而下的宏观层面核算

自上而下的核算方式以 IPCC 公布的《国家温室气体清单指南》为典型代表，其是迄今为止门类最为齐全、体系最为合理的清单，涉及人类生产生活的各个领域和各个流程，是各国政府向 IPCC 报告本国碳排放类型和数量的重要参考文本。目前，使用范围较广，兼具宏观微观特点的碳排放核算方法有排放因子法、质量平衡法和实测法三种。

（1）排放因子法：又称作排放系数法，是 IPCC 提出的第一种温室气体排放估算方法，也是国内外温室气体清单编制的主要依据。其因简单便捷，所以在能源消费、工业过程、农业生产等各个领域的碳排放核算中得到广泛应用。排放因子法的基本思路是依照温室气体清单列表，针对每一种排放源，构造其活动水平数据与排放因子，以活动水平数据和排放因子的乘积作为该排放项目的温室气体排放量估算值。其中，活动水平数据是指与温室气体排放直接相关的单个排放源的具体消耗量，如每种化石燃料的消耗量、石灰石原料的消耗量、净购入的电量、净购入的蒸汽量等；排放因子是与活动水平数据相对应的系数，包括单位热值含碳量或元素碳含量、氧化率等，表征单位生产或消费活动量的温室气体排放系数；在计算全球变暖潜值时，以二氧化碳作为基准，将某种温室气体与二氧化碳的相对辐射影响值作为该温室气体的二氧化碳当量（Carbon Dioxide Equivalent，CO_2eq）。具体计算如式（3-1）、式（3-2）、式（3-3）所示。

$$E_{GHGi}=AD_i \times EF_i \tag{3-1}$$

$$E_{CO_2}=E_{GHGi} \times \omega_i \tag{3-2}$$

$$E_{CO_2}=\sum_i (AD_i \times EF_i \times \omega_i) \tag{3-3}$$

式中，i 是温室气体，包括二氧化碳、甲烷、氧化亚氮、含氟气体等；E_{GHGi} 是第 i 种温室气体的排放量；E_{CO_2} 是二氧化碳排放（当）量；AD 是活动水平数据；EF 是排放因子；ω是全球变暖潜势。

其中，活动水平数据主要来自国家相关统计数据、排放源普查和调查资料、监测数据等；排放因子可以直接采用 IPCC、美国环境保护署、欧洲环境机构等提供的已知数据（即缺省值），也可以基于具有代表性的测量数据来推算。IPCC 发布的指南按照排放因子的精确程度，将碳排放核算方法分为三个层次：IPCC 缺省排放因子、特定国家或地区的排放因子以及具有当地特征的排放因子。相对而言，IPCC 缺省排放因子可以从 IPCC 排放因子数据库获得，具有中国国家特征的排放因子能够根据省级指南里各种燃料的含碳量等信息推算得出。因此，目前国内城市温室气体排放量的核算以这两种排放因子为主。此外，我国已经基于实际情况设置了国家参数，例如《工业其他行业企业温室气体排放核算方法与报告指南（试行）》的附录二中提供了常见化石燃料特性参数缺省值数据。

排放因子法计算简单、权威性高，是适用范围最广、应用最为普遍的一种碳核算办法。排放因子法适用于国家、省份、城市等较为宏观的核算层面，可以粗略地对特定区域的整体情况进行宏观把控。但在实际工作中，由于地区能源品质差异、机组燃烧效率不同等原因，各类能源消费统计及碳排放因子大小容易出现较大偏差，成为碳排放核算结果出现误差的主要影响因素。

（2）质量平衡法：是近年来提出的一种新方法，根据每年用于国家生产生活的新化学物质和设备，计算为满足新设备能力或替换去除气体而消耗的新化学物质份额。当将质量平衡法应用在碳排放量的核算中时，碳排放由输入碳含量减去非二氧化碳的碳输出量。具体计算如式（3-4）所示。

$$\text{二氧化碳}（CO_2）\text{排放}=（\text{原料投入量}\times\text{原料含碳量}-\text{产品产出量}\times\text{产品含碳量}-\text{废物输出量}\times\text{废物含碳量}）\times\frac{44}{12} \quad (3-4)$$

基于质量平衡法估算化石能源碳排放的方法较为实用，也能减少数据的不确定性。质量平衡法不但适用于总的碳排放量核算（整个生产过程的核算），也适用于局部的碳排放量核算（某一局部生产过程的核算）。该方法的优势在于采用基于具体设施和工艺流程的碳质量平衡法计算排放量，可以反映碳排放发生地的实际排放量，不仅能够区分各类设施之间的差异，还可以分辨单个和部分设备之间的区别。尤其当年际间设备不断更新的情况下，该种方法使用起来更为简便。

总体而言，质量平衡法的计算较为准确、工作量较少，适用于宏观及中观，但它是基于有完备基础数据记录的统计估算法，对区域统计数据的质量要求较高。一般来说，对企业碳排放的主要核算方法为排放因子法，但在工业生产过程（如脱硫过程排放、化工生产企业过程排放等非化石燃料燃烧过程）中可视情况选择质量平衡法。

（3）实测法：是对基于排放源的现场实测基础数据进行汇总，从而得到相关温室气体的排放量。实测法又包括两种方法：现场测量和非现场测量。

现场测量一般是在烟气排放连续监测系统（Continuous Emission Monitoring System，CEMS）中搭载碳排放监测模块，通过连续监测浓度和流速直接测量二氧化碳排放的浓度、流速以及流量，并使用国家认可的测量数据核算二氧化碳排放量的方法。该方法计算精准、中间环节少，适用于微观，需要对二氧化碳进行单独连续监测，导致成本高、监测范围有限、数据获取难，因此目前在国内的应用相对较少。

现实中一般是非现场测量，将现场采集的样品送到有关监测部门，通过专门的检测设备和技术进行定量分析。其中，样品是对监测环境要素的总体而言的，若采集的样品缺乏代表性，则尽管测试分析准确，也是毫无意义的。由于非现场实测时采样气体会发生吸附反应、解离等问题，因此，非现场测量的准确性要明显低于现场测量。

实测法适用于计算碳排放较连续稳定的排放口的碳排放量的核算，如火电厂企业废气处理设施的出口以及水泥企业的废气处理口中温室气体排放量的核算。

表 3-1 归纳了三种碳排放核算方法各自的优劣性和适用性①，实际过程中需要根据具体情况选取合适的方法或者通过不同方法的结合来提高结果的精确性。

表 3-1　自上而下三种碳排放核算方法对比

类别	优点	缺点	适用尺度	适用对象	应用现状
排放因子法	简单明确、易于理解；有成熟的核算公式和活动数据、排放因子数据库；有大量应用实例参考	对排放系统自身发生变化时的处理能力较质量平衡法差	宏观 中观 微观	社会经济排放源变化较为稳定，自然排放源不是很复杂或忽略其内部复杂性的情况	应用广泛；方法论认识统一；结论权威
质量平衡法	明确区分各类设施设备和自然排放源之间的差异	需要纳入考虑范围的中间排放过程较多；容易出现系统误差；数据获取困难且不具权威性	宏观 中观	社会经济发展迅速、排放设备更换频繁，自然排放源复杂的情况	方法论认识尚不统一；具体操作方法众多；结论需讨论
实测法	中间环节少；结果准确	数据获取相对困难；投入较大；受到样品采集与处理流程中涉及的样品代表性、测量精度等因素的干扰	微观	小区域、简单生产链的温室气体排放源，或小区域、有能力获取一手监测数据的自然排放源	应用历史较长；数据获取困难；应用范围窄

2. 自下而上的微观层面核算

该种核算方式主要包括三种方法：一是基于产品的核算，主要是基于产品的生命周期计算其“碳足迹”，以 PAS 2050 标准为代表；二是基于企业/组织的核算，通过排放因子法来计算碳排放量；三是基于项目的核算，重点在于确定基准线排放。该方法主要包括《京都议定书》中的清洁发展机制、世界资源研究所（World Resources Institute, WRI）和世界可持续发展工商理事会（World Business Council for Sustainable Development, WBCSD）制定的“项目核算 GHG 协议”（“The GHG Protocol for Project Accounting”），以及国际标准组织（International Organization for Standardization, ISO）发布的国际温室气体排放核算、验证标准——ISO 14064。

① 刘明达，蒙吉军，刘碧寒. 国内外碳排放核算方法研究进展[J]. 热带地理，2014，34(2)：248-258.

“碳足迹”的概念源自“生态足迹”，主要以二氧化碳当量表示人类在生产和消费活动过程中排放的温室气体总排放量。相较于单一的二氧化碳排放，碳足迹是以生命周期评价方法评估研究对象在其生命周期中直接或间接产生的温室气体排放。产品碳足迹是指某一产品在其生命周期过程中所产生的直接和间接的二氧化碳及其他温室气体的排放总量。对于同一对象而言，碳足迹的核算难度和范围要大于碳排放，关于碳足迹的准确定义和理解仍在不断发展和完善，不同的学者或者组织对于碳足迹的概念和内涵各有侧重，其中更多的是从生命周期评价角度来定义。

（1）生命周期碳足迹核算方法：生命周期评价方法（Life Cycle Assessment，LCA）作为一种评价工具，主要应用于评价和核算产品或服务的整个生命周期过程，即从摇篮到坟墓的能源消耗和环境影响，研究范围包括从原材料收集到生产加工、运输、消费使用及最终废弃物处置。依据生命周期评价清单编制与分析方法的不同，生命周期评价方法可分为三种：基于过程的生命周期评价（Process-based Life Cycle Assessment，PLCA）、基于经济投入产出的生命周期评价（Economic Input-Output Life Cycle Assessment，EIO-LCA）以及混合生命周期评价（Hybrid Life Cycle Assessment，HLCA）。各方法具体介绍如下：

1）基于过程的生命周期评价。PLCA 是环境毒理学和化学学会与国际标准化组织等普遍推荐采用的 LCA 研究方法，也是目前最主流的生命周期评价方法。该方法主要通过对各工艺过程的输入输出情况进行汇编汇总，进而形成整个产品或系统的清单数据。根据 ISO 颁布的《生命周期评价原则与框架》（ISO 14040），该方法主要包括四个基本步骤：目标定义和范围的界定、清单分析、影响评价和结果解释，而每个基本步骤又包含一系列具体的步骤流程。PLCA 采用“自下而上”模型，基于清单分析，通过实地监测调研或者其他数据库资料收集来获取产品或服务在生命周期内所有的输入及输出数据，来核算研究对象的总的碳排放量和环境影响。对于微观层面（具体产品或服务）的碳足迹计算，一般多采用 PLCA 方法。该方法的优势在于能够比较精确地评估产品或服务生命周期各个过程的碳足迹和环境影响，且可以根据具体目标设定其评价目标、范围的精确度。但是，PLCA 方法无法将系统中所有的工艺过程都考虑在内，因此在系统边界和清单数据收集上存在一定的误差。

2）基于经济投入产出的生命周期评价。为克服 PLCA 中边界设定和清单分析存在的弊端，有学者引入了经济投入产出表，创建了基于经济投入产出的生命周期评价法。该方法通过利用研究对象与国民经济部门的投入产出（包括能耗及环境排放）的对应关系实现对产品或系统的环境影响评估。EIO-LCA 主要采用的是“自上而下”模型，在评估具体的产品或服务的环境影响时，首先“自上”表示需要先核算行业以及部门层面的能源消耗和碳排放水平，此步骤需要借助于间隔发表（非连年发表）的投入产出表，然后再根据平衡方程来估算和反映经济主体与被评价的对象之间的对应关系，依据对应关系和总体行业或部门能耗对具体产品进行核算。该方法一般适用于宏观层面（国家、部门、企业等）的计算，较少应用于评价单一工业产品。该方法的优势在于能够比较完整地核算产品或者服务的碳足迹和环境影响。但是其评估受到投入产出表的制约，存在评估精度不足、时效性差及环境排放数据有限等问题。

3）混合生命周期评价。针对上述两种方法的不足，HLCA 是将过程分析法和投入产出法相结合的生命周期评价方法。该方法采用 PLCA 方法对主要过程数据进行收集，而采用 EIO-LCA 方法对影响较小、过程未知的工艺过程进行数据收集。按照二者结合的方式，目前可以将其划分为分层混合、基于投入产出的混合和集成混合三种模型。该方法的优势在于不但可以规避误差，又可以比较有针对性地评价具体产品及其整个生命周期阶段（包含使用和废弃阶段）。但是，前两种模型易造成计算重复，且不利于投入产出表的系统分析功能的发挥；而最后一种模型则由于难度较大，对数据要求较高，尚且停留于假说阶段。由于研究起步较晚，目前混合生命周期评价方法的发展相对不成熟。

（2）产品碳足迹核算标准：目前，国际权威组织如国际标准化组织、世界资源研究所和世界可持续发展工商理事会、英国标准协会等均已发布相关的碳排放核算标准（表 3-2）。根据评估对象的系统层级，碳足迹标准大致可以分为三个层级：

1）国家、部门或者地域层级，国际比较通用的主要是 IPCC《国家温室气体清单指南》以及 ICLEI《城市温室气体清单指南》。

2）企业、组织活动层级，主要包括《温室气体核算体系：企业核算与报告标准》以及《ISO 14064 标准系列》。

3）产品层级，主要的国际标准有三个：《PAS 2050：商品和服务在生命周期内的温室气体排放评价规范》《产品生命周期核算与报告标准》（*GHG Protocol*）以及《ISO 14067 产品碳足迹量化与交流的要求与指导技术规范》。

我国碳足迹核算方面的研究与应用起步相对较晚，发展较为缓慢。2008 年，我国将 ISO 14040 系列国际标准等同转化为 GB/T 24040 系列，延续了国际做法，缺乏 LCA 与碳足迹核算间的深度关联。此后，我国相继颁布了《省级温室气体清单指南》《区域温室气体排放计算方法》等指导性文件，并陆续出台文件支持和鼓励 LCA 研究与应用。中国标准化研究院资源与环境标准化研究所与英国标准协会曾于 2008 年成功向英国大使馆申请资金，将 PAS 2050 引入中国，但其与国内行业的接轨程度不高。2015 年，国家标准化管理委员会发布了首批温室气体管理国家标准，对企业温室气体的排放范围、排放方法提出了统一的要求，从核算边界来看，其覆盖了企业和产品生命周期的大部分阶段。但目前，国家层面仍缺乏产品碳足迹的相关标准。

表 3-2 碳排放核算标准

核算层面	标准或规范名称	发布时间	适用范围	制定组织	核算方法
终端消费碳排放	*GHG Protocol*	2004	企业、项目	WRI/WBCSD	对企业或项目现有终端排放源进行检测和审计
	ISO 14064	2006	企业、项目	ISO	
全生命周期碳排放	PAS 2050	2008/2011	产品、服务	BSI	建立数据库和模型，对产品/服务全生命周期的碳排放进行估算
	ISO 14040/14044	2006	产品、服务	ISO	
	Product and Chain GHG Protocol	2011	产品、服务	WRI/WBCSD	
	ISO 14067	2013	产品、服务	ISO	

3.2 中国实行绿色低碳发展的必要性

通过对现阶段我国碳排放的现实进行梳理可以看出，我国碳排放量的全球占比在不断上升，人均碳排放量高于世界平均水平。目前我国的能源消费结构仍以不可再生的化石能源为主，在确保国家经济仍保持较快增长速度的前提下，国家碳排放总量也会持续增加。习近平主席在 2020 年 9 月召开的联合国大会上正式提出了我国要在 2030 年实现碳达峰，2060 年实现碳中和的“双碳”战略目标。与此同时，绿色低碳发展作为一种新兴的社会经济与生态环境和谐共生的高质量发展模式，正在逐步取代原有的“粗放型”社会经济发展模式。

可以看出，绿色低碳发展是实现“双碳”战略目标的必由之路，“双碳”战略与绿色低碳发展之间呈动态耦合关系。本节从目前我国所面临的环境形势、气候变化与极端天气现状、气候变化对中国的影响三方面阐释我国实行绿色低碳发展的必要性。

3.2.1 严峻的环境形势

新时期以来，我国主要污染物排放持续下降，生态环境质量明显改善，生态系统稳定性不断增强，生态安全屏障持续巩固，减污降碳协同增效，经济社会发展全面绿色转型大力推进，生态环境风险有效防范化解，核与辐射安全得到切实保障，生态环境领域国家治理体系和治理能力现代化加快推进，美丽中国建设迈出坚实步伐。[①]现阶段我国生态环境的总体质量较为稳定，但生态环境问题仍较为突出，生态环境稳中向好的基础还不稳固，生态环境总体形势依然严峻。具体表现为以下几个方面：

1. 大气污染

党的十八大以来，国家持续开展重点区域秋冬季大气污染综合治理攻坚行动，重点区域冬季空气质量明显好转。推动夏季臭氧治理攻坚行动开展，臭氧浓度上升态势得到有效遏制。推进重点区域空气质量改善监督帮扶，发现并推动解决各类涉及大气环境的问题数万个，大气质量改善效果显著。但就大气质量的总体情况而言，受气象条件影响，我国大气环境质量极不稳定。据《2021 中国生态环境公报》统计，2021 年，全国 339 个地级及以上城市（以下统称城市）中 218 个城市环境空气质量达标，占全部城市数的 64.30%，仍有 121 个城市环境空气质量超标，占 35.70%。如若不去除沙尘影响，全国 339 个城市中环境空气质量达标的城市占比仅为 56.90%，超过 43%的城市空气质量超标。此外，29.80%的城市 PM2.5 平均浓度超标，臭氧问题比较突出。受沙尘影响，我国 PM10 平均浓度相较于 2020 年的水平不降反升。此外，大气污染所带来的酸雨问题亦对生态环境治理造成较大威胁。我国酸雨主要分布在长江以南、云贵高原以东地区，主要包括浙江、上海的大部分地区，以及福建北部、江西中部、湖南中东部、重庆南部、广西南部和广东部分区域。据统计，2021 年，我国酸雨区面积约为 36.90 万 km^2，占国土面积的 3.80%。出现酸雨的城市所占比例为 30.80%，酸雨频率在 25%及以上、50%及以上和 75%及以上的城市比例分别为 12.50%、5.80%和 2.60%。

可以看出，我国目前大气污染问题的主要类型包括雾霾（颗粒物）、沙尘、臭氧、酸雨等。大气污染问题产生的原因分为内在原因和外在原因两种。其中内在原因是指人类生产生活所产生的工业废气、汽车尾气等所包含的二氧化硫（SO_2）、氮氧化物（NO_x）、挥发性有机物（VOC_s）和氨（NH_3）等大气污染物的大量排放；外在原因是指包括静稳、小风、高湿以及逆温在内的不利气象条件，在排放基本相同的前提下导致更加严重的大气污染。总之，通过一系列大气环境治理行动，现阶段我国大气环境质量得到进一步好转，但受制于气象条件影响，大气环境的总体形势依然十分严峻。

---

① 生态环境部. 2021 中国生态环境公报[EB/OL].(2022-05-26)[2023-05-05]. https://www.mee.gov.cn/hjzl/sthjzk/zghjzkgb/202205/P020220608338202870777.pdf.

2. 土地荒漠化与水土流失

土地荒漠化是指在干旱、半干旱和某些半湿润、湿润地区，由于气候变化和人类活动等各种因素所造成的土地退化，其中包括土地沙化、水土流失、植被退化等。我国是世界上土地荒漠化较为严重的国家，土地荒漠化急剧发展。据《2021 中国生态环境公报》统计，20 世纪 50—70 年代年均沙化面积为 1 560 km^2，70—80 年代年均扩大到 2 100 km^2，我国荒漠化土地面积已达 261.16 万 km^2，占国土面积的 27.80%。目前，荒漠化土地仍以每年 1 万多平方千米的增速在逐步增加。此外，现阶段我国水土流失问题亦十分严重，全国水土流失面积已达 269.27 万 km^2，其中水力侵蚀面积为 112.00 万 km^2、风力侵蚀面积为 157.27 万 km^2。按侵蚀强度分，轻度、中度、强烈、极强烈和剧烈侵蚀面积分别占全国水土流失总面积的 63.30%、17.20%、7.60%、5.70%和 6.20%。土地荒漠化与水土流失带来农业生态系统失调，进一步引发了严重的耕地退化问题。部分地区土壤的有机质已从原来的 5%～8%下降到 1%～2%（理想值应不小于 3%），全国每年因此损毁的耕地约 1 333 km^2（200 万亩）。

可以看出，我国目前土地荒漠化与水土流失问题依然十分严峻。现阶段我国土地荒漠化与水土流失形势严峻的主要原因包括自然原因和人为原因。其中自然原因主要包括自然地形地貌、植被、气候及土壤等因素；人为原因主要包括林木采伐、矿山开采、耕地开荒等在内的人为经济活动。土地荒漠化与水土流失不仅会造成土地生产力与水土资源承载能力的下降，还会进一步削弱自然环境涵养水源、吸收碳排放的生态能力，对“双碳”目标达成与生态环境保护具有重要影响。

3. 水体环境污染

现阶段我国水环境质量虽总体有所改善，但地区间不协调不平衡问题突出，少数地区劣Ⅴ类水体比例、达到或好于Ⅲ类水体比例指标改善程度不高。近岸局部海域污染依然严重。总体上看，我国河流湖泊水体污染相当严重，全国主要河流多数断面水质劣于五类标准，全国 75%的湖泊出现不同程度的富营养化，全国湖泊普遍萎缩退化，水环境生态系统严重恶化。

据《2021 中国生态环境公报》统计，国家重点流域中长江流域、西北诸河、西南诸河、浙闽片河流和珠江流域水质为优，黄河流域、辽河流域和淮河流域水质良好，海河流域和松花江流域为轻度污染。国家重点流域总体水质较好，但仍存在诸多问题。以黄河流域和长江流域为例：

黄河流域监测的 265 个国考断面中，Ⅰ—Ⅲ类水质断面占 81.90%，劣Ⅴ类占 3.80%，水质较优。但黄河流域仍存在以下几方面问题：一是环境基础设施建设不足，部分地区化肥农药过量施用，农业农村面源污染防治瓶颈亟待突破；二是生态用水严重不足，河湖断流干涸与流域高耗水问题并存；三是河湖生态服务功能退化，黄河上游地区天然草地退化，黄河中下游河流湿地面积减少，黄河三角洲自然湿地萎缩严重。①

长江流域监测的 1 017 个国考断面中，Ⅰ—Ⅲ类水质断面占 97.10%，劣Ⅴ类占 0.10%，长江干流和主要支流水质均为优。但长江流域仍存在以下几方面问题：一是城市和工业污染治理、黑臭水体的整治推进较为困难；二是农业的种植业、养殖和城市初期雨水等面源污染交织，城乡面源污染防治形势不容乐观；三是地方湿地、湖泊面积萎缩，水生态系统的功能失衡，重点湖泊的蓝藻、水华现象频发，水生态保护和修复亟待加强。

可以看出，我国目前水体环境污染形势依然十分严峻。其主要原因有以下两方面：一方面是人类活动影响。人类生产生活耗费水体资源数量巨大，工业、农业及生活用水是水资源消耗的主要类型，亦是湖泊、河流等水体普遍萎缩退化的主要成因。此外，人类生产生活所排放的污水废水则是造成水体环境污染的主要原因。另一方面是自然气候变化。受气候变化影响，全球极端天气现象频发。干旱、极端强降水对水体资源总量的影响十分明显，而极端天气引发的洪涝、泥石流、山体滑坡等自然灾害则会导致水体环境质量的破坏恶化。因而，开展水体环境污染治理必须从人为因素与自然因素两方面同时着手。

4. 自然生态质量不佳

自然生态质量状况一般使用反映自然环境污染危害情况与自然环境质量的优劣测度的生态质量指数进行衡量。据《2021 中国生态环境公报》统计，2021 年全国生态质量指数（Environmental Quality Index，EQI）约为 59.70，我国自然生态质量总体处于二类水平。其中生态质量为一类的县域面积占国土面积的 27.70%，主要分布在东北大小兴安岭和长白山、青藏高原东南部和秦岭—淮河以南；二类的县域面积占 32.10%，主要分布在三江平原、内蒙古高原、黄土高原、昆仑山、四川盆地、珠江三角洲和长江中下游平原；三类的县域面积占 32.70%，主要分布在华北平原、黄淮海平原、东北平原中西部、阿拉善西部、青藏高原中西部和新疆中南部；四类的县域面积占 6.60%；五类的县域面积占 0.80%，主要分布在新疆中北部和甘肃西部。可以看出，目前我国三类及以下县域生态区域占比超过 40%，以县域生态为代表的自然生态总体形势不容乐观。

就生物多样性而言，我国具有地球陆地生态系统的各种类型，其中森林 212 类、竹

① 李彪. 生态环境部答每经问：黄河流域水质总体呈逐年好转趋势［N］. 每日经济新闻，2021-05-27（002）.

林 36 类、灌丛 113 类、草甸 77 类、草原 55 类、荒漠 52 类、自然湿地 30 类，有红树林、珊瑚礁、海草床、海岛、海湾、河口和上升流等多种类型的海洋生态系统，有农田、人工林、人工湿地、人工草地和城市等人工生态系统。全国森林覆盖率为 23.04%。森林蓄积量为 175.60 亿 m^3，其中天然林面积为 141.08 亿 m^3、人工林面积为 34.52 亿 m^3。森林植被总生物量为 188.02 亿 t，总碳储量为 91.86 亿 t。就物种多样性而言，我国已知物种及种下单元数为 127 950 种。其中，动物界为 56 000 种，植物界为 38 394 种，细菌界为 463 种，色素界为 1 970 种，真菌界为 15 095 种，原生动物界为 2 487 种，病毒界为 655 种。我国有栽培作物 528 类 1 339 个栽培种，经济树种 1 000 种以上，原产观赏植物种类 7 000 种，家养动物 948 个品种。①

可以看出，目前我国生物种类多样，资源丰富。但值得注意的是，全国 34 450 种已知高等植物的评估结果显示，我国需要重点关注和保护的高等植物多达 10 102 种，占评估物种总数的 29.32%，其中受威胁的有 3 767 种、近危等级的有 2 723 种、数据缺乏等级的有 3 612 种。根据 4 357 种已知脊椎动物（除海洋鱼类）的评估结果显示，需要重点关注和保护的脊椎动物有 2 471 种，占评估物种总数的 56.71%，其中受威胁的有 932 种、近危等级的有 598 种、数据缺乏等级的有 941 种。9 302 种已知大型真菌的评估结果显示，需要重点关注和保护的大型真菌有 6 538 种，占评估物种总数的 70.28%，其中受威胁的有 97 种、近危等级的有 101 种、数据缺乏等级的有 6 340 种。这进一步说明我国需要重点关注和保护的高等植物、脊椎动物及大型真菌数量众多，受威胁物种、近危等级物种及数据缺乏等级物种情况较为严重，亟须加大生态质量保护治理工作力度。

总的来说，目前我国自然生态环境质量整体欠佳，亟须进行保护的生物种类数量巨大，生态环境质量提升与生态保护工作任重道远。其主要原因在于以下三方面：第一，我国生态环境保护治理尚处于起步阶段，生态环境保护工作历史遗留问题较多；第二，政府及社会公众的生态环保意识刚刚觉醒，尚未形成全社会共同保护生态环境的氛围；第三，受极端气候事件及全球气候变化影响，生态环境质量提升与生态保护工作开展成效不甚明显。党的十八大以来，生态环境质量提升与生物多样性保护已成为国家生态文明建设的重要内容。开展生态环境质量提升与生态保护工作需着重从上述三方面出发，加大工作力度，推进生态环保意识与社会氛围的培育，以人民群众对生态环保的共治共

① 生态环境部. 2021 中国生态环境公报[EB/OL].(2022-05-26)[2023-05-05]. https://www.mee.gov.cn/hjzl/sthjzk/zghjzkgb/202205/P020220608338202870777.pdf.

享推动美丽中国建设。

3.2.2 气候变化与极端天气

近百年来，受人类活动和自然因素的共同影响，世界正经历着以全球变暖为显著特征的气候变化，全球气候变暖已深刻影响着人类的生存和发展。2018 年 10 月，联合国政府间气候变化专门委员会发布了《全球 1.5°C 增暖》特别评估报告，引起各国政府和社会公众的极大关注，国际社会日益意识到全球气候变化对人类当代及未来生存空间的威胁和严重挑战，意识到采取共同应对措施减少和防范气候风险的重要性和紧迫性。① 习近平总书记指出：要坚持和平发展道路，推动构建人类命运共同体。中国把应对气候变化作为推动构建人类命运共同体的重要指标，把生态文明建设作为可持续发展的重要战略，推动全球实现绿色、低碳、可持续发展。

1. 气候变化表现

我国是全球气候变化的敏感区和影响显著区之一。气候变化主要表现在全球气候变暖、酸雨、臭氧层破坏三个方面，具体可通过气温变化、平均年降水量、极端强降水变化及台风、沙尘及酸雨生成趋势、全球平均海表温度及沿海海平面波动、温室气体及细颗粒物变动等指标来反映气候的变化程度。据《中国气候变化蓝皮书（2019）》与《第四次气候变化国家评估报告》，我国气候变化主要包含以下六个方面：

第一，从气温变化来看，我国气温逐步升高。1900—2018 年中国陆地百年气温升高 1.3～1.7℃。1960—2019 年增暖加速达每 10 年 0.27℃，增温幅度高于全球水平。20 世纪是 2000 年有史以来我国气候最暖的百年之一，950—1300 年的暖期与北半球其他区域的中世纪暖期大致对应，但历史暖期各地存在位相差，而 20 世纪几乎是全球同步增暖。2002—2021 年的 20 年是中国 20 世纪初以来的最暖时期。②具体而言，从地表年平均气温来看，1901—2018 年中国地表年平均气温呈显著上升趋势，近 20 年是 20 世纪初以来的最暖时期。2018 年是中国的异常偏暖年份。1961—2018 年，中国各区域年平均气温均呈上升趋势，但区域间差异明显，北方地区增温速率明显大于南方，西部地区大于东

① 中国气象局. 中国气候变化蓝皮书（2019）[EB/OL].（2019-05-01）[2023-05-05]. https：//www.cma.gov.cn/ zfxxgk/gknr/qxbg/201905/t20190524_1709279.html.

② 巢清尘，李柔珂，崔童，等. 中国气候变化科学认识进展及未来展望：中国《第四次气候变化国家评估报告・第一部分》解读［J］. 中国人口・资源与环境，2023，33（1）：74-79.

部，其中青藏地区增温速率最大。中国上空对流层平均气温呈显著上升趋势，而平流层下层平均气温表现为下降趋势。

第二，从平均年降水量变化来看，中国平均年降水量呈微弱增加趋势。20世纪80—90年代中国平均年降水量以偏多为主，21世纪最初10年总体偏少，2012年以来降水持续偏多。1961—2018年，中国各区域降水量变化趋势差异明显，青藏地区降水呈显著增多趋势，西南地区降水总体呈缓慢减少趋势，其余地区降水无明显线性变化，但均存在年际波动变化。21世纪初以来，华北、华南和西北地区平均年降水量呈波动上升趋势，而东北和华东地区降水量年际波动幅度增大。1961—2018年，中国平均年降水日数呈显著减少趋势，而年累计暴雨日数增加。2018年，中国平均降水量为673.80 mm，较常年值偏多7.00%；青藏地区平均降水量为1961年以来最多。

第三，就极端强降水及极端温度变化来看，极端强降水、极端高温天气出现频次明显增加。1961—2018年，中国极端强降水事件呈增多趋势，极端低温事件显著减少，极端高温事件在20世纪90年代中期以来明显增多。

第四，就台风、沙尘及酸雨的生成趋势来看，登陆台风次数明显增多，极端低温、沙尘、酸雨次数明显减少。1949—2018年，西北太平洋和南海台风生成个数趋于减少；20世纪90年代后期以来登陆中国台风的平均强度明显增强；2018年，西北太平洋和南海台风生成个数为29个，其中10个登陆中国。1961—2018年，北方地区沙尘日数呈显著减少趋势。1992—2018年，中国酸雨总体呈减弱、减少趋势；2018年，全国降水pH值平均为5.90，全国酸雨和强酸雨频率均为1992年以来的最低值。

第五，从全球平均海表温度及沿海海平面波动趋势来看，全球平均海表温度及沿海海平面逐步升高。1870—2018年，全球平均海表温度表现为显著升高趋势，并伴随年代际变化特征，2000年之后全球平均海表温度持续偏高。2018年，全球大部分海域海表温度较常年值偏高，全球平均海表温度为1870年以来的第四高值。1980—2017年，中国沿海海平面呈波动上升趋势，上升速率为每年3.3 mm；2017年，中国沿海海平面较1993—2011年平均值高58 mm，为1980年以来的第四高位。

第六，从温室气体及细颗粒物变动趋势来看，我国温室气体排放逐步增加，细颗粒物平均浓度逐步降低。1990—2017年，中国瓦里关站大气二氧化碳（CO_2）浓度逐年稳定上升；2017年，瓦里关站大气二氧化碳、甲烷（CH_4）和氧化亚氮（N_2O）的年平均浓度分别为407.0±0.2 ppm、1912±2 ppb和330.3±0.1 ppb，与北半球中纬度地区平均浓度大体相当，均略高2017年全球平均值。2005—2018年，环境气象本底站（北京上甸子站、上海东滩站和广东番禺站）细颗粒物（PM2.5）年平均浓度波动下降，其中，

2014—2018 年均呈明显降低趋势。

通过气温变化，平均年降水量、极端强降水及温度变化，台风、沙尘及酸雨的生成趋势，全球平均海表温度及沿海海平面波动，温室气体及细颗粒物变动等气候变化指标可以看出，我国已成为全球气候变化重要的敏感区和影响显著区。这对我国的社会经济发展与人们的日常生活造成极大影响，亟须人们警惕和关注。

2. 气候变化成因

气候变化对国家社会发展与人类日常生活所产生的影响十分显著，因而探究地球气候变化成因对我们了解气候变化的内在逻辑，采取行动以规避气候变化带来的消极影响至关重要。《中国气候变化蓝皮书（2019）》显示，影响气候变化的主要驱动力来自地球气候系统之外的外强迫因子，包括自然驱动因子和人为驱动因子。自然驱动因子包括太阳活动与太阳辐射、火山活动和地球轨道参数等；人为驱动因子主要包括人类日常生产生活所产生的温室气体、臭氧及气溶胶。

第一，就太阳活动与太阳辐射而言，我国陆地表面平均接受的年总辐射量趋于减少。据统计，1961—2018 年，中国陆地表面平均接受的年总辐射量趋于减少，平均每 10 年减少 10.3 kW · h/m^2，且阶段性特征明显。具体而言，20 世纪 60—80 年代中期，中国平均年总辐射量总体处于偏多阶段，且年际变化较大；20 世纪 90 年代以来，总辐射量处于偏少阶段，年际变化也较小。目前太阳活动处于第 24 周太阳活动的末期，本活动周的周期偏长。截至 2018 年，太阳黑子相对数的年平均值为 7.0±9.5，低于 2017 年（21.7±21.4）和 2016 年（39.8±24.7）；较第 23 周同期水平（2007 年太阳黑子相对数为 12.6±14.7），太阳活动水平偏低。2018 年，中国平均年总辐射量为 1 476.7 kW · h/m^2，较常年值偏多 3.3 kW · h/m^2。值得注意的是，太阳辐射的类型主要为短波辐射，这种辐射可以透过大气射向地面，在大气臭氧层的辅助作用下，直接或间接地对大气温度产生重要影响。因而必须重视太阳活动与太阳辐射对大气温度波动所产生的重要影响，探寻太阳活动与太阳辐射的规律所在，更好地指导人类活动以适应这种变化规律。

第二，就火山活动而言，火山活动导致的火山喷发对全球气候的影响逐步扩大。据统计，截至 2018 年，全球活跃火山包括菲律宾马荣火山（Mount Mayon）、夏威夷岛基拉韦厄火山（Mount Kilauea）、危地马拉富埃戈火山（Mount Fuego）、印度尼西亚喀拉喀托火山（Mount Krakatau）、日本鹿儿岛火山（Mount Sakurajima ）和意大利埃特纳火山（Mount Etna）等。其中，位于意大利西西里岛东部的埃特纳火山（37.7°N，15.0°E）于 2018 年 12 月 22 日开始频繁活动，火山口有少量火山灰云喷发；24 日，火山活动加强，并在 25—31 日持续出现小规模喷发。据我国风云极轨气象卫星监测显示，2018 年

12 月 24 日 19 时 20 分（北京时间），埃特纳火山口喷发出大量火山灰云并向东南方向飘散，最高高度达到 9 km。通过叠加中红外通道热点信息可见，火山口附近由于熔岩爆发引起热异常，对全球气候变化产生了较大影响。火山活动主要通过其喷发后所产生的大量火山灰、颗粒物及二氧化硫（SO_2）等气体，与水反应形成硫酸液滴云来对大气温度产生影响。这种硫酸云可以将太阳光反射回太空，阻挡其到达地面，从而使地表降温，同时也使低层大气降温。因而，必须重视火山活动对大气温度的影响，发现火山活动的规律，更好地指导人类活动以应对火山活动对全球气候的影响。

第三，就温室气体、臭氧及气溶胶而言，温室气体排放量不断增加，臭氧含量无明显变化，气溶胶光学厚度正逐步下降。① 温室气体（主要是二氧化碳）。据统计，截至 2017 年，全球大气中二氧化碳年平均本底浓度为 405.5±0.1 ppm，中国瓦里关全球本底站大气中二氧化碳年平均本底浓度为 407.0±0.2 ppm，略高于全球平均值，与北半球平均值和美国夏威夷站同期观测结果基本一致。温室气体能强烈吸收和放射长波辐射，是植物进行光合作用制造有机物质不可缺少的原料，其排放不仅会对提高植物的光合效率产生一定影响，亦对空气和地面有明显的增温效应。② 臭氧。据瓦里关站及龙凤山站观测统计结果显示，1991 年以来我国臭氧总量季节波动明显，但年平均值无明显增减趋势。2018 年，瓦里关站和龙凤山站臭氧总量平均值分别为 296±28 DU（DU 为陶普生单位，1DU 相当于 10^{-3} 大气厘米）和 362±57 DU，比 2017 年分别增加了 8 DU 和 5 DU。需要注意的是，臭氧是地球大气的重要组成部分，能大量吸收太阳光中的紫外线，使臭氧层增暖，影响大气温度的垂直分布。臭氧总量值总体回升的态势与全球中纬度地区臭氧层出现恢复相一致，其与全球禁止排放损耗臭氧氟氯烃后臭氧层恢复有关，同时也与对流层上层—平流层大气环流年代际的调整有一定联系。③ 气溶胶。据统计，2004—2014 年，北京上甸子站、浙江临安站和黑龙江龙凤山站气溶胶光学厚度年平均值呈波动增加趋势；2014—2018 年，均呈明显降低趋势。2018 年，上甸子站可见光波段（中心波长 440 nm）气溶胶光学厚度为 0.43±0.46，与 2017 年基本持平；临安站和龙凤山站气溶胶光学厚度分别为 0.46±0.32 和 0.26±0.13，较 2017 年分别下降了 13% 和 16%。对气候变化而言，气溶胶能使大气能见度变差，能在减弱短波辐射的同时强化长波辐射，进而影响地面及空气温度。大气气溶胶微粒还能充当水汽凝结核，对云、雨的形成有着重要的作用。

就上述三种气候变化的成因而言，人类活动所产生的温室气体、臭氧及气溶胶对气候变化的影响最为显著。如若温室气体排放不断增加，将会导致温度上升，并使全球气候发生明显变化；如若臭氧含量减少，臭氧层温度下降，太阳辐射的效果会急剧增加，地球上的生物所承受的太阳紫外线的伤害也会加剧；如若气溶胶粒子含量发生变动，其长波和短波的综合效应发挥能力降低，亦会使气温逐步升高。太阳活动与太阳辐射对全球气候的影响相较于人为因素而言十分微弱。在总体上，通过“上到下”机制对地球大气平流层增暖进而影响热带深对流，以及通过“下向上”机制作用于地球热带和副热带太平洋的耦合海气辐射过程，太阳活动与太阳辐射变化确实能够影响地球的气候①；此外，火山活动所形成的大气平流层硫酸云从太阳、地球和低层大气吸收能量促使高层大气升温，使得地表蒸发减少，则会进一步导致全球部分区域降雨量减少。

总的来说，气候变化由人为因素与自然因素共同造成，在无法改变自然条件的情况下，我们更应该积极行动起来，适应自然环境变化，以保护人类社会所赖以生存发展的自然生态环境。

3. 极端天气

气候变化导致极端天气频繁出现。所谓极端天气，是指天气、气候的状态严重偏离其平均状态，在特定地区和时间发生的罕见的气象事件，包括极端温度、极端降水、区域性气象干旱、台风、雷暴伴生的强降水与冰雹、沙尘与大气酸沉降、霾、寒潮等九大类型的极端气象事件。②据《中国气候变化蓝皮书（2019）》，我国极端天气的具体情况如下：

第一，就极端温度而言，极端低温与极端高温事件呈现一降一升的趋势。1961—2018 年，中国极端低温事件显著减少，极端高温事件在 20 世纪 90 年代中期以来明显增多。截至 2018 年，中国平均暖昼日数呈增多趋势，平均每 10 年增加 5.4 天，尤其在 20 世纪 90 年代中期以来增加得更为明显。2018 年，中国平均暖昼日数为 70 天，较常年值偏多 26 天，为 1961 年以来第二多，仅次于 2013 年（73 天）。此外，1961—2018 年，中国平均冷夜日数呈显著减少趋势，平均每 10 年减少 8.2 天，1998 年以来冷夜日数较常年值持续减少，2018 年中国冷夜日数为 28 天。具体而言，1961—2018 年，中国极端高温事件发生频次的年代际变化特征明显，20 世纪 90 年代中期以来明显偏多。2018 年，中国共发生极端高温事件 416 站日，较常年值偏多 137 站日，其中河北元氏（43.0°C）等共计 57 站日最高气温突破历史极值；1961—2018 年，中国极端低温事件发生频次呈显著减少趋势，平均每 10 年减少 243 站日。2018 年，中国共发生极端低温事件 371 站

① 丁一汇. 太阳活动对地球气候和天气的影响［J］. 气象，2019，45（3）：297-304.

② 翟盘茂，刘静. 气候变暖背景下的极端天气气候事件与防灾减灾［J］. 中国工程科学，2012，14（9）：55-63，84.

日，较常年值偏多 103 站日，其中黑龙江铁力（−43.7°C）和海伦（−40.4°C）等共计 10 站的日最低气温突破历史极值。

可以看出，我国极端低温事件发生概率呈下降趋势，极端高温事件呈上升趋势。这从侧面说明，全球气候变暖的事实正在发生。这无疑会对我国民众正常的生产生活产生巨大影响。

第二，就极端降水而言，极端降水次数明显增多。1961—2018 年，中国极端日降水量事件的频次呈增加趋势，平均每 10 年增多 17 站日。2018 年，中国共发生极端日降水量事件 360 站日，较常年值偏多 129 站日，为 1961 年以来第三多，仅次于 2016 年（470 站日）和 1998 年（372 站日）。其中，河南商丘（363.6 mm）、辽宁普兰店（253.1 mm）和青海民和（67.6 mm）等 68 站的日降水量突破历史极值。

第三，就区域性气象干旱而言，气象干旱事件的发生因年代际变化呈不同趋势。1961—2018 年，中国共发生了 178 次区域性气象干旱事件，其中极端干旱事件 16 次、严重干旱事件 37 次、中度干旱事件 73 次、轻度干旱事件 52 次。1961 年以来，区域性干旱事件发生频次呈微弱上升趋势，并且具有明显的年代际变化特征：20 世纪 70 年代后期至 80 年代区域性气象干旱事件偏多，90 年代偏少，2003—2008 年阶段性偏多，2009 年以来总体偏少。2018 年，中国共发生 3 次区域性气象干旱事件，频次接近常年值，强度均为中度干旱等级。2018 年 4 月中旬至 6 月下旬，内蒙古东部、东北中部和南部出现春夏连旱；8 月中旬至 9 月中旬，江汉、江南出现阶段性伏旱；10 月上旬至 11 月上旬，黄淮南部和西部、江汉、江淮出现阶段性干旱。

第四，就台风而言，我国沿海台风生成趋势明显下降，登陆台风数量明显增多。1949—2018 年，西北太平洋和南海生成台风（中心附近风力≥8 级）个数呈减少趋势，同时表现出明显的年代际变化特征。1995 年以来总体处于台风活动偏少的年代际背景下。2018 年，西北太平洋和南海台风生成个数为 29 个，较常年值（25.5 个）偏多 3.5 个。具体从登陆我国的台风情况来看，1949—2018 年，登陆中国的台风（中心附近风力≥8 级）个数呈缓慢的增多趋势，线性趋势并不显著；年际变化大，最多年达 12 个（1971 年），最少年仅有 3 个（1950 年和 1951 年）。1949—2018 年，登陆中国台风的比例呈增加趋势，尤其以 2000—2010 年最为明显，2010 年的台风登陆比例（50%）最高。2018 年登陆中国的台风有 10 个，登陆比例为 34%，较常年值（29%）偏高 5 个百分点。此外，1949—2018 年，登陆中国台风（中心附近风力≥8 级）的平均强度（以台风中心最大风速来表征）的线性变化趋势不明显，主要表现出明显的年代际变化，其中 20 世纪 60 年代至 70 年代中期及 20 世纪 90 年代后期以来表现出明显偏强的特征。2018 年，登陆台风的平均强度为 10 级（平均风速为 26.3 m/s），较常年值（11 级，平均风速为 30.6 m/s）偏弱。

第五，就雷暴天气而言，因地理位置不同，雷暴日数变化各不相同。雷暴是一种产生闪电及雷声的对流性天气现象，通常伴随着短时间的强降水或冰雹。雷暴的发生与大气层结不稳定、必要的水汽条件和抬升条件密切相关。中国雷暴天气主要发生在暖季（4—9 月），主要分布于青藏高原东部、云南中南部、四川、华南、长江中下游地区等地。1961—2018 年，北京观象台年雷暴日数呈显著下降趋势，平均每 10 年减少 1.5 天，哈尔滨气象台年雷暴日数无明显的线性变化趋势，主要表现为年代际变化特征，20 世纪 70 年代雷暴日数以偏少为主，80 年代中期至 90 年代中期偏多，之后转为偏少；上海徐家汇观象台年雷暴日数表现为缓慢的减少趋势，但 2015 年以来异常偏多；香港天文台年雷暴日数呈显著增多趋势，平均每 10 年增多 2.8 天。2018 年，北京观象台和哈尔滨气象台雷暴日数分别为 23 天和 26 天，较常年值分别偏少 2.1 天和 6.3 天；2018 年，上海徐家汇观象台雷暴日数为 33 天，较常年值偏多 7.4 天；2018 年，香港天文台雷暴日数为 38 天，接近常年值。

第六，就沙尘天气而言，沙尘出现频率逐步降低。截至 2021 年，我国共出现了 13 次沙尘天气，较 2020 年（10 次）偏多 3 次，较近 5 年平均值（12.2 次）偏多 0.8 次。2021 年沙尘天气具有首发时间早、强度强、影响范围广等特点。总体来看，1961—2018 年，中国北方地区平均沙尘（扬沙以上）日数呈明显减少趋势，平均每 10 年减少 3.5 天。20 世纪 80 年代后期之前，中国北方地区平均沙尘日数持续偏多，之后转入持续偏少阶段。2018 年，中国北方地区平均沙尘日数为 6.6 天，较常年值偏少 2.9 天。

第七，就大气酸沉降（酸雨）而言，酸雨出现频率逐步降低。1992—2018 年，中国酸雨现象（降水 pH 值低于 5.6）经历了“改善—恶化—再次改善”的阶段性变化过程，总体呈减弱、减少趋势。1992—1999 年为酸雨改善期；2000—2007 年酸雨污染恶化；2008 年以来酸雨状况再度改善。2018 年，全国年平均降水 pH 值为 5.9，全国年平均酸雨频率为 23.8%，为 1992 年以来的最低值，全国年平均强酸雨（降水 pH 值低于 4.5）频率为 3.0%，亦为 1992 年以来的最低值。综合分析显示，我国二氧化硫排放量的增减变化是影响酸雨污染长期变化趋势的主控因子，2010 年以来氮氧化物排放量的逐年下降也对近年来酸雨污染的改善有较明显的贡献。

第八，就霾天气而言，雾霾出现次数逐步下降。截至 2021 年，全国共出现了 6 次大范围霾天气，较 2020 年减少 1 次，较 2016 年减少 5 次，较近 5 年平均值减少 1.2 次。2021 年霾天气主要发生在京津冀及周边和汾渭平原区域。2021 年共发生轻度霾天气 1

次、中度霾天气 3 次、重度霾天气 2 次。

第九，就寒潮天气而言，强寒潮事件发生概率逐渐增加。寒潮是我国冬半年最具杀伤力的天气之一，往往会带来剧烈降温、大风、雨雪、冰冻等灾害，会给农业生产、交通运输、电力运行等带来严重损失。据中央气象台统计，我国寒潮多发生在秋末、冬季和初春时节。近 30 年（1991—2020 年），我国平均每年发生寒潮 5.4 次，1991 年以来，寒潮出现次数最多的年份是 2021 年（11 次），出现次数最少的年份是 2017 年（2 次）。寒潮在不同的地域环境下具有不同的特点，有的区域表现为大风少雪的沙尘暴天气，有的区域则为大风、风吹雪和低温天气，也有风雪交加和寒风苦雨等不同的"情景模式"。尽管近年来我国极端冷事件次数总体上有所减少，但在全球气候变暖背景下我国东部冬季最冷期，每年最强寒潮事件的平均最低气温比 20 世纪 80 年代和 20 世纪 90 年代更低，即强寒潮事件发生概率呈增强趋势。①

总的来看，从以上九种极端天气类型可以看出，我国极端天气的同一过程不同区域表现不同，同一区域不同的过程也不尽相同。②其中，极端低温天气发生次数呈下降趋势，极端高温天气发生次数呈上升趋势；极端降水天气次数呈上升趋势；区域性干旱事件频次呈微弱上升趋势；产生于西北太平洋与南海的台风天气数量减少，但登陆我国的台风天气数量上升；雷暴天气变化趋势受地理位置影响各有起伏；沙尘天气明显减少；酸雨次数总体呈减少趋势；雾霾天气发生次数呈递减趋势；强寒潮事件概率显著增加。

随气候变化的不断加剧，我国极端天气次数与危害不断加深，亟须行动起来，应对气候变化所带来的危机和挑战。

3.2.3　气候变化对中国的影响

气候变化对国家发展的治乱兴衰具有十分重要的影响，在历史上对我国人口分布、社会经济发展及国土疆域影响十分显著。③细分来看，气候变化对于国家与政府、社会

---

① 国家气象科学数据中心. 气象词条：寒潮[EB/OL].(2020-09-13)[2023-05-05]. http://data.cma.cn/article/getLeft/id/41789/.

② 中国气象局. 中国气候变化蓝皮书（2019）[EB/OL].（2019-05-01）[2023-05-05]. https://www.cma.gov.cn/zfxxgk/gknr/qxbg/201905/t20190524_1709279.html.

③ 王铮，张丕远，周清波，等. 历史气候变化对中国社会发展的影响：兼论人地关系［J］. 地理学报，1996（4）：329-339.

发展、经济发展、自然生态环境等多个方面都将带来系统影响。具体而言，气候变化对我国的影响可分为以下几方面：

1. 对国家形象与战略的影响

主权国家是应对全球气候变化的基本单元，承担着统筹、协调及配置国家内部所有资源以应对气候挑战的职责。气候变化所带来的全球性挑战会对国家的国际地位与国家形象、国家战略、政府职能转型、行政法规建设等方面产生重要影响，具体包括以下几个方面：

第一，气候变化会对我国的国际地位与国家形象产生重要影响。气候变化是全人类所面对的全球性挑战，我国在应对气候变化议题上的表现会对我国在国际社会中的地位和形象产生重要影响。近些年来，我国积极参与并推动国际气候谈判，对“碳达峰”与“碳中和”做出庄严承诺。我国国际形象不断改善，国际影响力显著增强。

第二，气候变化会对我国国家战略的转型升级产生重要影响。近年来，为应对气候危机，我国积极推进国家战略升级转型。在国家发展战略方面，我国积极推动经济增长方式的转变，由原来粗放式的经济发展模式向绿色低碳高质量的经济发展模式转变；在国家对外战略方面，我国积极开展大国外交，同世界其他国家一道开展温室气体减排行动，推动“人类命运共同体”建设。

第三，气候变化会促进我国政府进行职能转变与行政改革。为应对气候变化，我国政府不断推进政府行政职能转变。不仅进行政府机构改革，强化生态环保部门职能以统筹管理环境保护事项，还推进行政改革，进一步提高生态领域审批、执法、监察等各项工作成效。这些都为国家实现绿色低碳发展奠定了基础。

第四，气候变化助推生态环境保护行政法规建设。行政法规建设是应对气候变化必要的制度保障。现阶段我国政府不断推进生态环境与“双碳”领域法规和标准的制定和执行，出台了一系列的法规和标准聚焦减排目标、能源效率、清洁能源发展等。政府通过行政法规与标准的制定实施，对碳减排、能源转型、绿色发展等方面进行指导和管理，这为实现“双碳”战略目标、推动节能减排和实现绿色可持续高质量发展提供了坚实的制度保障。

2. 对社会发展的影响

气候变化对人类赖以生存发展的社会环境的影响十分显著，直接影响着人们日常的生产生活。具体而言，气候变化对社会发展的影响可分为以下几个方面：

第一，灾害风险陡增并危及人类安全。气候变化导致极端天气事件出现频率和强度的增加，如暴雨、洪水、干旱和台风等。这些极端天气事件可能会对人类的健康安全及财产安全造成直接和间接的影响，包括疾病传播、饮水安全和食品供应等。需重视防灾减灾措施，以应对潜在的灾害风险，还需注重提升公共部门的应急处置能力与响应能力，提高公共部门弹性。

第二，加剧地区发展不均衡及人口流动。气候变化可能导致不同地区之间的发展不平衡加剧，一些地区可能更易受到气候变化的影响（如海平面上升、极端干旱等），从而加剧贫困和地区不稳定。这亦会导致大规模的人口流动，加剧城市化。

第三，促使社会公众环保意识觉醒。社会公众是生态保护治理最广泛、最直接、最主要的参与力量。我国政府正在积极推动社会公众参与气候变化问题的讨论和行动。政府通过宣传教育、媒体传播和社会组织参与等方式，提高社会公众对气候变化的认知和意识，使得社会公众行动起来，积极共同参与生态保护实践与美丽中国建设。

第四，推动科学技术发展与进步。技术进步与科技发展是我国应对气候危机，开展能源结构与产业结构调整的根本所在。近年来，我国政府鼓励科技创新，推动绿色技术的研发和应用。政府通过提高资金支持、政策引导与国际合作等方面的支持力度，促进技术创新在碳减排、绿色建筑、绿色农业升级、气候变化等领域蓬勃发展。

3. 对经济发展的影响

随着全球气温不断升高，气候变化正在成为全球性的问题，气候变化给全球经济带来的影响是多方面的，如对能源需求转型、产业结构升级调整及资源利用领域产生了重要影响。具体而言，气候变化对经济发展的影响可分为以下几个方面：

第一，能源需求转型。气候变化引发了全球对减少温室气体排放的需求，推动全球性能源消耗结构转型升级。而我国作为世界最大的能源消费国之一，正逐步减少对煤炭等高碳能源的依赖，并加速向水电、光伏、核能等清洁能源转型。这会对传统能源行业形成挑战，但同时也为可再生能源和清洁技术行业发展创造机会。

第二，产业结构升级。如前所述，气候变化迫使我国采取碳减排行动以应对全球性气候挑战，而这也将推动我国由过去高耗能粗放式的经济发展模式向低碳绿色高精尖的经济发展模式转变，传统产业结构也会随之进行产业结构升级调整，近年来我国大力推行“供给侧结构性改革”正证实了这一方面。此外，气候变化也会通过温度、降水、日照时长等对经济发展领域的农业产业产生重要影响，如农作物缺水、干旱所引发的粮食减产等。

第三，气候变化对资源利用的影响也不可忽视。包括煤炭、石油、天然气及水资源在内的多种资源的开发利用，都深受气候变化影响。其中水资源的开发利用最为关键。随着全球温度的上升，冰川融化速度加快，海平面不断上升，这对沿海城市和岛国的生存和发展带来了巨大的威胁。但同时干旱地区的水资源却在逐渐减少，这使得对于水资源的争夺越来越激烈。如果不能采取有效的措施来保护、开发与合理利用水资源，水资源的紧缺将会成为全球经济发展的制约因素。

4. 对生态系统的影响

生态系统是人类繁衍生息、生存发展的自然载体，也是气候变化发生的主要场所。气候变化从本质上来看，是地球生态系统进行自我调整自我发展的自然过程。如前所述，这一过程产生的原因有人为因素，也有自然因素，在诸多因素的共同作用下对人类生存发展产生重要影响。具体而言，气候变化对生态系统的影响可分为以下几个方面：

第一，气温上升。气候变化在自然生态环境领域所带来的直观感受是我国的平均气温正在上升，这导致夏季更加炎热、冬季气温升高。这不仅对农作物的生长和水资源的管理分配产生了极大影响，还会通过改变大气环流，对重污染天气的生成、扩散产生重要影响。

第二，降水模式变化。我国乃至世界的降水分布正在发生变化，某些地区面临干旱的风险增加，而其他地区则面临洪涝的威胁。这无疑会提升水资源管理分配难度，导致自然灾害发生的风险增加。

第三，冰雪融化与海平面上升。我国的冰川和高山冰雪正在加速融化，不仅会引发严重的生态破坏与水土流失，同时也会导致海平面上升，威胁到沿海地区。这不仅会使海洋温度上升和海洋酸化，还会对海洋生态系统、渔业及沿海地区其他经济和社会生活造成严重的负面影响。

第四，生物多样性丧失。气候变化对生物多样性的影响主要包括物种分布、物候、种群动态以及物种组合和生态系统结构、功能等方面。气候变化加剧一旦使得生态系统的平衡遭受破坏，那么诸多无法快速适应气候变化的物种将面临灭绝的风险。

为了应对上述影响，我国政府已经采取了一系列的措施，包括推动节能减排、发展可再生能源、进行产业结构调整升级、提高生态环境保护与管理能力等，其目的在于通过上述措施推动国家经济与社会走向绿色低碳发展之路，从根本上最大限度地消解气候变化对我国所带来的消极影响。此外，国际社会的各方参与主体也需要行动起来，共同努力来应对全球气候变化带来的挑战。

第 4 章　能源转型与化石能源的清洁利用

4.1　能源消费结构升级

4.1.1　中国的能源禀赋特征

中国的能源禀赋是富煤、贫油、少气，煤炭是最主要的能源资源，主要分布在山西、陕西、内蒙古等地，石油和天然气主要分布在东北、西南和海南岛等地。截至 2021 年年底，国内煤炭储量为 2 078.85 亿 t，原油探明储量为 36.89 亿 t，天然气探明储量为 6.33 万亿 m^3。2017—2021 年我国主要能源的生产与进口总量如表 4-1 所示。

表 4-1　2017—2021 年中国主要能源的生产与进口总量

年份	原煤/亿 t		原油/亿 t		天然气	
	生产量	进口量	生产量	进口量	生产量/亿 m^3	进口量/亿 t
2017	34.50	2.70	1.90	4.20	1 474	0.69
2018	35.50	2.80	1.90	4.60	1 610	0.90
2019	37.50	3.00	1.90	5.10	1 736	0.97
2020	38.40	3.10	1.90	5.40	1 888	1.00
2021	41.30	3.20	2.00	5.10	2 076	1.20

能源在国民经济中占有特别重要的战略地位，能源安全是国家安全的重要支撑。我国煤炭和油气等能源产量在连年增长的同时，呈现出以下特征：① 煤炭产能结构大幅优化，供给保障能力增强。到 2021 年年底，全国煤矿数量减少至 4 500 处以内，年产量超过 120 万 t 的大型煤矿占比约 85%，煤炭生产中心逐步向晋陕内蒙古地区以及高质量煤炭企业集中。② 我国油气开发力度不断提升，增储上产持续推进。随着油气行业增储

上产“七年行动计划”的制订与实施，2019—2021 年原油产量稳步提升至约 2 亿 t 水平。在天然气领域，尤其是非常规天然气的勘探开发方面取得了持续突破。2017—2021 年天然气产量连续五年实现超过百亿立方米的增长。③ 我国电力供应能力持续增强，电力生产快速增长。2017—2021 年中国电力生产量与人均耗电量如表 4-2 所示。我国电力生产仍然以燃煤火电为主，发电过程中煤炭的高比例使用意味着大量二氧化碳的排放。目前实现碳中和目标的难点主要是碳基能源占比过高，加快推进低碳和非碳能源发展是减碳目标实现的重点。

表 4-2 2017—2021 年中国电力生产量与人均耗电量

年份	火力发电量/亿 kW·h	水力发电量/亿 kW·h	核电生产量/亿 kW·h	可再生能源占能源消费总量比重/%	人均耗电/kW·h
2017	47 546	11 979	2 481	13.60	4 721
2018	50 963	12 318	2 944	14.50	5 098
2019	52 201	13 044	3 484	15.30	5 318
2020	53 302	13 552	3 663	15.90	5 501
2021	58 058	13 390	4 075	14.20	5 937

4.1.2 中国能源消费结构的变化规律

自新中国成立以来，我国的能源消费结构变化过程可分为三个阶段。1949—1978 年为工业化完善阶段，这一阶段我国的能源消费特点是以煤炭为主导，石油、天然气等其他能源仅占据了较小的部分。1979—2000 年是改革开放阶段，这一阶段的特点是石油、天然气、水电等能源逐渐成为重要的能源来源，但煤炭仍然占据了绝大部分的能源消费份额。2000 年至今是经济快速发展阶段，此阶段新型能源的消费比重逐渐提高，除了煤炭、石油和天然气外，可再生能源如风电、太阳能、生物质能等也成为中国能源消费的重要组成部分。①

能源转型的根本目标是推动传统能源清洁化、发展绿色可再生能源。随着全球气候变化和环境污染问题的日益严重，全球新一轮能源变革和科技变革深度演变，可再生能源发展已经成为全球能源转型和应对气候变化的重大战略方向。作为全球最大的能源消

① 李世祥. 能源安全与煤炭清洁化利用［M］. 北京：科学出版社，2016.

费国，中国也在积极推进可再生能源的发展。“十四五”时期伊始，中国做出 2030 碳达峰、2060 碳中和的重大宣誓。近年来，我国以风电、光伏发电为代表的新能源发展成效显著，发电量占比稳步提升，成本快速下降，已基本进入自主可持续发展的新阶段，分别在发电领域、交通领域、热力领域等有了新的应用。

4.1.3　中国的新能源发展战略

世界上主要国家的新能源发展战略及其背后的国际气候政治博弈、国际经济竞争，既给中国的新能源战略提供了参照，也对中国的新能源发展提出了要求。在此情况下，中国需要发展新能源来全面承担能源—环境—经济三重使命。其一，通过能源供给多元化降低对进口化石能源的依赖，以保障能源安全；其二，大力发展新能源，促进环境保护，增强减排温室气体的能力，提高应对碳约束的能力；其三，在新能源领域实现创新驱动、转型发展，最终提升中国在低碳经济时代的竞争力。

从长远来看，只有通过能源结构优化和化石能源清洁化来推动中国能源系统的转型，才能从根本上减少各类污染物的排放。在实现中国能源系统转型的同时，保障中国能源安全的能源品种不仅需要包括生产和消费过程中零碳，无污染的可再生能源（如水能、风能、太阳能、生物质能），还应包括煤炭的高效清洁化转型利用，低碳非常规天然气（如致密气和页岩气）的开发利用和核能的安全利用。从能源供给能力和环境收益角度比较分析，化石能源供应能力有限，而可再生能源和清洁能源发展虽然在近期受到技术障碍的影响，但从长远来看，其对温室气体减排有很大贡献。

从中国能源安全、清洁、高效利用的战略角度来看，节能和提高能效是中国能源系统转型的首要选择。在保障能源安全的前提下，能源结构低碳化是实现减排的根本对策。新能源发展是能源技术的进步，需要一整套较完善的产业支撑、基础设施支撑、制度支撑。产业支撑以一种成本适宜的商业化模式向政府、企业、居民等提供新能源设备，支持新能源推广应用。基础设施支撑是支持能源系统升级的关键支撑之一。制度支撑一方面需要通过将新能源的环境正外部性和化石能源的环境负外部性内部化，来为新能源创造需求；另一方面需要从电力体制等方面消除新能源并网、消纳的体制障碍。①

① 周冯琦，刘新宇，陈宇，等. 中国新能源发展战略与新能源产业制度建设研究［M］. 上海：上海社会科学院出版社，2016.

4.2 煤炭的清洁利用

4.2.1 清洁煤技术概述

煤炭作为主要能源资源为世界经济发展做出了重要贡献，但煤在生产和利用过程中会产生大量的悬浮颗粒物、二氧化硫、一氧化氮、二氧化碳，造成大气烟尘、酸雨、温室效应等环境危害。因此，面对人类生存环境污染和化石能源不可再生的问题，清洁煤技术已成为世界各国解决环境问题和实现化石能源高效清洁利用的主导技术之一。

清洁煤技术是指在煤炭开发到利用全过程中，旨在提高煤炭利用效率、减少污染排放的加工、燃烧、转化和污染控制等新技术的总称。它以煤炭分选为源头，以煤炭转化为先导，以煤炭高效、清洁燃烧和发电为技术核心，其根本目标是减少环境污染和提高煤炭利用效率。其中，煤炭加工包括选煤、配煤、型煤和水煤浆技术等；煤炭高效清洁燃烧及先进发电技术包括循环或增压流化床燃烧技术、联合循环发电技术、超临界发电技术等；煤炭转化包括煤炭气化、液化、多联产、燃料电池等。①

1. 清洁煤技术的特点

清洁煤技术可解决能源供应与环境污染的两难困境，其主要有如下特点：① 可有效减排污染物。采用清洁、高效的燃烧技术可显著减少燃烧中产生的二氧化硫和飞灰。② 可提高煤炭利用效率，实现资源综合利用。煤炭转化技术可以把煤转化为清洁的液体、气体燃料和原料，实现煤炭资源清洁利用和节能减排。煤多联产技术可实现煤炭资源的分阶转化、梯级利用，可以根据目标产物对工艺参数进行调节，具有较好的灵活性和经济性。③ 有利于保障能源安全。煤炭利用技术的运行成本低于石油和天然气，有利于中国清洁能源技术的发展及长远的能源安全。将煤炭转化为洁净的油、气等高附加值产品，在一定程度上可以有效缓和我国石油、天然气供应不足的问题。④有利于调整产业结构。在调整产业结构中，煤炭行业可通过大力发展先进的煤炭加工技术和加大煤炭就地转化来增加企业的经济效益。发展清洁煤技术还可以带动设备加工、后续服务等相关产业链的发展和形成，促进行业及区域的经济发展。

① 吴占松，马润田，赵满成，等. 煤炭清洁有效利用技术［M］. 北京：化学工业出版社，2007.

2. 清洁煤技术的分类

清洁煤技术从技术工艺上划分，主要分为直接燃煤洁净技术和将煤转化为洁净燃料技术。直接燃煤洁净技术主要包括燃烧前净化加工技术、燃烧中净化技术和燃烧后净化处理技术。燃烧前净化加工技术主要包括选煤、型煤加工及水煤浆技术；燃烧中净化技术主要包括流化床技术和先进燃烧器技术；燃烧后净化处理技术主要包括消烟除尘和脱硫脱氮技术。将煤转化为洁净燃料技术主要包括煤气化技术、煤液化技术、煤气化联合循环发电和燃煤磁流体发电技术。其中整体煤气化联合循环发电系统发电技术在清洁煤发电领域被普遍认为是最具竞争力和发展前景的燃煤发电技术之一。①

3. 我国清洁煤技术的现状和发展

目前我国已建成全球最大的清洁高效煤电供应体系，煤炭产业技术总体水平处于世界领先水平。我国在煤直接、间接液化等成套关键技术上具有自主知识产权，工业示范工程也已实现安全、稳定、长期满负荷运行。我国开发了多种具有自主知识产权的高效、低成本煤气化技术，彻底摆脱了大型煤气化技术对国外进口的依赖，研发建设了世界首套百万吨级煤直接液化商业装置，并实现了长周期稳定运行。

4.2.2 主要的清洁煤技术

1. 煤炭洁净燃烧和发电技术

煤炭洁净燃烧和发电技术是指在煤的燃烧过程中提高燃烧效率、减少污染物排放的技术。其主要包括循环流化床锅炉燃烧技术、整体煤炭气化燃气-蒸汽联合循环发电技术和超临界发电技术。

循环流化床锅炉采用流态化燃烧，主要结构包括燃烧室和循环回炉两大部分。循环流化床锅炉已经很好地解决了热学、力学、材料学等基础问题和膨胀、磨损、超温等工程问题，成为难燃固体燃料能源利用的先进技术。整体煤炭气化燃气-蒸汽联合循环发电技术是煤气化和蒸汽联合循环的结合，具有高效、低污染、节水、综合利用好等优点。该发电系统由两部分组成：第一部分是煤的气化与净化部分，主要设备有气化炉、煤气净化、硫回收装置；第二部分为燃气-蒸汽联合循环发电部分，主要设备有燃气轮机发电系统、余热锅炉、蒸汽轮机发电系统。超临界发电就是采用中间再加热技术，提高蒸汽的压力和温度，将初参数提高到超临界状态，从而提高可用能的品位和热能转换效率，

① 邓祥元，王甫，李宁，等. 清洁能源概论［M］. 北京：化学工业出版社，2020.

降低煤耗。火力发电的常规超临界机组，主蒸汽压力为 24.2 MPa，主蒸汽和再热蒸汽温度为 540～560 ℃；而高效超临界机组的主蒸汽压力为 28.5 MPa～30.5 MPa，主蒸汽和再热蒸汽温度可达 580～600℃。

2. 煤炭液化技术

煤炭液化是将煤炭通过化学加工过程转化成为液体燃料、化工原料和产品的先进洁净煤技术。根据不同加工路线，煤炭液化可分为直接液化和间接液化两大类。①

煤炭直接液化是将固态煤磨成细粉后与溶剂油混合制成煤浆，然后在高温（450 ℃）、高压（15 MPa～20 MPa）和催化剂存在的条件下，与氢气反应，使煤炭通过加氢裂化转化为低分子的清洁液体燃料和其他化工产品。煤炭直接液化过程如图 4-1 所示。

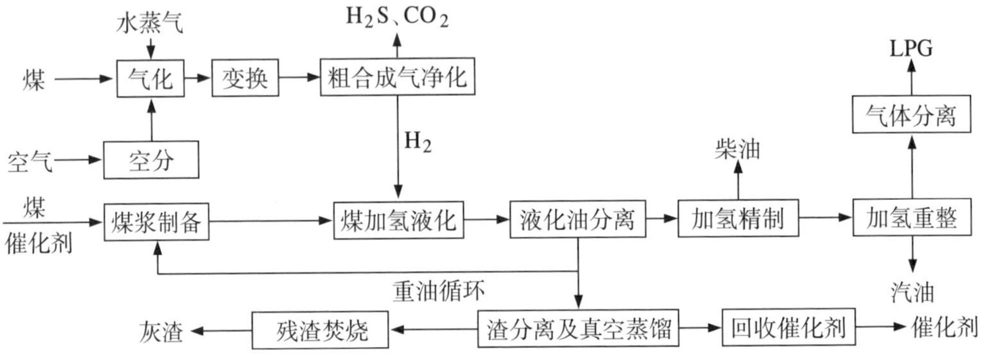

图 4-1　煤炭直接液化过程

煤炭间接液化是先将煤气化生成主要成分是一氧化碳和氢气的合成气，然后在一定压力下，合成气通过催化定向合成以液态烃为主要产品的技术，典型工艺流程如图 4-2 所

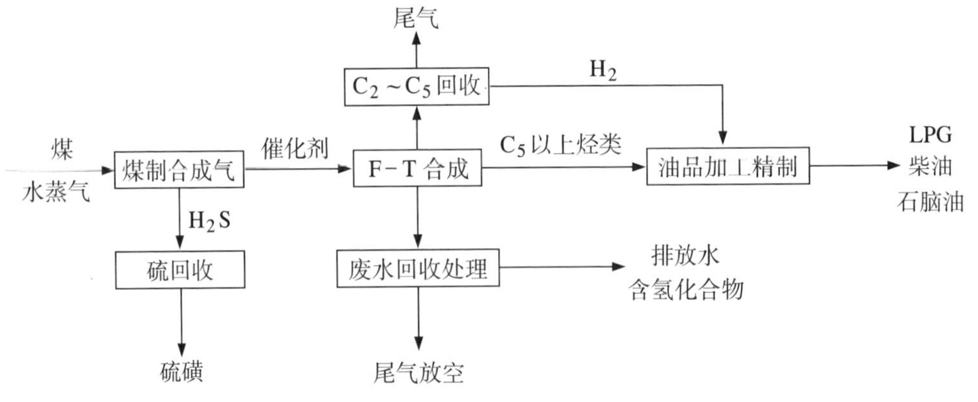

图 4-2　间接液化典型工艺流程图

① 杨永杰，涂郑禹. 环境保护与清洁生产［M］. 北京：化学工业出版社，2021.

示。煤炭间接液化技术的核心是费托合成（Fischer-Tropsch，F-T），其生成产品除了气体和液体燃料、石蜡以外，还有重要的有机化工原料，如乙烯、丙烯、丁烯、乙醇以及其他醇类等。

3. 煤炭气化技术

煤炭气化是指在特定的设备内于一定温度及压力下使固体燃料（煤、半焦、焦炭）或液体燃料（水煤浆）与气化剂（空气、富氧空气、氧气、水蒸气或二氧化碳等）发生一系列化学反应，将固体或液体燃料转化为含有氢气、甲烷等可燃气体和二氧化碳、氮气等非可燃气体的过程。目前已实现工业化的煤气化技术主要有固定床、流化床和气流床技术。

固定床气化过程中，煤在气化炉内由上而下缓慢移动，与上升的气化剂和反应气体逆流接触，相比于气体的上升速度而言，煤料下降很慢，甚至可视为固定不动，因此称为固定床气化。根据煤在固定床内不同高度进行的主要反应，将其自下而上分为灰渣层、烧层、气化层、甲烷生成层、干馏层和干燥层。

流化床气化是利用流态化的原理，使煤颗粒通过气化介质达到流态化。当气体或液体以某种速度通过颗粒床层而足以使颗粒物料悬浮，并能保持连续的随机运动状态时，便出现了颗粒床层的流化。流化床气化的煤料层内几乎没有温度和浓度梯度，煤料层内温度均一，易于控制，气化效率高。

气流床气化过程中，煤浆或煤粉颗粒与气化介质被高速喷入气化炉内，利用流体力学中射流卷吸机理，射流引起卷吸和高速湍流，强化气化炉内的混合，有利于气化反应的充分进行。气流床气化炉的高温、高压、混合较好的特点决定了其有在单位时间、单位体积内提高生产能力的最大潜能，符合大型化工装置单系列、大型化的发展趋势。

4. 煤炭分级分质利用

煤炭分级分质利用是基于煤炭各组分的不同性质和转化特性，以煤炭同时作为原料和燃料，将煤的热解（干馏）与燃煤发电、煤气化、煤气利用、煤焦油深加工等多个过程有机结合的新型能源利用技术。与其他煤炭清洁高效利用方式不同，煤炭分级分质利用属于源头控制，其低温热解过程主要属于物理过程，热解产物为低成本的洁净煤、煤气和焦油产品。目前，国内外提出的煤炭分级转化多联产技术包括以煤完全气化为基础、以煤部分气化为基础及以煤热解气化为基础的分级转化多联产技术。①

以煤完全气化为基础的多联产技术是将煤在气化单元内完全转化，将固态煤燃料转

① 曲思建. 煤炭清洁利用与环境保护技术［M］. 北京：科学出版社，2018.

化为合成气，用于燃料、化工原料、联合循环发电及供热制冷，从而实现以煤为主要原料，联产多种高品质产品的目的。图 4-3 为以煤完全气化为基础的多联产系统的基本流程图。

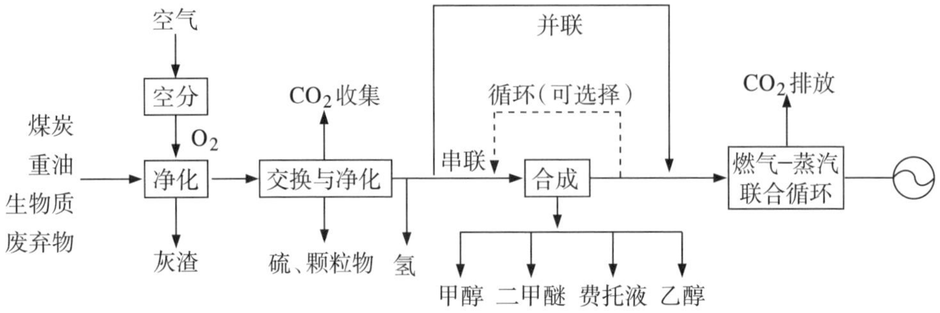

图 4-3 以煤完全气化为基础的多联产系统的基本流程图

以煤部分气化为基础的多联产技术的核心是对煤中不同的组分实现分级利用，将煤部分气化后所得的煤气用作燃料或化工原料，剩下的半焦通过燃烧加以利用。图 4-4 为以煤部分气化为基础的多联产系统的基本流程图。

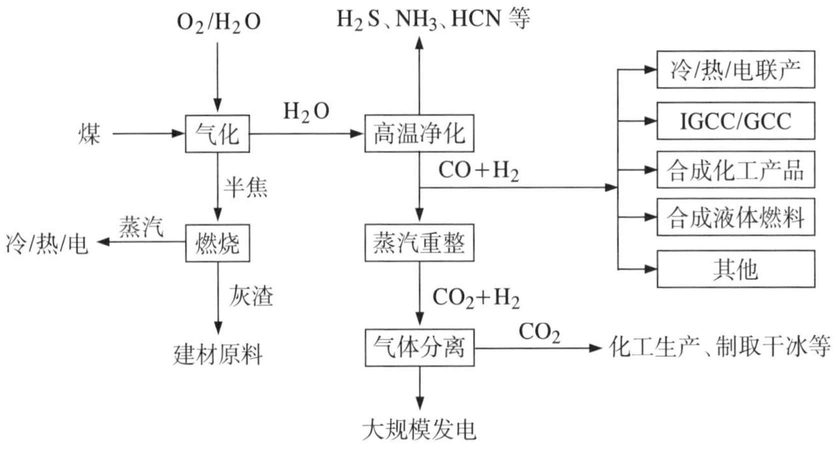

图 4-4 以煤部分气化为基础的多联产系统的基本流程图

以煤热解气化为基础的多联产技术是把煤先加入热解炉解析出挥发分，所产生的热解气可以作为工业用气、民用煤气。另外，热解煤气和焦油也可通过后续工艺从中获得多种稠环芳香烃类化合物，热解所产生的半焦则可直接送到燃烧炉中燃烧产生蒸汽，用于发电或供热。

4.3 发电的清洁化

4.3.1 能源之间的转换

发电能源的来源可以分为不可再生资源和可再生资源。最常见的不可再生资源是煤炭，对应的火力发电是世界上主要的电力来源。可再生资源是阳光、水和风，对应的发电方式分别是太阳能发电、水力发电和风力发电。①

煤炭在锅炉中燃烧产生热量，化学能变为热能；锅炉中的水变成高温高压蒸汽，蒸汽通过汽轮机又将热能转化为旋转动力，高压蒸汽的热能转化为机械能后，形成凝结水汽，热能变为机械能；高压蒸汽推动转子转动发电，机械能变为电能。燃煤发电机组按系统结构大体可分为锅炉岛、汽轮机岛和发电机岛三大部分。其中锅炉岛主要负责将煤炭中的化学能通过燃烧转化为热能，并加热工质，进而提高工质的焓。汽轮机岛包括汽轮机主机、回热系统、冷端系统及汽轮机辅机等，主要负责将工质中的焓通过一定的热力过程转化为机械能。发电机岛则主要负责将汽轮机传递出的机械能转化为电能，一部分供辅机设备利用，剩余部分则通过变压器送入电网。

水力发电是将水的重力势能转换为水的动能，水的动能带动涡轮叶片转动，转换为涡轮机的动能，涡轮机再带动发电机发电。太阳能发电主要有两种方式：第一种是光—热—电转化，即利用太阳能集热器将所吸收的热能转化为工质的蒸汽，然后由蒸汽驱动汽轮机带动发电机发电，前一过程为光—热转换，后一过程为热—电转换。第二种是光—电转换，其原理是利用光生伏特效应将太阳能辐射能直接转换为电能，它的基本装置是太阳能电池。②

4.3.2 高效发电技术

大容量燃煤发电机组可显著提高锅炉效率、汽轮机的内效率及辅机设备效率。锅炉节能技术包括：① 改善煤质，提高燃料热值；② 提高空气中的含氧量，进行富氧燃烧；

① 宋俊. 碳中和与低碳能源［M］. 北京：机械工业出版社，2022.

② 李春. 新能源与发电技术研究［M］. 北京：中国商业出版社，2021.

③ 空气分级预热，升高空气温度，提高锅炉效率；④ 降低空气预热器漏风率；⑤ 降低过量空气系数，提高燃烧效率；⑥ 提高燃尽率，降低飞灰含碳量；⑦ 使用低温省煤器。汽轮机节能技术包括：① 对汽轮机进行通流改造，如采用高效新叶型、分流叶栅、新型汽封、高效进汽室和排汽缸；② 建立优化控制规则的寻优与数据挖掘分析系统，实现机组综合优化控制；③ 增加回热级数、降低系统内漏、控制加热器端差、治理疏水内漏，优化热力系统结构。

热电联产就是锅炉蒸汽经抽凝式汽轮机或背压式汽轮机发电后对用户供热的运行过程。热电联产高效节能技术包括：① 热网加热技术，即把低温热源加热器与高温热源加热器串联，通过低温热源加热器回收机组排汽的低位能，并通过高温热源加热器抽取高位蒸汽来提高供水温度，实现能量的深度梯级利用，减少机组的冷源损失，提高加热过程的效率；② 高效工业供汽技术，即将供热设备的调节和效率特性、电负荷调节规律和热负荷需求变化有机地进行统一，保证在全负荷工况下流量均能达到用户要求，同时全负荷工况下供热系统能保持较高的能效，主动适应机组的滑压运行工况和输出效率要求[①]。

4.3.3 智能电网

智能电网就是电网智能化。它建立在集成的、高速双向通信网络的基础上，通过先进的传感与测量技术、设备技术、控制方法和决策支持系统技术的应用，实现对电网全景信息的获取，整合各种实时的生产运营和管理信息。

智能电网可为电网运行和管理人员展示全面、完整和精细的电网运营状态图，同时能够提供相应的辅助决策支持、控制实施方案和应对预案，从而实现电网可靠、安全、经济、高效、环境友好和使用安全的目标。与传统电网相比，智能电网通过优化各级电网控制，构建结构扁平化、功能模块化、系统组态化的柔性体系架构，通过集中与分散相结合的模式，灵活变换网络结构、智能重组系统架构、优化配置系统效能、提升电网服务质量，实现与传统电网截然不同的电网运营理念和体系。[②]

智能电网的特征主要包括坚强性、自愈性、兼容性、经济性、集成性等。坚强性是

---

① 王卫良，吕俊复，倪维斗. 高效清洁燃煤发电技术［M］. 北京：中国电力出版社，2019.

② Math H J Bollen. 智能电网：让电力系统适应新的挑战［M］. 涂春鸣，姜飞，郭祺，译. 北京：科学出版社，2011.

指在电网发生大扰动和故障时，仍能保持对用户的供电能力，而不发生大面积停电事故，在自然灾害、极端气候条件或外力破坏下仍能保证电网的安全运行。自愈性是指电网具有实时、在线和连续的安全评估和分析能力，强大的预警和预防控制能力，以及故障自动诊断、自动隔离和系统自我恢复的能力。兼容性是指电网支持可再生能源有序、合理地接入，适应分布式电源和微电网的接入，能够实现与用户的交互和高效互动，满足用户多样化的电力需求并为用户提供增值服务。经济性是指电网支持电力市场运营和电力交易的有效开展，实现资源的优化配置，降低电网损耗，提高能源利用效率。集成性是指电网可实现信息的高速集成和共享，采用统一的平台和模型，实现标准化、规范化和精益化管理。①

4.4　石油的清洁利用

石油是一种化石燃料，主要由深层的有机质经过压力、温度等作用而形成。19 世纪开始，石油成为推动世界经济发展的关键能源，目前被广泛应用于交通、工业、电力等领域。2020 年石油在全球能源消费结构中的占比约为 32%，其中，美国、中国和印度是石油消费量最大的三个国家。

随着全球经济的不断发展和人们对环境保护要求的不断提高，石油的使用和开发面临着一系列的挑战。首先，全球石油产量和储量在逐渐减少。截至 2021 年，全球已探明的石油储量为 1 739 亿桶。全球石油产量已经达到了顶峰，预计在未来几十年内将逐渐下降。其次，石油的开采和利用会导致土地破坏、水源污染和野生动物生存环境破坏，同时也会带来温室气体排放以及气候变化等问题，对环境造成严重污染。

成品油是指从石油中提炼出来的各种产品，包括汽油、柴油、煤油等。成品油的燃烧会产生大量的二氧化碳，还会排放如硫化物（SO_x）、氮氧化物（NO_x）和挥发性有机物（VOCs）等大量空气污染物。为了减少成品油燃烧对环境产生的负面影响，需要对其进行清洁处理。②

通过对汽油进行清洁化处理，可以有效降低环境污染物的排放，提高汽油的质量和清洁度。选择性加氢脱硫技术具有高脱硫率、运行周期长、辛烷值损失小和液体收率高

① 杨利水，王宇. 智能电网基本知识［M］. 北京：中国电力出版社，2014.

② 瞿国华. 清洁油品概论［M］. 北京：中国石化出版社，2019.

等显著特点，被广泛应用于汽油的清洁化处理。汽油加氢改质技术将烯烃异构化/芳构化，从而显著降低烯烃含量，深度脱硫并保持辛烷值，特别适用于需要重点降低汽油烯烃含量的炼油厂。吸附脱硫技术可以有效降低汽油中的硫化物含量，从而减少环境污染物的排放。吸附脱硫技术具有高效、低成本、易于操作、延长催化剂使用寿命等优点。轻汽油醚化技术是通过与甲醇反应将催化汽油中的烯烃转化为叔烷基醚,降低烯烃含量，提高辛烷值。

柴油含有的污染物比汽油更多、更复杂，所以柴油清洁化的难度大于汽油，其清洁生产技术可以分为加氢精制和加氢改质两大类。柴油加氢精制技术是在高温高压下，将柴油和氢气反应，使其脱除硫、氮等杂质，同时降低多环芳烃和极性分子的含量，从而提高柴油的质量和清洁度。柴油加氢改质技术旨在通过多环芳烃加氢饱和和选择性开环反应，生产低芳烃、低密度和高十六烷值的柴油。①

4.5 天然气的清洁化利用

天然气是世界三大支柱能源之一。它不仅是一种重要的能源，还是一种用途广泛的化工原料。天然气的利用方式多种多样，包括燃烧发电、燃气供暖、交通燃料、工业生产、化工原料等。天然气也可以与其他可再生能源如风能、太阳能等混合使用，实现可再生能源与清洁化石能源的复合利用。相较于燃煤和石油，天然气在使用时不仅排放的硫化物、氮氧化物、一氧化碳量最少，而且排放的二氧化碳量也最少。同时，天然气还是能量利用效率较高的能源，如工业燃煤锅炉的效率为 50%～60%，而燃气锅炉的效率可达 80%～90%。天然气可以压缩成液态天然气（LNG），在−162℃低温下呈液体状态，体积大幅缩小，便于储存和运输。

天然气可以生产多种化工产品，如甲醇、乙炔、氢气、低碳烯烃、合成油等下游产品。其按照转化方式可分为直接转化法和间接转化法。直接转化法是以天然气为原料直接生产各种化工产品，如天然气制乙炔、天然气氧化偶联制乙烯等。间接转化法是将天然气先转化为合成气（$CO+H_2$），再将合成气转化成化工产品。②

① 何盛宝. 清洁油品技术［M］. 北京：石油工业出版社，2022.

② 樊栓狮，徐文东，解东来. 天然气利用新技术［M］. 北京：化学工业出版社， 2012.

4.5.1　天然气制合成气

间接转化法需要将天然气先转化为合成气，即氢气（H_2）和一氧化碳（CO）的混合气体，氢碳比不同，适宜合成的物质也不同，如氢碳比为 2 时更易合成甲醇。天然气制合成气工艺主要有天然气蒸汽转化法、天然气部分氧化法等。①

1. 天然气蒸汽转化法

天然气蒸汽转化法的 H_2O 和 CH_4 的摩尔比为 2～6，二者混合后在温度 650～1 000 ℃、压力 1.6 MPa～2.0 MPa、镍基催化剂作用下进入转化炉反应管内进行反应，转化反应为强吸热过程。其主要反应方程式如下：

重整反应：

$$CH_4+H_2O(g)\rightleftharpoons CO+3H_2 \quad \Delta H^{\ominus}_{298K}=206.4\ \text{kJ/mol} \tag{4-1}$$

$$CH_4+2H_2O(g)\rightleftharpoons CO_2+4H_2 \quad \Delta H^{\ominus}_{298K}=165\ \text{kJ/mol} \tag{4-2}$$

水气变换反应：

$$CO+H_2O(g)\rightleftharpoons CO_2+H_2 \quad \Delta H^{\ominus}_{298K}=-41\ \text{kJ/mol} \tag{4-3}$$

2. 天然气部分氧化法

天然气部分氧化法制合成气可分为非催化部分氧化技术以及催化部分氧化技术。非催化部分氧化技术的反应温度为 1 100～1 500 ℃，制得的合成气中 V（H_2）/V（CO）在 1.6～1.8 之间。催化部分氧化技术的反应温度为 400～600℃，合成气中 V（H_2）/V（CO）接近于 2∶1。其主要反应方程式如下：

$$CH_4+0.5O_2\rightleftharpoons CO+2H_2 \quad \Delta H^{\ominus}_{298K}=-36\ \text{kJ/mol} \tag{4-4}$$

$$CH_4+1.5O_2\rightleftharpoons CO+2H_2O \quad \Delta H^{\ominus}_{298K}=-607\ \text{kJ/mol} \tag{4-5}$$

$$CH_4+2O_2\rightleftharpoons CO_2+2H_2O \quad \Delta H^{\ominus}_{298K}=-802\ \text{kJ/mol} \tag{4-6}$$

4.5.2　天然气制甲醇

甲醇是重要的基本有机化工原料之一，被誉为一碳化学的“基石”，在基本有机原

① 汪寿建. 天然气综合利用技术［M］. 北京：化学工业出版社，2003.

料中的地位仅次于乙烯、丙烯和苯。天然气是甲醇合成气的优质来源之一，合成工艺主要可以分为合成气转化、甲醇合成、甲醇精馏等过程。在一定温度、压力和催化剂作用下，一氧化碳、二氧化碳与氢气反应生成甲醇。甲醇合成反应是可逆平衡反应，其反应方程式为

$$CO+2H_2=CH_3OH(g) \quad \Delta H^{\ominus}_{298K}=-91\ kJ/mol \tag{4-7}$$

$$CO_2+3H_2=CH_3OH(g)+H_2O(g) \quad \Delta H^{\ominus}_{298K}=-50\ kJ/mol \tag{4-8}$$

因反应体系中存在二氧化碳和氢气，它们之间还会发生一氧化碳的逆变换反应：

$$CO_2+H_2=CO+H_2O(g) \quad \Delta H^{\ominus}_{298K}=41\ kJ/mol \tag{4-9}$$

4.5.3 天然气制氢气

以天然气为原料制氢气有两种方法：一种是首先制备含氢合成气，然后再提纯净化得到氢气；另一种是通过甲烷的直接分解得到氢气①，其反应方程式如下：

$$CH_4 \rightleftharpoons C+2H_2 \quad \Delta H^{\ominus}_{298K}=75\ kJ/mol \tag{4-10}$$

4.5.4 天然气制低碳烯烃

以天然气为原料制烯烃的方法有三种：甲烷氧化偶联法、甲醇法及费托合成法。以天然气为原料制低碳烯烃技术的路线如图 4-5 所示。

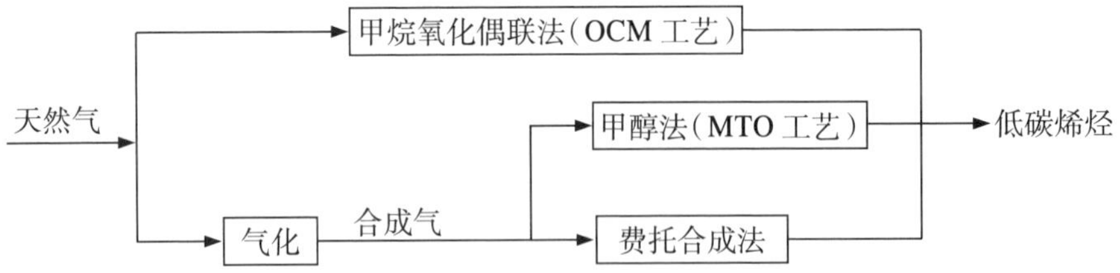

图 4-5 以天然气为原料制低碳烯烃技术路线图

① 魏顺安. 天然气化工工艺学［M］. 北京：化学工业出版社，2009.

甲烷氧化偶联制低碳烯烃过程是甲烷在高于 627 ℃的温度下与氧气发生催化反应生成低碳烯烃。该技术是一种非石油提供乙烯原料的新路线，其反应方程式如下：

$$CH_4 + O_2 \rightarrow C_2H_6,\ C_2H_4,\ CO_x,\ (x=1,2),\ H_2O,\ H_2 \tag{4-11}$$

天然气经甲醇制烯烃主要包括天然气制合成气、合成气制甲醇、甲醇制烯烃三个单元①，其工艺可主要分为反应单元和分离回收单元两部分，其反应方程式如下：

$$CH_3OH \rightleftharpoons CH_3OCH_3 \rightarrow C_nH_{2n} + H_2O \tag{4-12}$$

费托合成法制烯烃的反应方程式如下：

$$nCO + 2nH_2 \rightarrow C_nH_{2n} + nH_2O \tag{4-13}$$

4.5.5　天然气制合成油

将天然气经过催化剂作用转化为液态的方法称为天然气制合成油，该技术先由天然气生产合成气，再经费托合成法生产合成油，费托合成的主要反应方程式如下：

$$nCO + (2n+1)H_2 \rightarrow C_nH_{2n+2} + nH_2O \tag{4-14}$$

费托合成一般在温度 200～300 ℃、压力 2 MPa～3 MPa 下进行。该技术的最大优势是产品可按不同的生产工艺模式改变。采用低温模式，主要生产石蜡、润滑油和柴油产品，而采用较高温度模式，可生产柴油、直链石蜡基石脑油和 LPG。②

---

① 胡杰，朱博超，王建明. 天然气化工技术及利用［M］. 北京：化学工业出版社，2006.

② 王遇冬. 天然气处理与加工工艺［M］. 北京：石油工业出版社，1999.

第 5 章　低碳技术

5.1　清洁低碳能源供给

清洁低碳能源是指对环境友好的能源。狭义上的清洁低碳能源是指在开采、运输、使用和排放过程中不会对环境和生态造成任何污染的能源，如太阳能、风能、水能、地热能、生物质能以及海洋能等能源；广义上的清洁低碳能源是指在基本的开发和利用的整个过程中不会或很少污染环境和生态的能源，如核能、氢能等。

发展清洁低碳能源是我国保障能源供应安全、应对气候变化、改善环境质量的有效途径，具有重大战略意义，主要表现在以下几个方面：一是清洁能源能够减少能源消耗对环境造成的污染，减少温室气体排放，有利于改善环境质量，减缓气候变化的影响；二是清洁能源的开发利用可以促进能源结构的调整，降低对传统能源的依赖，实现能源的多元化和可持续发展；三是清洁能源具有高效节能的特点，能够提高能源的利用效率，减少能源浪费；四是清洁能源的开发利用可以促进新能源产业的发展，增加就业机会，提高经济效益。

5.1.1　太阳能的开发利用

太阳能是指来自太阳的辐射能量，包括光能和热能。太阳的能量大但密度低，清洁长久但应用成本高。目前，太阳能的利用方式主要有两种，一种是太阳能光电利用，另一种是太阳能光热利用。

光伏发电是太阳能的主要应用之一，是利用太阳电池半导体材料的光伏效应，将太阳光的辐射能直接转换为电能的一种发电系统。光伏发电有独立运行和并网运行两种方式。独立运行的光伏发电系统需要蓄电池作为储能装置，主要用于无电网的边远地区和人口分散地区；在有公共电网的地区，光伏发电系统与电网连接实现并网运行，省去蓄电池的成本，不仅可以大幅度降低造价，而且具有更高的发电效率和更好的环保性能。光伏系统在交通领域的主要应用有太阳能路灯、太阳能航标灯、太阳能交通警示灯等，其主要是由太阳能电池组件、蓄电池、充放电控制器、照明电路等组成，具有安装简单、节能等特点。光伏系统在建筑领域的主要应用为光伏建筑一体化（BIPV），是将太阳能发电（光伏）产品结合或集成到建筑上的技术。光伏系统在通信领域的应用有微波中继站、光缆维护站、农村载波电话光伏系统、小型通信机、士兵 GPS 供电等。

太阳能光热利用的原理是利用太阳能将水或其他液体加热，然后将热能转化为电能的形式。目前，太阳能光热转换利用技术的应用主要有太阳能热水器、太阳能灶、太阳能制冷、太阳能热发电、太阳能干燥器、太阳能蒸馏、太阳能制氢、太阳能高温炉等。太阳能热水器是其最为广泛的应用，主要由集热器、储存装置及循环管路三部分组成，集热器的作用是吸收太阳能并将集热介质加热，循环管路将热量输送到保温水箱，进而提供热水。太阳能热发电是指利用集热器将太阳辐射能转换为热能并通过热力循环进行发电，采用太阳能热发电技术避免了昂贵的晶硅光电转换工艺，可以大大降低太阳能发电的成本。①

5.1.2 风能的开发利用

风能的开发利用是指利用风力产生电能或机械能。风能具有蕴藏量大、可再生、无污染、适用范围广等特点。风能的利用主要有风力发电和风力制热。

风力发电是指利用风力将风能转化为电能。风力发电机主要包括水平轴式和垂直轴式两种。水平轴式风力发电机是目前技术最成熟、生产量最大的一种形式。风能发电通常有独立运行、风力发电与其他发电相结合、并网发电三种运行方式。独立运行方式是利用一台小型风力发电机向一户或几户人家提供电力，采用蓄电池蓄能；风力发电与其他发电相结合的方式是将二者结合形成互补发电系统向外供电；并网发电是将风力发电并入常规电网进行发电，向大电网提供电力。

风力制热是指利用风力机械和制热装置将风能转换为热能。一般用于风力制热的设备为风力制热机组，其主要由风力机、传动机构、制热设备、储热设备及换热器等部件组成。目前，风力制热主要有三种转换方式：一是利用风力机发电，再将电能通过电阻丝转变为热能；二是利用风力机将风能转换成空气的机械能，再转换成热能；三是利用

① 冯飞，张蕾. 新能源技术与应用概论［M］. 北京：化学工业出版社，2016.

风力机直接将空气的机械能转换成热能。

5.1.3 海洋能的开发利用

海洋能是指利用海洋中的温差、潮汐、波浪、盐度梯度等自然力量来产生动能和电能。海洋能的蕴藏量巨大，具有可再生、对环境无污染的优点。其应用主要有温差能发电、潮汐能发电、波浪能发电、盐差能发电等。①

海洋温差能是指海洋表层海水和深层海水之间的水温之差产生热能。海水温差发电的基本原理是利用海洋表面的温海水（26～28 ℃）加热某些低沸点工质使之汽化，或通过降压使海水汽化以驱动汽轮机发电，同时利用从海底提取的冷海水（4～6 ℃）将做功后的乏气冷凝，使之重新变为液体。潮汐能发电是指在涨潮时将海水储存在储水库内，以势能的形式保存，然后在落潮时放出海水，利用高、低潮位之间的落差，推动水轮机旋转，带动发电机发电。波浪能发电是利用海洋中波浪的起伏变化产生动力并产生电能，其主要有三个基本转换环节：第一级转换，即吸能装置，是指将波浪能转换为装置实体所特有的能量；第二级是中间转换，即能量传递机构，其目的是将低品位的波能变成高品位的机械能；第三级是最终转换，即发电机系统，这种发电技术存在大幅度变化的工况，一般与陆地电网并联。盐差能是指海水和淡水之间或两种含盐浓度不同的海水之间的化学电位差能，主要存在于河海交接处，淡水丰富地区的盐湖和地下盐矿也可以利用盐差能。

5.1.4 地热能的开发利用

地热能是由地壳抽取的天然热能，其能量来自地球内部的熔岩，并以热力形式存在。目前，地热能的应用主要是地热发电、地源热泵、温泉旅游等方面。②

地热发电是利用地下热水和蒸汽作为动力源的一种新型发电技术，基本原理是将蒸汽的热能经过汽轮机转变为机械能，然后带动发电机发电。根据地热能载热体类型的不同，可将地热发电方式分为地热蒸汽发电和地下热水发电两大类，位于中国西藏地区的羊八井地热发电站采用的就是地热蒸汽发电方式。地源热泵是一种利用地下浅层地热资源、既能供热又能制冷的高效节能空调系统，具有环保无污染、运行成本低、应用灵活、

---

① 梁彤祥，王莉. 清洁能源材料与技术［M］. 哈尔滨：哈尔滨工业大学出版社，2012.

② 刘吉臻，王鹏，高峰. 清洁能源与智慧能源导论［M］. 北京：中国科学技术出版社，2022.

安全可靠、用途广泛的优点，目前全球已有30多个国家在使用地源热泵。2019年9月正式通航的北京大兴国际机场，不仅拥有世界上最大的单体航站楼，还拥有我国规模最大的地源热泵系统，包括两座地源热泵供热站，仅供热站的建筑面积就超过17 000 m^2，冬季供热能力为54.2 MW，夏季供冷能力为48.8 MW，供能面积约为10万m^2。

5.1.5 生物质能的开发利用

生物质能是指蕴藏在生物质中的能量，是绿色植物通过叶绿素将太阳能转化为化学能而储存在生物质内部的能量。生物质能是一种循环可再生能源，与化石燃料相比，具有取之不尽、用之不竭、对环境无污染的优点，其应用主要分为物理转换、生物转换与化学转换三类。

物理转换是指将生物质固化成型，即将生物质粉碎至一定粒度，不添加黏结剂，在高压条件下挤压成一定形状，其主要靠挤压过程中产生的热量使生物质中的木质素产生塑化反应而黏结。目前生物质物理转换利用方法主要是生物质压缩成型技术和生物质型煤，这些技术既能节省能源，又能明显减少对大气的污染，具有综合的经济、环境及社会效益。生物转换主要利用原料的生物化学作用和微生物的新陈代谢作用，其产品为气化燃料和液化燃料，如沼气、燃烧乙醇等。化学转换包括生物质燃烧、气化、热解及液化，其初级产物是某种形式的能量携带体，如木炭、生物油、生物质燃气或热量等。生物质直接燃烧产生的热量可用于发电，其气化可产生燃气，用于供热供气供电，液化可产生甲醇、乙醇以及液化油等化工产品。热解的产物是木炭和生物油，木炭可作为固体燃料使用，生物油是分子量大的混合有机物。

5.1.6 核能的开发利用

核能是通过核反应从原子核中释放的能量，具有能量密度大、清洁无污染、零碳排放、运输简便、成本稳定的优点。核能在电力、生物医药、航天等领域都有广泛的应用。[①]核能的应用主要是核电站发电，利用核反应的能量产生蒸汽，驱动涡轮发电机发电，可以为城市、农村提供电力。截至2022年，全球约有30个国家使用核电，在运核电机组总计437台，总装机容量约为377.7 GW。核能在医学和生物学方面也有着重

① 汤旸. 核能发电的优势与发展前景［J］. 科技展望，2016，26（28）：113.

要的应用，放射性同位素的应用是其中之一。例如，放射性碘可以用于诊断和治疗甲状腺疾病，放射性铀可以用于治疗癌症等。核能在航天领域也有着重要应用。核能的能量密度高，可以提供足够的能量，核推进系统可以用于推动航天器，使其达到更远的距离和更高的速度。

5.2 低碳赋能技术

5.2.1 二氧化碳的捕集、利用与封存技术

二氧化碳的捕获、利用与封存技术（CCUS）是一种减少人类活动所产生的二氧化碳排放的技术①，这一技术的出现符合世界上减缓气候变化的需求，同时也为未来能源转型和低碳经济的实现提供了可能。

CCUS 技术主要分为二氧化碳的捕集，二氧化碳的转化、利用与封存三部分。②捕集阶段主要是从电力生产、工业生产和燃料处理过程中分离、收集二氧化碳，并进行净化和压缩，其分为集中捕集和空气中捕集。二氧化碳的转化、利用是指通过先进的化学、生物、生物化学技术将二氧化碳转化成高附加值产品（尤其是指甲烷、液体燃料和甲醇等），从而实现自然界碳资源的良性循环。二氧化碳的封存已经发展出多种类型，主要包括生态封存、地质封存、海洋封存、矿物封存、置换天然气水合物等，每种封存技术都有其独特之处。

在二氧化碳的捕集过程中可以根据捕集位置的不同，将其分为燃烧后碳捕集技术和燃烧前碳捕集技术。燃烧后捕集即在化石燃料燃烧后排放的烟气中捕集二氧化碳，目前国内绝大多数火力发电厂主要采用燃烧后捕集的方法进行二氧化碳的捕集。

二氧化碳的封存方式各有优劣，其中生态封存包括森林碳汇、湿地碳汇和城市园林绿地碳汇，其优点是成本低、不耗能且能实现二氧化碳的零排放。海洋封存虽然可以避免排入大气环境，但是限于海洋的复杂性和方法的局限性，人们目前无法得知该过程是否会对生态系统产生影响。

西北大学 CCUS 研究团队针对中国低渗、特低渗储层二氧化碳地质封存的特点，研

① 付东，王乐萌，齐力强，等. 碳循环与碳减排［M］. 北京：冶金工业出版社，2022.

② 翟融融. 二氧化碳捕集技术及其在火力电厂的工程应用［M］. 北京：冶金工业出版社，2019.

发了以验证二氧化碳地质封存安全性为核心的四维地球物理、地质、环境监测互相支撑、互相印证的技术，形成了评价储层封堵性、断层安全性的技术方法及二氧化碳泄漏生态环境效应与慢速泄漏评价的技术体系。以此技术为基础开展的靖边油田现场二氧化碳注入与封存示范，被遴选为国家发展和改革委员会（以下简称国家发展改革委）第一批《国家重点推广的低碳技术目录》，获得了碳收集领导人论坛部长级组织 CSLF 的认证。

二氧化碳的利用可以分为物理应用、化学应用、生物应用三类。①在物理应用方面，二氧化碳可以用作制冷剂、饮料添加剂、保护焊等，超临界二氧化碳流体可萃取提纯多种生物的精素；在化学应用方面，二氧化碳可以用于生产无机化工产品、污水处理、合成尿素等，光催化二氧化碳制液体甲醇、二氧化碳加氢制备高辛烷值汽油、二氧化碳制甲烷、二氧化碳合成高分子聚合物在技术上也逐渐实现突破；在生物应用方面，二氧化碳可以转化为生物燃料、生物肥料、植物气肥等。

5.2.2　氢能

氢气作为一种能源媒介，具有在能量转换过程中零排放、高效率、可储存、易于运输等优点，因此在能源领域得到了越来越多的关注和应用。氢气可通过一次能源的转换来获取，氢燃料电池又可把氢转化为电能，而电也可以作用于水制取氢气，从而实现整个能源网络的互联互通。氢能技术领域主要包括氢的制取、氢的储存、氢的运输和氢的应用等环节。②

常见的制氢方法有化石燃料制氢、电解水制氢、光解水制氢和生物质制氢。化石燃料制氢包括煤制氢、天然气制氢、甲醇制氢等。电解水制氢包括碱性电解水制氢、质子交换膜电解水制氢和固体氧化物电解水制氢。光解水制氢是指利用半导体光催化剂将太阳能转变为化学能，包括光电化学法、均相光助络合法和半导体光催化法。生物质制氢是指借助化学或生物方法，以光合作用为基础的制氢方法。

根据储氢机制不同，可以将储氢方式分为物理储氢和化学储氢两大类。③物理储氢主要包括高压气态储氢、低温液态储氢以及多孔材料低温吸附储氢。化学储氢主要包括金属氢化物储氢、金属配位氢化物储氢、有机液体储氢和其他储氢材料储氢等。

① 王献红．二氧化碳捕集和利用［M］．北京：化学工业出版社，2016．
② 郑欣，郭新亮，张胜寒．氢能源及综合利用技术［M］．北京：化学工业出版社，2022．
③ 吴朝玲，李永涛，李媛．氢气储存和输运［M］．北京：化学工业出版社，2020．

氢能的利用主要体现在热能利用和氢燃料热机两个方面。热能利用包括氢气催化燃烧（CHC）和天然气掺氢。氢气催化燃烧具有着火范围宽、火焰传播速度快和点火能量低等特性，故其燃烧效率比其他燃料高得多。天然气掺氢用于居民或商业用燃具时，不需要对燃具进行改造即可使用。天然气掺氢在工业领域主要用于工业锅炉及燃气轮机，可以提高燃气轮机效率，减少二氧化碳排放，具有经济可行性高、投资成本低、接触终端客户多、未来商业化推广相对容易等特点。以氢气为燃料的热机主要有斯特林热气机和活塞式氢内燃机两种。其中斯特林热气机一般由加热器、冷却器、回热器、膨胀腔、压缩腔及活塞组成，它利用工作流体在不同温度下的循环压缩和膨胀带动活塞运动做功，从而将热能转化为机械功。氢内燃机也叫氢燃料发动机，其以传统内燃机为基础，通过改变燃料供应系统、喷射系统以及燃料等，燃烧氢气产生动力。

5.2.3 氨能

氨能作为一种新型能源，具有能量密度大、产量高、易于储存运输、含氢量高的特点，同时其分解产物中不含一氧化碳、二氧化碳等气体，在绿色能源载体和燃料方面具有潜在价值。氨的制取大多数采用 Haber-Bosch（H-B）技术，该过程以氮气和氢气为原料，在 300～500 ℃、15 MPa～20 MPa 下进行反应。[①②]

氨与氢相比，储存和运输更加方便、安全、经济。氨作为氢能载体，其重量载氢能力高达 17.6%，体积载氢能力大于液氢，氨应用的安全性和储存运输的方便性可有效降低氢气的运输成本。此外，与氢相比，氨具有特殊的气味，为其潜在的泄漏提供了早期预警。

在工业方面，氨气是制造合成氨、硝酸等化学品的重要原料，也可以用于生产聚氨酯、环氧树脂等高分子化合物；在能源方面，氨气可以直接用在氨燃料电池发电、供暖、交通和储能等领域；在农业方面，氨气被广泛应用于肥料生产中，氨气可以与二氧化碳和水反应，形成尿素等化肥，提高农作物产量；在航空航天领域，氨气可以用作火箭发动机推进剂，也可以用于飞机的冷却系统。

---

① Chang Fei, Gao Wenbo, Guo Jianping, et al. Emerging materials and methods toward ammonia-based energy storage and conversion [J]. Advanced Materials (Deerfield Beach, Fla.), 2021, 33 (50): 2005721.

② 吴玉远. 氧化铈负载钌催化剂的设计制备及其氨合成性能研究［D］. 福州：福州大学，2020.

5.2.4　燃料电池

燃料电池是一种将化学能直接转化为电能的电池，其作为一种新兴的能源转换技术，具有高效率、高能量密度、零污染等特点，被广泛应用于交通、航天、电子设备等多个领域。燃料电池的原理是利用氧气和燃料在电极表面发生氧化还原反应，从而产生电能和水，其基本组成部分包括电极、电解质和催化剂。

不同类型的燃料电池的差别主要在于使用的燃料和电解质不同。①根据使用的燃料不同，燃料电池可以分为 PEMFC 燃料电池、DMFC 燃料电池和 SOFC 燃料电池三种。PEMFC 燃料电池采用氢气作为燃料，其单电池由阳极、阴极和质子交换膜组成，阳极为氢燃料发生氧化的场所，阴极为氧化剂还原的场所，两极都含有加速电极发生电化学反应的催化剂，电解质为质子交换膜。此类电池的优点是启动时间短、反应速率快、能量转化效率高等。DMFC 燃料电池采用甲醇作为液态燃料，相较于氢气，甲醇液态燃料的储存和供应更为方便。SOFC 燃料电池采用固态燃料，固态燃料电池单体主要由电解质、阳极或燃料极、阴极或空气极和连接体或双极板组成，其电解质为固态氧离子传导体。

5.3　低碳终端技术

5.3.1　新能源汽车

新能源汽车是指采用新型动力系统，完全或主要依靠新型能源驱动的汽车。与传统汽车相比，新能源汽车通常拥有新型的车载动力控制装置、车体结构和驱动技术。国内将新能源汽车分为纯电动汽车、混合动力汽车、增程式电动汽车和燃料电池电动汽车。②

纯电动汽车是一种以蓄电池为储能单元，以电动机为驱动系统的汽车。其通过储能装置为电动机提供电能，驱动电动机运转，进而推动汽车行驶，电动机的驱动电源全部来源于车载可充电储能系统或者其他储能装备。混合动力汽车是一种同时配有两种动力

---

① 约翰内斯·特普勒，约翰·莱曼. 氢与燃料电池［M］. 倪计民，译. 北京：机械工业出版社，2016.
② 崔胜民，韩家军. 新能源汽车概论［M］. 北京：北京大学出版社，2011.

源（汽油机或柴油机及电动机）的汽车。其行驶功率依据汽车实际的行驶状态由单个动力源单独或两个动力源共同提供。增程式电动汽车是一种以车载可充电储能系统为主要动力源、车载辅助供电装置为辅助动力源，兼有外接电源充电和车载自供电功能的特殊混合动力汽车，且车载辅助供电装置与驱动系统没有传动轴（带）等传动连接。燃料电池电动汽车是以燃料电池系统为单一动力源或者是以燃料电池系统与可充电蓄能系统作为混合动力源的电动汽车，前者通常被称为纯燃料电池汽车，后者通常被称为燃料电池混合动力电动汽车。

动力电池是电动汽车的储能装置，具备能量高、功率大、循环寿命长、均匀一致性好、高低温性能好、环境适应性强、安全性好、价格低廉、绿色环保等特点。电动汽车使用的动力电池有蓄电池、燃料电池、太阳电池、超级电容电池、飞轮电池等。目前，商业化的动力电池有镍氢蓄电池、锂离子蓄电池、氢氧燃料电池等。电动汽车使用的蓄电池还有铅酸蓄电池、镍镉蓄电池、镍锌蓄电池、金属空气电池等。

1. 镍氢蓄电池

镍氢蓄电池具有高能量比、高功率、可循环充放电等优点，但其也存在诸如高温性能差、循环寿命短、热管理难度大等方面的不足。镍氢蓄电池主要由正极、负极、分离层、外壳、电解液等组成。镍氢蓄电池的正极为活性物质 $Ni(OH)_2$，负极是储氢合金，分离层是隔膜纸，电解质为 KOH，正负极之间有分离层。在金属铂的催化作用下可完成充放电的可逆反应。

充电时正、负极的电化学反应分别为

$$Ni(OH)_2-e^-+OH^-\rightarrow NiOOH+H_2O \tag{5-1}$$

$$2MH+2e^-\rightarrow 2M^-+H_2 \tag{5-2}$$

放电时正、负极的电化学反应分别为

$$NiOOH+H_2O+e^-\rightarrow Ni(OH)_2+OH^- \tag{5-3}$$

$$2M^-+H_2\rightarrow 2MH+2e^- \tag{5-4}$$

2. 锂离子蓄电池

锂离子蓄电池具有电压高、比能量高、充放电寿命长、工作温度范围宽等多方面的优点，主要由正极、负极、隔膜板、电解液和安全阀等组成。锂离子蓄电池的正极材料一般采用具有高插入电位的层状结构的过渡金属氧化物和锂的化合物，如锂化合物 $LiCoO_2$、$LiNiO_2$ 或尖晶石结构的 $LiMn_2O_4$。负极材料一般采用锂碳层间化合物 Li_xC_6，电解液一般采用溶解有锂盐 $LiPF_6$、$LiAsF_6$ 的有机液。

锂离子蓄电池的正极和负极的电化学反应分别为

$$LiMO_2 \rightleftharpoons Li_{1-x}MO_2+xLi^++xe^- \quad (5\text{-}5)$$

$$nC+xLi+xe^- \rightleftharpoons Li_xC_n \quad (5\text{-}6)$$

总的电化学反应为

$$LiMO_2+nC \rightleftharpoons Li_{1-x}MO_2+Li_xC_n \quad (5\text{-}7)$$

式中，M＝Co、Ni、Fe、W 等。

3. 其他电池

太阳电池按照所用材料不同，可分为硅系列太阳电池（单晶硅太阳电池、多晶硅薄膜太阳电池和非硅晶薄膜太阳电池等）和化合物系列太阳电池（砷化镓薄膜太阳电池、硫化镉薄膜太阳电池、碲化镉薄膜太阳电池及铜铟硒薄膜太阳电池等）。超级电容器是一种具有超级储电能力、可提供强大脉冲功率的物理二次电源，其还具有高功率密度、低能源密度的放电特点，可用作新能源汽车启动、制动、爬坡时的辅助动力。飞轮电池是一种利用物理方法实现储能的新能源电池，它充电快，放电完全，适合应用于混合动力汽车中。

5.3.2 新一代热能

新一代热能技术是指利用可再生能源产生热能的技术来实现能源的转化和利用。新一代热能技术包括了多种能源转换技术，如太阳能、地热能、生物质能、热电联产、低温热能回收利用等。这些技术不仅可以更有效地利用已有的热能资源，而且可以通过创新来实现更加高效、环保、节能的能源转换。

在低品位热能回收利用方面，热泵技术是该领域的典型代表，热泵是一种能够通过耗费少量能量来将低温热源的热能转移到高温环境中的装置。它利用制冷剂在低温环境下蒸发，吸收周围的热量，然后在高温环境下压缩并释放热量，从而达到热能传递的目的。

热泵（热泵机组）的种类很多，按照热源种类可分为空气源热泵、水源热泵（地表水、地下水、生活污水、工业废水）、土壤源热泵、太阳能热泵等，按照热泵驱动方式可分为蒸汽压缩热泵、吸收式热泵等，按照热泵在建筑物中的用途可分为供暖和热水供应热泵、全年空调热泵、同时供冷与供热热泵、热回收热泵等。①

---

① 姚杨，姜益强，倪龙．暖通空调热泵技术［M］．北京：中国建筑工业出版社，2019.

热泵的工作过程和水泵相似，水泵通过消耗部分能量将水从低位输运到高位，热泵通过消耗部分能量将热量从低温处向高温处转移，类比过程如图 5-1 所示。①

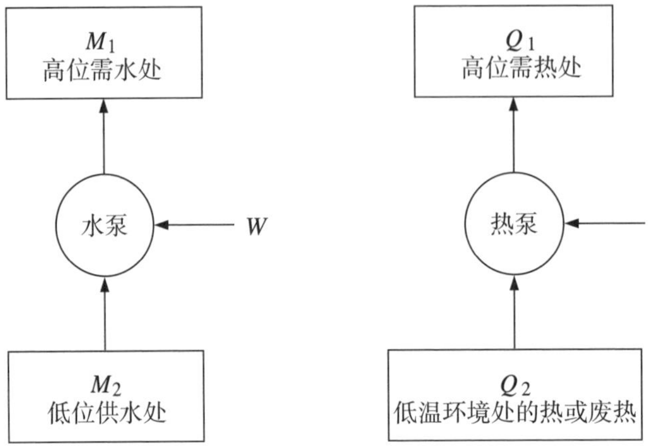

图 5-1　水泵和热泵的工作过程类比

根据热力学第一定律和热力学第二定律，高温热源获得的热量应该等于消耗的能量与从低温热源吸收的热量之和，因此，图 5-1 中的 Q_1、Q_2 和 W 满足以下的关系式。

$$Q_1 = Q_2 + W \tag{5-8}$$

从热泵的能量转换过程可以看出，热泵相对于高温热源是制热，相对于低温热源是制冷，因此热泵兼有制冷和制热的双重功能，但热泵和传统制冷设备在工作温度范围上有着明显的不同。热泵工作温度的下限一般是环境温度，上限根据用户需求而定，而制冷设备工作温度的上限一般是环境温度，下限根据用户要求而定。

逆卡诺循环是一种最理想的热泵循环模式，它利用卡诺循环的原理，将制冷剂在低温环境中蒸发吸热，然后在高温环境中冷凝放热，以实现热量的转移。逆卡诺循环的特点是，制冷剂在蒸发和冷凝过程中始终处于饱和状态，热量转移是通过传热的方式实现的。

在相同的热源条件下，理想的逆卡诺循环具有最大的制热系数，也是实际循环的比较标准。图 5-2 为逆卡诺循环温熵图。

逆卡诺循环的效率最高，但实现起来需要严格的条件和设备要求，因此，实际的热

① 唐志伟，张宏宇，牛利敏．热泵原理与工程设计［M］．北京：化学工业出版社，2022.

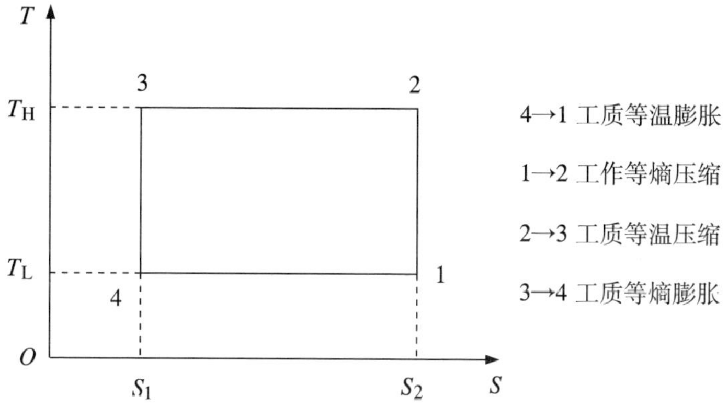

图 5-2 逆卡诺循环温熵图

泵循环一般采用洛伦兹循环。在洛伦兹循环中，将制冷剂在低温环境中进行蒸发和膨胀，然后在高温环境中进行压缩和冷凝，以实现热量的转移。洛伦兹循环的特点是，制冷剂在蒸发和膨胀过程中处于过冷状态，而在压缩和冷凝过程中处于过热状态，热量转移是通过制冷剂的相变和压缩释放热量的方式实现的。洛伦兹循环的效率相对较低，但是在实际应用中更加灵活和可操作。图 5-3 为洛伦兹循环温熵图。

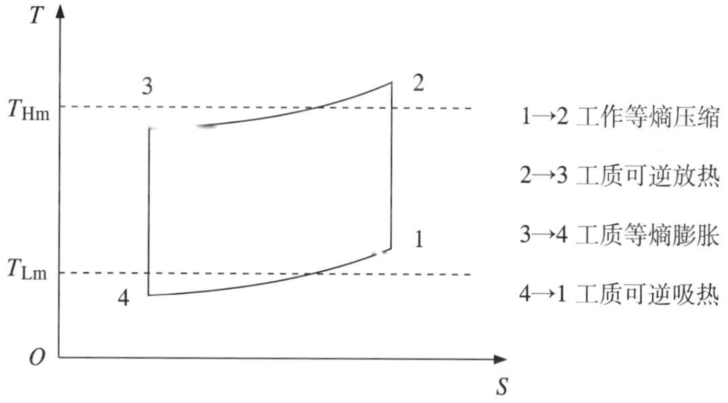

图 5-3 洛伦兹循环温熵图

第6章　中国碳减排政策与行动目标

随着社会经济的不断发展，以二氧化碳为代表的温室气体的排放量正不断增加，在加剧全球气候危机的同时，亦对人类文明的生存发展造成严重威胁。作为全球负责任的大国，中国出台了一系列碳减排政策，制订了详细的碳减排计划并积极采取行动以应对所面临的全球性挑战。本章首先从中国碳减排政策出发，梳理中国不同时期碳减排政策的演变历程，并对其进行归类；其次，梳理中国不同时期的碳减排目标、负责碳排放管理政府机构的演变，探讨现阶段负责碳排放管理的国家应对气候变化及节能减排工作领导小组的职责，着重分析讨论碳减排政策的制定与落实的发展历程；再次，从中国碳减排现状入手，探讨中国碳减排现行标准、植树造林情况以及强制性能源消耗限额标准，剖析中国碳减排行动的实际效果；从次，从“碳达峰”与“碳中和”的“双碳”战略目标入手，阐释“碳达峰”与“碳中和”目标的具体内容，探寻中国实现“双碳”战略目标的实施路径；最后，从碳核算与碳核查入手，研究现阶段实施碳减排政策与行动中核算核查工具的实用性、可行性及实践效力，助推“双碳”战略目标的高效实现。

6.1　中国碳减排政策

政策是国家机关为完成特定目标任务而出台的一系列准则、方法等相关指导性文件，主要用于推动相关工作的实际开展。碳减排政策是国家为实现减碳目标、指导减排工作实践而制定的工作路径指南。本节围绕实现碳减排的政策工具，首先厘清我国碳减排政策发展演变的历程，然后梳理现有碳减排政策的类型，并对其进行归纳总结，以期为我国碳减排的政策体系建设提供参考指导。

6.1.1 中国碳减排政策的演变历程

气候变化问题所具有的全球性与扩散性特征，迫使世界各国采取协作行动以应对气候变化所带来的危机挑战。1997 年《联合国气候变化框架公约京都议定书》（以下简称《京都议定书》）的通过标志着全球性的碳减排行动拉开序幕。作为碳减排大国，我国在积极履行所签署的国际碳减排公约的同时，亦加快了构建国内的碳减排政策体系。① “碳减排”是指为缓解全球气候变暖、降低生产生活能耗而进行的减少二氧化碳等温室气体排放的行为。碳减排政策与目标的实施开展对我国实现能源结构调整、产业结构绿色低碳转型、国际地位与国家形象具有重要意义。②

我国碳减排目标的设置始于 20 世纪 90 年代的《中华人民共和国国民经济和社会发展十年规划和第八个五年计划纲要》（即“八五”计划），“八五”计划首次提出对工业废气粉尘排放进行控制的目标。在《中华人民共和国国民经济和社会发展第十一个五年规划纲要》（即“十一五”规划）中，我国首次设立了“单位国内生产总值能源消耗降低 20%左右”的碳减排约束性指标。

我国碳减排政策的制定始于 20 世纪 90 年代。1997 年我国出台的《中华人民共和国节约能源法》标志我国节能减排工作正式展开。该法案对用能单位的能源消耗做了详细规定。具体而言，依据碳减排政策关注重点的差异可将我国碳减排政策与目标的演变历程大致分为以下几个阶段：

1. 初始阶段（20 世纪 90 年代末至 2011 年）

就碳减排政策而言，这一阶段所出台的碳减排政策关注的重点为能源节约，并开始关注气候变化，时间段大致为 20 世纪 90 年代末至 2011 年。在能源节约方面，1997 年国家出台的《中华人民共和国节约能源法》开节能减排工作之先河。其后 2005 年国务院出台《能源中长期发展规划纲要（草案）》，指出必须把能源作为经济发展的战略重点，以能源的可持续发展和有效利用支持我国经济社会的可持续发展。③ 2010 年国家发展改革委发布《关于开展低碳省区和低碳城市试点工作的通知》，明确将组织开展低碳省区和低碳城市试点工作，并确定广东、辽宁、湖北、陕西、云南五省和天津、重庆、深圳、

---

① 杨建初，刘亚迪，刘玉莉．碳达峰、碳中和知识解读［M］．北京：中信出版集团，2021：200-201．

② 徐苗，张凌霜，林琳．碳资产管理［M］．广州：华南理工大学出版社，2015：36-37．

③ 中华人民共和国中央人民政府．国务院常务会议通过《能源中长期发展规划纲要》（草案）［EB/OL］．（2005-08-20）［2023-05-05］．https：//www.gov.cn/misc/2005-08/20/content_24916.htm．

厦门、杭州、南昌、贵阳、保定八市为第一批国家低碳试点。2011年国务院印发的《“十二五”控制温室气体排放工作方案》提出，围绕到2015年全国单位国内生产总值二氧化碳排放比2010年下降17%的目标，大力开展节能降耗，优化能源结构，努力增加碳汇，加快形成以低碳为特征的产业体系和生活方式。

在关注气候变化方面，2007年国务院发布的《中国应对气候变化国家方案》是我国第一部全面应对气候变化的政策性文件，亦是发展中国家颁布的第一部应对气候变化的国家方案，该方案中明确了到2010年时中国应对气候变化的具体目标、基本原则、重点领域及政策措施。其后，2008年国务院发布《中国应对气候变化的政策与行动》白皮书，书中全面介绍气候变化对中国的影响、中国现阶段应对气候变化所出台的节能减排政策及采取的相关行动。

就碳减排目标而言，这一时期碳减排的目标设置夹杂于国家各项宏观计划之中，主要强调节能优先。“八五”计划中首次设置了与碳减排目标相关的工业废气粉尘排放控制目标，“十一五”规划中也设置了与碳减排目标相关的能耗降低目标。这一时期碳减排目标的设置虽较为笼统模糊，但碳减排目标设置与行动已被纳入国家节能减排行动之中。2009年11月25日，国务院常务会议决定，到2020年单位国内生产总值二氧化碳排放要比2005年下降40%～45%，并提出相应的政策措施和行动，开我国正式对外宣布控制温室气体排放行动目标的先河。国家从产业结构调整优化、科学技术创新、完善节能减排长效机制、强化节能减排能力建设及推进重点领域节能减排等方面入手开展碳减排行动。

可以看出，在碳减排政策方面，这一时期是我国的经济体制转型期，我国政府主要依靠行政手段加强节能管理，在节能技术升级、环境污染治理方面取得了成效，在一定程度上调动了企业节能的积极性，推动了能源的开发和节约，我国单位国内生产总值能源使用量呈现出逐年递减的态势。但政府和企业在节能减排工作中的责任定位模糊，政府包揽了政策制定和实施管理工作，规模经济效益不够理想，节能潜力巨大。在碳减排目标方面，这一时期碳减排目标的设置较为模糊笼统，在国家五年计划政策规划制定时夹杂在其他政策之中，并未单独设立提及。碳减排目标尚未汇总成相应的政策体系，较为松散，碳减排目标的可行性、实用性较低。

2. 发展阶段（2011—2015年）

就碳减排政策而言，这一阶段所出台的碳减排政策关注的重点为污染防治，并愈加重视气候变化，时间段大致为2011—2015年。这一阶段的主要政策有2013年国务院印发的《大气污染防治行动计划》，环境保护部、国家发展改革委等六部门联合印发的《京津冀及周边地区落实大气污染防治行动计划实施细则》，2014 年国家发展改革委、国家能源局、环境保护部印发的《能源行业加强大气污染防治工作方案》《国家应对气候变化规划（2014—2020 年）》等。

其中《大气污染防治行动计划》提出，到 2017 年全国地级及以上城市可吸入颗粒物浓度要比 2012 年下降 10%以上，优良天数要逐年提高；京津冀、长三角、珠三角等区域细颗粒物浓度要分别下降 25%、20%、15%左右，其中北京市细颗粒物年均浓度要控制在 60 μg/m^2 左右；《京津冀及周边地区落实大气污染防治行动计划实施细则》提出经过五年努力，京津冀及周边地区空气质量要明显好转，重污染天气要有较大幅度减少，力争再用五年或更长时间，逐步消除重污染天气，空气质量要有全面改善；《能源行业加强大气污染防治工作方案》则提出要加快治理重点污染源，加强能源消费总量控制，保障清洁能源供应，转变能源发展方式，形成清洁、高效、多元的能源供应体系，实现绿色、低碳和可持续发展的治理目标；《国家应对气候变化规划（2014—2020 年）》明确指出，到 2020 年控制温室气体排放行动目标要全面完成，低碳试点示范要取得显著进展，适应气候变化的能力要大幅提升，能力建设要取得重要成果，国际交流合作要广泛开展。

就碳减排目标而言，这一时期碳减排目标开始在各项规划及政策方案中单独设置出来，强调开展温室气体减排行动以配合完成产业结构转型升级。其时间大致为 2011—2015 年，即“十二五”至“十三五”时期。在这一时期，我国将推动绿色低碳发展作为生态文明建设的重要内容，在应对气候变化的各项工作中取得重大进展。在《中华人民共和国国民经济和社会发展第十二个五年规划纲要》（即“十二五”规划）中，我国提出单位国内生产总值能耗要降低 16%、碳强度（即单位国内生产总值的二氧化碳排放量）要降低 17%、非化石能源占一次能源的消费比要达到 11.4%、到 2020 年我国单位国内生产总值二氧化碳排放要比 2005 年下降 40%～45%，森林面积要比 2005 年增加 4 000 万 hm^2，森林蓄积量要比 2005 年增加 13 亿 m^3。与此同时，这一时期我国还出台了《“十二五”控制温室气体排放工作方案》《2014—2015 年节能减排低碳发展行动方案》等文件以指导具体的碳减排工作。同时，我国还提出到 2015 年全国单位国内生产总值二氧化碳排放要比 2010 年下降 17%，控制非能源活动二氧化碳排放和甲烷、氧化亚氮、氢氟碳化物等温室气体排放等碳减排目标。通过不断努力，我国碳强度在“十二五”期间累计下降 20%，并在党的十八大后，取得了碳排放强度下降 34.4%的历史性成果。

可以看出，在碳减排政策方面，这一阶段我国的节能减排工作不断改革创新，打下了坚实的政策基础，但还存在法律法规体系不够科学规范、财税制度尚不完善等问题。

此外，我国由于较为缺乏低能耗、低污染的先进生产能力，因而对于如何处理经济增长和污染排放的矛盾冲突缺少经验。在碳减排目标方面，这一时期碳减排目标在国家五年计划政策规划中得以体现，国家还出台了专门用于控制温室气体排放的工作方案，碳减排目标的具体性、实用性得到进一步提升。但达成目标的政策工具较为单一，政策的可行性亦有待提高。

3. 深化改革阶段（2015 年至今）

就碳减排政策而言，这一阶段所出台的碳减排政策注重节能政策体系的完善，关注能源战略与结构调整，倡导低碳减排，时间段大致为 2015 年至今。这一阶段的主要政策有 2015 年国家发展改革委、环境保护部、国家能源局印发的《加强大气污染治理重点城市煤炭消费总量控制工作方案》、2016 年工业和信息化部公布的《工业节能管理办法》、2019 年国家发展改革委等七部门印发的《绿色产业指导目录（2019 年版）》、2020 年国务院发布的《新时代的中国能源发展》白皮书、2021 年生态环境部印发的《关于统筹和加强应对气候变化与生态环境保护相关工作的指导意见》、2021 年国务院印发的《关于加快建立健全绿色低碳循环发展经济体系的指导意见》等。

其中《加强大气污染治理重点城市煤炭消费总量控制工作方案》强调要细化煤炭消费总量控制工作，进一步促进重点城市空气质量改善；《工业节能管理办法》强调用能权交易制度，明确节能管理手段，建立健全节能监察体系，突出企业主体地位，重点抓用能大户；《绿色产业指导目录（2019 年版）》首次清晰地界定了绿色产业的具体内容，为绿色产业的发展奠定了良好的基础；《新时代的中国能源发展》白皮书提出要推动能源绿色生产和消费，优化能源生产布局和消费结构，加快提高清洁能源和非化石能源消费比重，大幅降低二氧化碳排放强度和污染物排放水平；《关于统筹和加强应对气候变化与生态环境保护相关工作的指导意见》提出要推进统一政策规划标准制定、统一监测评估、统一监督执法、统一督察问责的指导原则；《关于加快建立健全绿色低碳循环发展经济体系的指导意见》指出要加快基础设施构建市场导向的绿色技术创新体系，完善法律法规政策体系推动绿色低碳循环发展的低碳发展方向。

就碳减排目标而言，这一时期碳减排目标的设置更为明确具体，碳减排目标作为硬性指标被单独设置，作为行政考核的重要指标之一。党的十八大、十九大以来，党和国家把生态文明建设放在突出地位，融入经济建设、政治建设、文化建设、社会建设各方面和全过程之中。“绿水青山就是金山银山”的生态文明建设理念不断深入人心，美丽中国建设迈出重大步伐。此外，2020 年我国正式提出 2030 年实现“碳达峰”与 2060 年实现“碳中和”的“双碳”战略目标，我国碳减排行动迈入新阶段。

这一时期，我国亦将碳减排目标纳入“十三五”“十四五”规划之中。其中“十三五”规划中明确指出要主动控制碳排放，落实减排承诺，增强适应气候变化能力，深度参与全球气候治理，为应对全球气候变化做出贡献①；“十四五”规划则要求碳排放在2030年实现碳达峰后要稳中有降，提出单位国内生产总值能源消耗和二氧化碳排放分别降低13.5%、18%，主要污染物排放总量持续减少，森林覆盖率提高到24.1%等碳减排约束性目标。②在宏观规划的基础之上，国家将总体碳减排目标进行拆分，分区域、分时、分节完成既定任务目标。如上海市部署2023年碳达峰碳中和及节能减排重点工作、河北省推动节能降碳改造，设定单位国内生产总值二氧化碳排放降低3%的碳减排目标等。

可以看出，在碳减排政策方面，这一阶段我国节能减排政策体系进一步得到完善，低碳减排工作的有效开展在环境污染治理方面也取得了积极成果。尤其是“十一五”和“十二五”期间，我国单位国内生产总值能耗呈现出明显的下降趋势，我国政府实行的燃煤工业锅炉改造、节约和替代石油、绿色建筑节能、绿色照明、绿色农业等十大工程，大幅度提高了能源利用效率，促进了先进节能技术的推广应用和节能环保产业的绿色低碳发展。在碳减排目标方面，这一时期我国碳减排目标得到差分细化，不同部门、不同地区、不同时间节点的碳减排目标各不相同，形成了较为成熟且完善的政策工具体系，目标的可执行性与可操作性得到进一步提高。

6.1.2 中国管理碳排放的政府机构

碳减排政策的有效落实与切实执行离不开强有力的执行组织。现阶段我国碳排放行动主要由政府部门统一管理、规划及指导。具体而言，我国负责管理碳排放事项的政府机构为国家应对气候变化及节能减排工作领导小组、国家发展改革委、生态环境部等部门。其中，国家应对气候变化及节能减排工作领导小组负责宏观统筹全国节能减排与气候变化工作，国家发展改革委、生态环境部等部门主要负责分解、落实及执行上级部门所制定的碳排放政策，完成既定的碳减排目标。

---

① 中华人民共和国中央人民政府. 中华人民共和国国民经济和社会发展第十三个五年规划纲要［EB/OL］.（2016-03-17）［2023-05-05］. http：//www.gov.cn/xinwen/2016-03/17/content_5054992.htm.

② 中华人民共和国中央人民政府. 中华人民共和国国民经济和社会发展第十四个五年规划和2035年远景目标纲要［EB/OL］.（2021-03-13）［2023-05-05］. https：//www.gov.cn/xinwen/2021-03-13/content_5592681.htm.

1. 国家应对气候变化及节能减排工作领导小组

作为国家应对气候变化和开展节能减排工作的宏观统筹协调性议事机构，国家应对气候变化及节能减排工作领导小组成立于 2007 年，日常工作中视工作需要可称国家应对气候变化领导小组或国务院节能减排工作领导小组（即一个机构、两块牌子），相关具体工作由国家生态环境部、国家发展改革委按职责承担，要负责统筹、协调及组织碳排放政策的制定、落实与监察考核，管理并指导下级部门开展碳排放相关工作业务，小组办公室设在国家发展改革委下设的资源节约和环境保护司。此外，为指导和统筹做好碳达峰碳中和工作，国家于 2021 年成立碳达峰碳中和工作领导小组，小组办公室亦设置在国家发展改革委内。各省（自治区、直辖市）也陆续成立了碳达峰碳中和工作领导小组，加强地方碳达峰碳中和工作统筹。

就具体职责而言，国家应对气候变化及节能减排工作领导小组主要负责宏观统筹与协调全国应对气候变化和节能减排工作的有序开展。具体工作由生态环境部与国家发展改革委开展推进，包括推动二氧化碳排放强度降低，提高非化石能源消费比重与可再生能源电力装机总量的全球占比，推动森林蓄积量新增目标达成、新旧动能转换，加快形成绿色低碳循环发展的产业体系，加强生态文明建设，坚决打好污染防治攻坚战，促进经济社会持续健康发展，为应对全球气候变化挑战做出应有贡献等方面的工作。

2. 国家发展改革委及其下设的资源节约和环境保护司

国家发展改革委是负责拟订并组织实施国民经济和社会发展战略、中长期规划和年度计划，统筹提出国民经济和社会发展主要目标，组织拟订综合性产业政策等的国家战略制定与施行的宏观统筹部门，亦是承担应对气候变化及节能减排工作、推进“双碳”目标高效实施的中央协调部门。

就在碳减排方面的具体职责而言，国家发展改革委主要负责“推动生态文明建设和改革，协调生态环境保护与修复、能源资源节约和综合利用等工作”，负责国家整体宏观层面上的碳减排政策的制定与碳减排行动的安排。国家发展改革委内部具体负责碳排放工作的是国家发展改革委资源节约和环境保护司。该司负责拟订和组织实施绿色发展相关战略、规划和政策，推进实施可持续发展战略，承担生态文明建设和改革相关工作。[①]在碳排放管理的实际工作中，该司履行碳达峰碳中和工作领导小组办公室日常工作职能，承担国家应对气候变化及节能减排工作领导小组节能方面有关具体工作。

---

① 国家发展改革委. 组织机构：资源节约和环境保护司［EB/OL］.（2020-09-26）［2023-05-05］. https：//www.ndrc.gov.cn/fzggw/jgsj/hzs/.

3. 生态环境部及其下设的应对气候变化司

生态环境部是具体承担国家生态治理职能、推进环境保护工作的中央职能部门。随着生态文明建设的不断推进，加强应对气候变化统筹协调，在历经 2013 年、2018 年两次国家机构改革后，国家应对气候变化及节能减排工作领导小组及时进行相关部门职能调整，由新组建的生态环境部负责应对气候变化工作，强化应对气候变化与生态环境保护的实际成效。

就生态环境部在碳减排方面的具体职责而言，生态环境部下设的应对气候变化司主要负责应对气候变化和温室气体减排工作，是国家层面专门负责碳减排工作的职能部门。2018 年国务院机构改革后，基于统筹协调利用生态环境系统的监督体系和监督机制，以及有效推动国家应对气候变化目标与协同减排实现的现实需要，应对气候变化司从国家发展改革委转隶生态环境部。该司下设国内政策和履约处（碳排放交易管理处），具体负责国家碳排放相关工作。其工作职责包括承担气候变化国内履约、温室气体排放目标责任评价考核、碳排放交易管理、适应气候变化等工作，开展碳排放标准及低碳技术目录拟订、低碳标识和认证推广、气候变化风险评估等方面内容。①

可以看出，国家应对气候变化及节能减排工作领导小组、国家发展改革委及其下设的资源节约和环境保护司主要负责宏观制定碳减排政策及指标法规，承担国家应对气候变化及节能减排工作领导小组具体工作，统筹与协调推进碳减排相关行动。生态环境部及其下设的应对气候变化司则负责碳排放工作的细化、分工、考核及相关政策的具体执行。

6.2　中国碳减排行动

碳减排行动是落实碳减排政策，达成碳减排目标，实现碳达峰、碳中和目标的关键所在。党的十八大以来，我国生态文明建设和绿色低碳发展理念不断深入人心。通过碳减排行动的有效开展，我国在应对气候变化与节能减排领域取得显著成效。本节拟从梳理我国现行的碳减排标准出发，分析现行标准在碳减排实践中的工作成效；通过分析我国植树造林行动开展的实际情况，了解我国森林资源固碳能力的发挥成效；通过梳理我

① 生态环境部. 组织机构：应对气候变化司［EB/OL］.（2022-05-26）［2023-05-05］. https：//www.mee.gov.cn/zjhb/bjg/qhs/.

国的强制能源消耗限额标准，了解现行标准对我国重点能源行业能源消耗的限制成效，以期为未来我国碳减排行动的开展提供借鉴。

6.2.1 中国的碳减排标准

碳减排（即二氧化碳等温室气体排放减少）是应对全球气候变暖所带来的气候危机，保护地球生态的重要环境治理行动。《京都议定书》明确提出，“控制大气中温室气体浓度上升，减少二氧化碳排放以应对气候变化危机”是国际社会共同的责任和义务。现阶段我国的碳减排标准建设仍以温室气体排放核算标准为主，具体如表 6-1 所示。

表 6-1 温室气体排放核算标准

序号	标准号	标准名称	状态
1	GB/T 32150—2015	工业企业温室气体排放核算和报告通则	现行
2	GB/T 32151.1—2015	温室气体排放核算与报告要求　第 1 部分：发电企业	现行
3	GB/T 32151.2—2015	温室气体排放核算与报告要求　第 2 部分：电网企业	现行
4	GB/T 32151.3—2015	温室气体排放核算与报告要求　第 3 部分：镁冶炼企业	现行
5	GB/T 32151.4—2015	温室气体排放核算与报告要求　第 4 部分：铝冶炼企业	现行
6	GB/T 32151.5—2015	温室气体排放核算与报告要求　第 5 部分：钢铁生产企业	现行
7	GB/T 32151.6—2015	温室气体排放核算与报告要求　第 6 部分：民用航空企业	现行
8	GB/T 32151.7—2015	温室气体排放核算与报告要求　第 7 部分：平板玻璃生产企业	现行
9	GB/T 32151.8—2015	温室气体排放核算与报告要求　第 8 部分：水泥生产企业	现行
10	GB/T 32151.9—2015	温室气体排放核算与报告要求　第 9 部分：陶瓷生产企业	现行
11	GB/T 32151.10—2015	温室气体排放核算与报告要求　第 10 部分：化工生产企业	现行
12	GB/T 32151.11—2015	温室气体排放核算与报告要求　第 11 部分：煤炭生产企业	现行
13	GB/T 32151.12—2015	温室气体排放核算与报告要求　第 12 部分：纺织服装企业	现行

资料来源：国家标准全文公开系统，作者整理并自制。

查询地址：https：//openstd.samr.gov.cn/bzgk/gb/std_list? r=0.7321440117950448&page=1&pageSize=10&p.p1=0&p.p2=%E6%B8%A9%E5%AE%A4%E6%B0%94%E4%BD%93%E6%8E%92%E6%94%BE%E6%A0%B8%E7%AE%97%E4%B8%8E%E6%8A%A5%E5%91%8A%E8%A6%81%E6%B1%82&p.p90=circulation_date&p.p91=desc.

具体而言，现行碳减排（温室气体减排）标准囊括发电、电网、镁冶炼、铝冶炼、钢铁生产、民用航空、平板玻璃生产、水泥生产、陶瓷生产、化工生产、煤炭生产、纺织服装等 12 大类重点行业。其中发电、钢铁生产、镁冶炼、平板玻璃生产、水泥生产、陶瓷生产、民用航空等七类行业标准主要规定了企业二氧化碳排放的核算要求，并对温室气体核算范围做出了明确的界定。此外，2023 年国家标准委员会还联合十部委共同出台印发了《碳达峰碳中和标准体系建设指南》（以下简称《标准指南》）。《标准指南》指出，碳达峰碳中和标准体系包括基础通用标准子体系、碳减排标准子体系、碳清除标准子体系和市场化机制标准子体系等 4 个一级子体系，并进一步细分为 15 个二级子体系、63 个三级子体系。该体系覆盖了能源、工业、交通运输、城乡建设、水利、农业农村、林业草原、金融、公共机构、居民生活等重点行业和领域的碳达峰碳中和工作，满足地区、行业、园区、组织等各类场景的应用。①《标准指南》所包含的碳减排标准子体系主要由“节能标准”“非化石能源标准”“新型电力系统标准”“化石能源清洁利用标准”“生产和服务过程减排标准”“资源循环利用标准”六部分共同组成，详细阐述了国内各重点领域碳减排标准体系的重点与难点。

可以看出，现阶段我国所使用的碳减排标准主要以火电、钢铁、建材等重点行业的温室气体排放核算标准为主，侧重于能耗限额指标与碳排放强度指标之间的协调工作。2023 年国家出台的《标准指南》则有效弥补了温室气体排放核算标准所存在的制度缺陷，成为我国未来碳减排标准制定的规划蓝图。就碳减排标准在未来的发展而言，应加快制定针对“节能设计规划、能量平衡测算、能源管理体系、能源绩效评估、经济运行、合理用能、节能诊断、节能服务、绿色节约型组织评价等基础标准”等领域的具体内容，形成完善、科学、具有可执行性的碳减排标准体系。

6.2.2　中国的植树造林

植树造林能有效提升生物碳消耗与储存能力，是生物固碳的主要方式。②植树造林并不会直接带来大气中二氧化碳含量的迅速减少，而是在其缓慢的生长过程中逐步吸收并储存地球所产生的二氧化碳，从而达到固碳目标。

---

① 中华人民共和国中央人民政府. 关于印发《碳达峰碳中和标准体系建设指南》的通知［EB/OL］.（2023-04-01）［2023-05-05］. https：//www.gov.cn/zhengce/zhengceku/2023-04/22/content_5752658.htm.

② 余新晓，鲁绍伟，靳芳，等. 中国森林生态系统服务功能价值评估［J］. 生态学报，2005（8）：2096-2102.

我国植树造林活动历史悠久，民众自发的植树造林活动对国家生态环境的修复优化发挥了十分重要的作用。国家推动植树造林活动始于 1981 年，这一年我国通过《关于开展全民义务植树运动的决议》，规定植树造林、绿化祖国是每一位适龄公民的法定义务，并将 3 月 12 日设定为植树节，全民义务植树有力地推进了国土绿化和美丽中国建设进程。[①]

据《2022 年中国国土绿化状况公报》显示，2021 年全国适龄公民累计 175 亿人次参加了义务植树，累计植树 781 亿株（含折算）。目前，我国森林面积为 2.31 亿 hm^2，森林植被总碳储量 91.86 亿 t，年均增长 1.18 亿 t，年均增长率 1.40%。森林覆盖率已由 20 世纪 80 年代初的 12%提高到 24.02%，森林蓄积量由 90.28 亿 m^3 提高到 175.60 亿 m^3，草地面积 2.65 亿 hm^2，草原综合植被覆盖度达 50.32%。全国城市建成区绿化覆盖率由 10.10%提高到 41.11%，人均公园绿地面积由 3.45 m^2 提高到 14.80 m^2。[②]我国森林资源持续增长，城乡人居环境不断改善，总体上实现了由黄到绿、由绿到美的转变。我国还进一步开展林业碳汇试点市（县）和国有林场森林碳汇试点建设，成立林草碳汇研究院并举办了首届全国林草碳汇高峰论坛。我国积极参加《联合国气候变化框架公约》第二十七次缔约方大会并参与涉林议题履约谈判，扩大植树造林行动对双碳战略目标的积极影响。[③]

除此之外，我国还大力推进林业管理制度改革。通过林长制的全面建立，形成省市县乡村五级林长组织体系。初步建立起党委领导、党政同责、属地负责、部门协同、源头治理、全域覆盖的长效机制。林长制督查考核列入中央和国家机关年度督查检查考核计划。印发《林长制督查考核办法（试行）》，开展首次林长制督查考核工作。印发《林长制激励措施实施办法》，通过制度建设来保障我国林业建设的成果。

6.2.3 中国强制的能源消耗限额标准

改革开放以来，我国经济社会飞速发展。随着工业化、城镇化进程加快和消费结构

① 国家林草局. 五届人大四次会议关于开展全民义务植树运动的决议［EB/OL］.（2021-02-24）［2023-05-05］. http：//www.forestry.gov.cn/main/6080/20210225/111509028511468.html.

② 国家林草局. 40 年来我国累计 175 亿人次参加义务植树 植树 781 亿株［EB/OL］.（2021-12-24）［2023-05-05］. http：//www.forestry.gov.cn/main/392/20220104/101002358343037.html.

③ 中华人民共和国中央人民政府. 2022 年中国国土绿化状况公报［EB/OL］.（2023-03-20）［2023-05-05］. http：//www.gov.cn/xinwen/2023-03/20/content_5747510.htm.

持续升级，我国能源需求呈刚性增长，资源环境问题仍是制约我国经济社会发展的瓶颈之一，实现碳中和愿景目标的任务十分艰巨。[①]能源资源消耗强度的不断提高与经济飞速发展之间的冲突日趋尖锐，能源供需矛盾愈发突出。党和国家早已充分认识到节能减排是缓解能源约束、减轻环境压力、保障经济安全以实现绿色高质量发展和中华民族伟大复兴的关键所在。

衡量能源消耗程度高低，反映经济结构和能源利用效率变化的重要指标是单位国内生产总值能耗（即单位 GDP 能耗）。单位国内生产总值能耗指一定时期内能源消费总量与国内生产总值（GDP）的比率，是衡量能源消费水平和节能降耗状况的主要指标。1980—2006 年间，我国年均能源消耗增速为 5.6%，平均年节能率为 3.9%，单位国内生产总值能源消耗上升势头得到扭转；"十一五" 规划中首次把单位国内生产总值能耗水平作为约束性指标，提出 2010 年单位 GDP 能耗要比 2005 年降低 20%。在此期间，我国年均能源消耗增速为 6.6%，节约能源为 6.3 亿 t 标准煤，国内生产总值能源消耗进一步降低；"十二五" 规划中提出 2015 年单位国内生产总值能耗要比 2010 年降低 16%，并提出"合理控制能源消费总量"。在此期间，我国单位国内生产总值能耗降低 18.4%，超额完成节能减排预定目标任务[②]；"十三五" 期间，我国年均能源消费增速为 2.8%，单位国内生产总值能耗累计下降 15%，节约能源约 6.5 亿 t 标准煤，能源消费总量控制在 50 亿 t 标准煤以内。

党的二十大报告强调要积极稳妥地推进碳达峰碳中和，并且从碳排放双控、能源革命、健全碳市场、提升碳汇能力等方面做了具体部署。[③]具体到能源消耗方面，"单位国内生产总值能耗降低 3%左右" 被设定为 2021 年我国发展的主要预期目标，并写进了 2021 年政府工作报告内。此外，《国民经济和社会发展第十四个五年规划和 2035 年远景目标纲要（草案）》也提出，"十四五" 期间我国单位国内生产总值能耗降低 13.5%的能源消耗降低总目标。[④]可以看出，我国政府通过宏观经济手段与制度规划建设有效调节

---

① 王灿，张九天. 碳达峰、碳中和：迈向新发展路径［M］. 北京：中共中央党校出版社，2021：92-93.

② 中华人民共和国中央人民政府. 国务院关于印发"十三五" 节能减排综合工作方案的通知［EB/OL］.（2017-01-05）［2023-05-05］. http：//www.gov.cn/xinwen/2023-03/20/content_5747510.htm.

③ 中华人民共和国中央人民政府. 习近平：高举中国特色社会主义伟大旗帜 为全面建设社会主义现代化国家而团结奋斗——在中国共产党第二十次全国代表大会上的报告［EB/OL］.（2022-10-25）［2023-05-05］. https：//www.gov.cn/xinwen/2022-10/25/content_5721685.htm.

④ 中华人民共和国中央人民政府. 中华人民共和国国民经济和社会发展第十四个五年规划和 2035 年远景目标纲要［EB/OL］.（2021-03-13）［2023-05-05］. https：//www.gov.cn/xinwen/2021-03/13/content_5592681.htm.

了能源资源消耗与社会经济发展之间的矛盾冲突。

根据“国家标准公开全文系统：能源消耗限额”显示，我国共出台能源消耗强制性国家标准 153 条，其中现行 112 条、即将实施 8 条、废止 33 条。根据 ICS（International Classification for Standards）分类来看，其中能源和热传导工程类能源消耗强制性国家标准共计 151 条（即将实施 5 条、废止 27 条），冶金类能源消耗强制性国家标准共计 1 条，道路车辆工程类能源消耗强制性国家标准共计 2 条，玻璃和陶瓷工业类能源消耗强制性国家标准共计 3 条，建筑材料和建筑物能源消耗强制性国家标准共计 1 条，具体如表 6-2 所示。

表 6-2 能源消耗强制性国家标准统计

序号	标准号	标准名称	状态
1	GB 25323—2023	有色重金属冶炼企业单位产品能源消耗限额	即将实施
2	GB 21351—2023	变形铝及铝合金单位产品能源消耗限额	即将实施
3	GB 21350—2023	铜及铜合金加工材单位产品能源消耗限额	即将实施
4	GB 29447—2022	多晶硅和锗单位产品能源消耗限额	即将实施
5	GB 25324—2022	铝用炭素单位产品能源消耗限额	即将实施
6	GB 21341—2022	铁合金单位产品能源消耗限额	即将实施
7	GB 29448—2022	海绵钛和钛锭单位产品能源消耗限额	即将实施
8	GB 21346—2022	电解铝和氧化铝单位产品能源消耗限额	即将实施
9	GB 31823—2021	码头作业单位产品能源消耗限额	现行
10	GB 40878—2021	葡萄糖酸钠单位产品能源消耗限额	现行
11	GB 40877—2021	硅酸铝纤维及制品单位产品能源消耗限额	现行
12	GB 16780—2021	水泥单位产品能源消耗限额	现行
13	GB 30526—2019	烧结墙体材料和泡沫玻璃单位产品能源消耗限额	现行
14	GB 38263—2019	水泥制品单位产品能源消耗限额	现行
15	GB 21340—2019	玻璃和铸石单位产品能源消耗限额	现行
16	GB 36888—2018	预拌混凝土单位产品能源消耗限额	现行
17	GB 36892—2018	刚玉单位产品能源消耗限额	现行
18	GB 36891—2018	日用陶瓷单位产品能源消耗限额	现行
19	GB 36890—2018	合成革单位产品能源消耗限额	现行
……	……	……	……

续表

序号	标准号	标准名称	状态
152	GB 16780—2007	水泥单位产品能源消耗限额	废止
153	GB 21257—2007	烧碱单位产品能源消耗限额	废止

资料来源：国家标准公开全文系统，作者整理并自制。

查询地址：https：//openstd.samr.gov.cn/bzgk/gb/std_list? r=0.8099681026934129&page=16&pageSize=10&p.p1=1&p.p2=%E8%83%BD%E6%BA%90%E6%B6%88%E8%80%97&p.p90=circulation_date&p.p91=desc.

可以看出，现阶段国家已针对不同的能源重点行业及消耗领域制定了较为详尽完善的国家能源消耗限额强制标准，这些标准共同组成了能源消耗限额标准体系。这为我国实现“双碳”战略目标和经济社会绿色高质量发展提供了坚实的制度保障。

6.3　中国的碳达峰、碳中和战略

随着社会经济的不断发展，世界范围内二氧化碳排放量不断增加，温室气体排放所引起的气候变化成为全人类面临的全球性问题。在这一背景下，世界各国以缔结全球协约的方式减排温室气体，我国也提出了符合中国国情的碳达峰和碳中和目标。本节拟从“双碳”目标战略的提出背景出发，梳理“双碳”目标战略的内涵与具体内容，结合相关政策文件，提出我国实现“碳达峰、碳中和”目标战略的路径选择，以期为我国“双碳”目标战略的有效达成提供借鉴。

6.3.1　“碳达峰、碳中和”战略提出的背景

进入工业时代以来，全球气候变化与能源利用之间的矛盾危机不断加深，促使各国政府、能源企业及社会公众采取集体行动共同应对日趋紧张的生态环境与资源使用的对立态势。就应对全球气候变化的问题，联合国组织召开了一系列全球气候变化会议，达成了具有国际约束力的一系列应对气候变化的公约，其中最为重要的是《联合国气候变化框架公约》以及公约框架下所产生的《京都议定书》与《巴黎协定》。

在全球气候变化形势日趋严峻的背景下，我国作为发展中大国积极实施应对气候变化的国家战略。2020 年 9 月 22 日，习近平总书记在第 75 届联合国大会一般性辩论上宣

布中国二氧化碳排放力争于2030年前达到峰值，努力争取2060年前实现碳中和。实现“碳达峰、碳中和”，不仅是以习近平同志为核心的党中央经过深思熟虑做出的重大战略决策，事关中华民族永续发展和构建人类命运共同体，亦是党中央统筹国内国际两个大局做出的重大战略决策。“双碳”目标战略是构建人类命运共同体的庄严承诺，是回应生态环境保护、社会经济发展及能源开发利用多重诉求的“中国方案”。[①]“双碳”目标战略同时也是着力解决资源环境约束突出问题、实现中华民族永续发展的必然选择。[②]党的二十大报告指出，实现“双碳”目标战略要“立足我国能源资源禀赋，坚持先立后破，有计划分步骤实施碳达峰行动；要完善能源消耗总量和强度调控，完善碳排放统计核算制度，健全碳排放权市场交易制度，提升生态系统碳汇能力”[③]。这为“双碳”目标战略的实现指明了道路。

总的来说，实现“碳达峰、碳中和”战略是一场广泛而深刻的经济社会系统性变革，面临着前所未有的困难挑战。当前，我国经济结构还不够合理，工业化、新型城镇化还在深入推进，经济发展和民生改善任务还很重，能源消费仍将保持刚性增长。与发达国家相比，我国从碳达峰到碳中和的时间窗口偏紧。做好碳达峰碳中和工作，迫切需要加强顶层设计。现阶段我国在中央层面制定印发了《中共中央国务院关于完整准确全面贯彻新发展理念做好碳达峰碳中和工作的意见》，对碳达峰碳中和这项重大工作进行系统谋划和总体部署，进一步明确总体要求，提出主要目标，部署重大举措，明确实施路径，对汇聚全国力量来完成“碳达峰、碳中和”这一艰巨任务具有重大意义。

6.3.2 “碳达峰、碳中和”战略的内涵

1. 碳达峰的内涵

所谓碳达峰是指二氧化碳排放量达到历史最高值，经历排放平台期后排放量持续下降的过程，是二氧化碳排放量由增转降的历史转折点，标志着碳排放与经济发展实现脱

---

① 习近平. 继往开来，开启全球应对气候变化新征程［N］. 人民日报，2020-12-13（002）.

② 中华人民共和国中央人民政府. 中共中央 国务院关于完整准确全面贯彻新发展理念做好碳达峰碳中和工作的意见［EB/OL］.（2021-09-22）［2023-05-05］. http：//www.gov.cn/zhengce/2021-10/24/content_5644613.htm.

③ 中华人民共和国中央人民政府. 习近平：高举中国特色社会主义伟大旗帜 为全面建设社会主义现代化国家而团结奋斗——在中国共产党第二十次全国代表大会上的报告［EB/OL］.（2022-10-25）［2023-05-05］. https：//www.gov.cn/xinwen/2022-10/25/content_5721685.htm.

钩，其中达峰目标包括达峰年份和峰值。

就碳达峰目标的具体内容而言，《2030 年前碳达峰行动方案》明确指出，到 2025 年非化石能源消费比重要达到 20%左右，单位国内生产总值能源消耗要比 2020 年下降 13.5%，单位国内生产总值二氧化碳排放要比 2020 年下降 18%，森林覆盖率要达到 24.1%，森林蓄积量要达到 180 亿 m^3；到 2030 年，非化石能源消费比重要达到 25%左右，单位国内生产总值二氧化碳排放要比 2005 年下降 65%以上，重点耗能行业能源利用效率要达到国际先进水平。单位国内生产总值能耗要大幅下降，风电、太阳能发电总装机容量要达到 12 亿 kW 以上；森林覆盖率要达到 25%左右，森林蓄积量要达到 190 亿 m^3，二氧化碳排放量要达到峰值并实现稳中有降，为我国实现碳中和目标奠定坚实基础。

2. 碳中和的内涵

所谓碳中和是指某个地区在一定时间内人为活动直接和间接排放的二氧化碳与通过植树造林等碳吸收手段所消化的二氧化碳量相互抵消以实现二氧化碳的“净零排放”。① 碳达峰与碳中和紧密相连，前者是后者的基础和前提，达峰时间的早晚和峰值的高低则直接影响碳中和实现的时长和实现的难度。②

就碳中和目标的具体内容而言，《中共中央 国务院关于完整准确全面贯彻新发展理念做好碳达峰碳中和工作的意见》中明确指出，到 2060 年，绿色低碳循环发展的经济体系和清洁低碳安全高效的能源体系要全面建立，能源利用效率要达到国际先进水平，非化石能源消费比重要达到 80%以上，碳中和目标顺利实现，生态文明建设取得丰硕成果，开创人与自然和谐共生新境界。③

此外，《中共中央 国务院关于完整准确全面贯彻新发展理念做好碳达峰碳中和工作的意见》还从经济社会发展全面绿色转型、产业结构深度调整、清洁低碳安全高效能源体系构建、低碳交通运输体系建设、绿色低碳重大科技攻关和推广应用、对外开放绿色低碳发展水平、法律法规标准和统计监测体系健全、政策机制完善、加强组织实施等九大方面提出了“碳达峰、碳中和”目标达成的具体规划，为“双碳”目标战略的实施提供了具体抓手。

---

① 庄贵阳. 我国实现“双碳”目标面临的挑战及对策［J］. 人民论坛，2021（18）：50-53.

② 王晋，刘瑾，吴佳佳，等. 正确认识和把握碳达峰碳中和［N］. 经济日报，2022-03-11（007）.

③ 中华人民共和国中央人民政府. 国务院关于印发 2030 年前碳达峰行动方案的通知［EB/OL］.（2021-10-24）［2023-05-05］. http：//www.gov.cn/zhengce/content/2021-10/26/content_5644984.htm.

6.3.3 中国实现碳达峰、碳中和目标的路径选择

绿色低碳发展是实现碳达峰、碳中和战略目标的必由之路。《中共中央 国务院关于完整准确全面贯彻新发展理念做好碳达峰碳中和工作的意见》中明确提出，构建绿色低碳循环发展经济体系、提升能源利用效率、提高非化石能源消费比重、降低二氧化碳排放水平、提升生态系统碳汇能力等五个方面的主要目标，这一系列目标立足于我国发展阶段和国情实际，其有效达成意味着我国必须在经济体系、能源体系、产业结构、二氧化碳排放减少、生态系统碳汇能力等领域取得长足进步。因此，可以从上述五大领域出发，探寻我国实现碳达峰、碳中和目标的实现路径。

1. 健全绿色低碳循环发展的经济体系

健全绿色低碳循环发展的经济体系，主要可以从以下几方面着手：

第一，要建立健全支持绿色发展的金融、投资、价格政策和标准体系。要健全资源环境要素市场化配置体系，加快节能降碳先进技术研发和推广应用，倡导绿色消费，推动形成绿色低碳的生产方式和生活方式。①同时还要促进绿色产品消费、倡导绿色低碳生活方式、扎实推进塑料污染全链条治理、开展绿色生活创建活动等。

第二，要健全碳交易、碳金融市场体系，推动碳税制度、碳资产管理与评估制度体系建设。积极探索构建碳金融市场制度规范，推动碳基金、碳质押、碳信托等新型碳金融工具在碳交易体系中的实践经验。②进一步丰富碳减排调控的政策选项，以减少碳排放量、消除低效率和落后技术、调整产业结构，助推公众养成低碳意识。积极推进碳资产管理与评估制度体系建设，协调碳税与碳排放权交易的关系并制定相关实施策略，形成以“碳排放市场交易＋碳税”为主要工具的双轨制碳定价减排机制，实现精准控制。③

第三，要鼓励绿色低碳技术研发、加速绿色低碳科技成果转化。其一要发展绿色低碳工业。对于能源消耗占比超过60%的工业，通过考核监察的形式确保企业在绿色低碳技术研发领域的投入，积极推进探索绿色低碳科技成果落地生根的技术方法和工作路径，助力区域产业实现绿色转型和高质量发展。其二要打造绿色物流、加强再生资源

① 中华人民共和国中央人民政府. 习近平：高举中国特色社会主义伟大旗帜 为全面建设社会主义现代化国家而团结奋斗——在中国共产党第二十次全国代表大会上的报告［EB/OL］.（2022-10-25）［2023-05-05］. https：//www.gov.cn/xinwen/2022-10/25/content_5721685.htm.

② 吴宏杰. 碳资产管理［M］. 北京：清华大学出版社，2020：85-86.

③ 王灿，张九天. 碳达峰、碳中和：迈向新发展路径［M］. 北京：中共中央党校出版社，2021：296-297.

回收利用、鼓励企业采用现代信息技术实现废物回收线上与线下有机结合、建立绿色贸易体系等。

2. 打造安全绿色低碳循环发展的能源体系

提高能源资源利用效率、降低单位能源消耗比率及减少碳排放是实现碳达峰、碳中和目标的根本所在。国家能源局《能源碳达峰碳中和标准化提升行动计划》明确指出到2030年，要建立起结构优化、先进合理的能源利用与标准体系，能源标准与技术创新和产业转型紧密协同发展，能源标准化有力支撑和保障能源领域碳达峰、碳中和。[①]就打造安全绿色低碳循环发展的能源体系而言，需针对不同的能源类型，因地制宜地设定体系建设的转型路径。

第一，在煤炭领域应强化煤炭的智能、高效、清洁利用。创建低碳、高效、清洁的智能化现代煤化工产业体系；推动煤炭开发开采技术的高效清洁利用效率，攻克低排放的煤制清洁燃料和化学品技术；鼓励研发低能耗的百万吨级二氧化碳捕集、利用与封存全流程成套工艺和关键技术。

第二，在新能源发电领域，应大力推进研发高效硅基光伏电池、高效稳定钙钛矿电池等技术，研发碳纤维风机叶片、超大型海上风电机组整机设计制造与安装试验技术、抗台风型海上漂浮式风电机组、漂浮式光伏系统。同时以数字化、智能化带动能源结构转型升级，研发大规模可再生能源并网及电网安全高效运行技术，重点研发高精度可再生能源发电功率预测、可再生能源电力并网主动支撑、煤电与大规模新能源发电协同规划与综合调节技术、柔性直流输电、低惯量电网运行与控制等技术。

第三，在可再生能源非电利用领域，应大力推进研发太阳能采暖及供热技术、地热能综合利用技术，探索干热岩开发与利用技术等。研发推广生物航空煤油、生物柴油、纤维素乙醇、生物天然气、生物质热解等生物燃料制备技术，研发生物质基材料及高附加值化学品制备技术、低热值生物质燃料的高效燃烧关键技术。与此同时，大力推进节能技术开发利用。在资源开采、加工，能源转换、运输和使用过程中，以电力输配和工业、交通、建筑等终端用能环节为重点，研发和推广高效电能转换及能效提升技术；发展数据中心节能降耗技术，推进数据中心优化升级；研发高效换热技术、装备及能效检测评价技术。

---

① 国家能源局. 国家能源局关于印发《能源碳达峰碳中和标准化提升行动计划》的通知［EB/OL］.（2022-10-09）［2023-05-05］. http：//www.nea.gov.cn/2022-10/09/c_1310668927.htm? eqid=b0a47202 0000c3e700000006643f3812.

3. 建立完善绿色低碳循环发展的产业结构

建立完善绿色低碳循环发展的产业结构是推动我国实现碳达峰、碳中和目标的必然要求。

第一，应加强产业协同，发挥市场配置作用。政府可以通过产业协同和转型来推动绿色低碳循环发展；吸纳引入更多碳减排成本有差异的排放主体，发挥市场配置在碳排放交易机制中的关键作用。同时，鼓励传统高碳产业向低碳和环保产业转型，推动资源循环利用和能源转型。

第二，应推动工业绿色升级，助力绿色产业发展。转变经济发展方式，由原有高耗能粗放式经济发展模式向绿色低碳高精尖经济发展模式升级转型。提高服务业绿色发展水平、壮大绿色环保产业、提升产业园区和产业集群循环化水平、构建绿色供应链等。最后，还应实施全面节约战略，推进各类资源节约集约利用，加快构建废弃物循环利用体系。

第三，要实现碳达峰碳中和战略目标，还需进一步完善“双碳”相关法律制度保障。现阶段我国绿色低碳发展的法律体系建设明显滞后，存在法律体系不健全、立法与政策实施相脱节、下位法缺乏上位法依托等问题。我国可借鉴相关国际经验，抓住“双碳”目标契机，从制度建设的角度推进体制机制改革和制度创新，从治理主体角度构建现代化碳治理体系，通过开展应对气候变化的相关立法工作，确立碳税、碳交易等碳减排的根本制度，明确政府、企业、公民各方责任义务，为低碳投资提供长期稳定的法律环境。同时，尽快形成国家统一管理和地方、部门分工负责相结合的减污降碳激励约束机制，为实现碳中和目标提供保障。此外，还可以通过修改完善现行法律法规或制定新的法律法规支撑“双碳”目标，在现行的环境、能源和资源等相关法律中增加碳减排相关内容，将碳减排要求落实到具体行业，形成推动减污降碳的协同效应。

4. 以新型绿色建筑建设助推碳减排行动

《中国建筑能耗与碳排放研究报告（2022）》显示，2020 年的建筑全过程碳排放约为 50.8 亿 t 二氧化碳，占全国碳排放的比例为 50.9%。其中建材生产阶段的碳排放量为 28.2 亿 t 二氧化碳，占比约为 28.2%；建筑运行阶段碳排放量为 21.6 亿 t 二氧化碳，占比约为 21.7%，可以看出建筑领域存在巨大的碳减排潜力。新型绿色建筑建设是建筑行业减少碳排放的未来发展方向，对于实现经济动能转换和加快推进社会经济绿色高质量发展具有重要意义。新型绿色建筑建设主要内容包括推动能源体系绿色低碳转型、推进城镇环境基础设施建设升级、提升交通基础设施绿色发展水平、改善城乡人居环境等，其主要目的在于通过提升建筑能效来合理引导建筑用能方式、降低能源需求。[①]以新型绿色建筑建设助推建筑行业减少碳排放，推动行业低碳转型，对实现“双碳”战略目标具有重要意义。

第一，应加强顶层设计，更新建筑能耗理念，引领绿色低碳发展。明确新基建的中长期战略规划和短期行动计划，强化新基建的绿色低碳导向，将绿色低碳指标纳入新基建项目的考虑范围，有效控制新型基础设施自身的能源消耗，防范新基建的碳排放锁定效应和资产搁置风险。推广“被动式低能耗”的建筑理念，打造自然通风与采光、太阳能辐射利用、室内非供暖热源综合利用的低能耗建筑。

第二，应以创新驱动提升绿色低碳发展能力。新型绿色公共基础设施建设以数字技术为核心，本身就是代表科技创新的前沿产业。通过人工智能、大数据等数字技术提升能源利用效率与建筑节能水平，从根本上降低建筑领域的能源消耗。[②]

第三，应加快构建新型绿色公共基础设施建设的排放标准体系。加快新基建行业和企业能耗与碳排放标准的研究，为其实现绿色低碳发展提供准绳。重视新基建的传导溢出效应，充分考虑新基建项目全生命周期的绿色低碳发展标准，建立更加科学合理的新基建能耗和碳排放评价标准体系，并加快相关标准的推广。

第四，应优化新型绿色公共基础设施建设监管治理体系。将新基建重点领域纳入碳排放监管体系，根据新基建的建设和运营特点制定监管评价指标体系。提升监管的数字化水平，提高能耗的智能化检测能力，推进新基建碳排放数据的共享，实现新基建精准降碳。

5. 建立健全国家碳汇能力提升保障体系

碳汇或固碳是达成碳达峰、碳中和战略目标的重要手段之一，具体是指通过植树造林、植被恢复及人工 CCUS 装置等手段，吸收大气中的二氧化碳，从而降低温室气体在大气中浓度的过程、活动或机制。其主要目的在于将多余的碳封存起来，不排放到大气中。碳汇或固碳包括物理固碳和生物固碳两种方式。其中物理固碳是指通过技术手段从发电厂、化工企业等使用化石能源的工业设备中捕捉并收集含碳废气，并对含碳废气进行开发利用或采取安全措施将其永久封存在开采过的油气井、煤层和深海等地理单位的全过程[③]；生物固碳则是指通过植物的光合作用将大气中的无机碳即二氧化碳转化为有机碳即碳水化合物，并借此固定在植物体内或土壤之中的固碳方式，主要包括陆地碳汇和海洋碳汇两大类型。其中陆地碳汇主要包含森林碳汇、草地碳汇、土壤碳汇、耕地碳

① 王灿，张九天. 碳达峰、碳中和：迈向新发展路径［M］. 北京：中共中央党校出版社，2021：204-205.
② 王勇. 中国实现碳达峰目标的可行性评估与实践路径［M］. 北京：经济科学出版社，2020：255-256.
③ 袁志刚. 碳达峰・碳中和：国家战略行动路线图［M］. 北京：中国经济出版社，2021：78-79.

汇等主要碳汇类型。

第一，物理固碳要加强技术扶持力度，强化 CCUS 项目制度保障。应制定推动 CCUS 项目发展的目标与制度，为“双碳”目标的参与主体提供实现碳达峰、碳中和的清晰路径；还应进一步探索成熟的投资模式与经营模式，强化 CCUS 项目的落地能力，更好地服务碳交易、碳金融市场主体。

第二，生物固碳要充分发挥陆地碳汇与海洋碳汇的各自优势。就陆地碳汇而言，主要通过植树造林、涵养湿地等方式实现碳汇目标。推进森林、湿地和草原生态系统的碳汇行动，除了发挥碳效益减缓气候变化外，亦可兼顾国家生态安全目标、生物多样性保护和减缓社区贫困等社会可持续发展目标。实施森林固碳，一方面可以通过植树造林、改善森林管理、减少毁林、保护和恢复森林植被等林业活动增加森林蓄积量，另一方面可以通过市场交易机制将林业碳汇的生态价值转化为经济价值，提升林业应对气候变化的地位和作用。就海洋碳汇而言，海洋生态系统对碳汇吸收至关重要，可吸收人类活动约 30%的二氧化碳排放量。但现阶段我国在海洋碳汇领域所开展的科学研究较少，制定的标准体系尚不健全，碳汇技术尚未成熟。因此，国家应进一步出台相关政策，支持与推动海洋碳汇基础理论、方法、技术、交易制度等领域的研究，同时尽早抢占国际海洋碳汇研究、标准制定、项目推广及交易的制高点和话语权，为海洋碳汇的科学研究与开发利用奠定基础。

6.4 碳核算与碳核查

20 世纪 80 年代，国际社会为应对温室气体排放所带来的气候变化，开始致力于开展针对温室气体的核算与核查工作，从而为减缓气候变化、探索减少温室气体排放的方法提供助力。我国作为世界上最大的发展中国家，于 2020 年提出了要力争在 2030 年前实现碳达峰、2060 年前实现碳中和的“双碳”战略目标。开展国家碳核算与碳核查工作，不仅事关中华民族伟大复兴与永续发展，同时也是主动承担温室气体排放责任、践行构建人类命运共同体的使命需要。

6.4.1 碳核算

碳核算（即温室气体排放核算）是一种利用客观数据来明确减碳目标并度量减碳成

效的方法，是用以测量人类活动向地球生物圈直接和间接排放二氧化碳及其等效气体的工具。碳核算涉及相关组织按照监测计划对碳排放相关参数进行数据收集、统计和记录，并对所有排放相关数据进行计算和累加的一系列活动。①开展碳排放核算业务的主要目的是计算特定区域、组织和产品在某个时间段内的碳排放量，并由第三方核查机构进行核查。碳核算的主要内容由碳核算规范体系与碳核算方法两部分组成。

1. 碳核算规范体系

国际碳核算规范体系起步于 20 世纪 90 年代。世界气象组织（WMO）和联合国环境规划署（UNEP）联合创建的联合国政府间气候变化专门委员会（IPCC），其成立标志着国际气候变化评估与温室气体排放核算工作正式开始。IPCC 的主要工作是科学评估气候变化，包括评估其规模、时序变化、潜在的环境和社会经济影响，并提出减缓气候变化的策略等。IPCC 通过其在国家温室气体清单方面所开展的系列工作，为《联合国气候变化框架公约》（UNFCCC）提供支持。IPCC 所公布的《IPCC 国家温室气体清单》是目前被广泛接受和应用的国家层面的温室气体排放清单指南。当前国际通用的温室气体排放核算标准正是《2006 年 IPCC 国家温室气体清单指南》（以下简称《IPCC 2006》）。《IPCC 2006》指南将温室气体排放源、碳汇划分为能源，工业过程和产品使用（IPPU），农业、林业和其他土地利用（AFOLU），废弃物以及其他等五大类，其中每一大类包括各个类别（如交通）和亚类（如轿车）等。为适应核算工作发展与气候变化挑战，IPCC 于 2019 年发布了《2006 年 IPCC 国家温室气体清单指南 2019 年细化报告》（以下简称《2019 年细化报告》）。《2019 年细化报告》需要与《IPCC 2006》指南结合使用，其作用主要在于补充《IPCC 2006》中尚未包含的温室气体排放源、碳汇，以及对新兴技术和生产过程中引起的差异和排放因子进行更新识别。

我国于 1992 年正式成为《联合国气候变化框架公约》首批非附件一缔约方，根据《联合国气候变化框架公约》要求开展国家信息通报及更新报告提交，我国碳核算工作也随之开展。为进一步优化温室气体排放核算细则，国家发展改革委气候司组织多位专家编制了 2005 年、2010 年及 2014 年国家温室气体清单，系统梳理了我国的碳减排政策与行动，并对碳减排行动及其效果进行了更新。就现实情况来看，实行碳核算的路径、方法不同，其目的和边界亦各不相同。②现阶段我国碳核算规范体系主要由地理区域层

---

① 北京大学国家发展研究院. 碳核算的概念、方法与体系［EB/OL］.（2021-06-15）［2023-05-05］. https://www.nsd.pku.edu.cn/docs/20210616125108409455.pdf.

② 汪军. 碳管理：从零通往碳中和［M］. 北京：电子工业出版社，2022：15-16.

面及行业组织层面这两大层面的核算规范组成。

第一，地理区域层面。这一层面的核算规范体系由国家和地方两个层次所组成。国家层次主要指前面所提到的《IPCC 国家温室气体清单》，由联合国政府间气候变化专门委员会制定发布，用于指导世界各国温室气体核算的具体工作。地方层次主要是《省级温室气体清单》与《城市温室气体核算工具指南》。为确保碳核算工作的科学性、规范性和可操作性，国家相关部门在国家温室气体清单工作编制基础上，组织专家学者参考《IPCC 国家温室气体清单指南》相关核算方法理论，编制出《省级温室气体清单编制指南》（以下简称《省级指南》），相继在广东、湖北、天津等七个省市进行试点编制。《省级指南》主要用于指导编制《2005 年省级温室气体清单》，适用于区域层面的温室气体核算的指导工作。《省级指南》共包括七章内容，与《IPCC 指南》一样是按部门划分，分为能源活动、工业和生产过程、农业、土地利用变化和林业及废弃物处理。不同部门的清单编制指南分布在第一章至第五章，对碳排放计量工作提供指南。除此之外还包括不确定性方法以及质量保证和控制的内容。目前全国各省区已陆续出台相关温室气体清单编制指南或清单，如《广东省市县（区）级温室气体清单编制指南》《湖北省 2017—2020 年省级温室气体排放清单》《陕西省 2017 年、2018 年度温室气体排放清单》等。部分省区下辖市、县亦陆续推出温室气体排放清单编制工作计划，如陕西省出台《陕西省、市（区）两级温室气体排放清单编制工作计划》、省内榆林市运用招投标方式采购《2020—2021 年温室气体排放清单编制项目》等。

第二，行业组织层面。在《IPCC 国家温室气体清单指南》与历年《国家温室气体清单》指导下，我国又针对不同行业陆续出台了一系列重点行业二氧化碳核算规范，如《工业企业温室气体排放核算和报告通则》《公共建筑运营单位（企业）温室气体排放核算方法与报告指导》（试行）等，具体如表 6-3 所示。

表 6-3 重点行业二氧化碳核算规范

序号	规范名称
1	工业企业温室气体排放核算和报告通则
2	电子设备制造企业温室气体排放核算方法与报告指南（试行）
3	氟化工企业温室气体排放核算方法与报告指南（试行）
4	工业其他行业企业温室气体排放核算方法与报告指南（试行）
5	公共建筑运营单位（企业）温室气体排放核算方法和报告指南（试行）
6	机械设备制造企业温室气体排放核算方法与报告指南（试行）

续表

序号	规范名称
7	矿山企业温室气体排放核算方法与报告指南（试行）
8	陆上交通运输企业温室气体排放核算方法与报告指南（试行）
9	其他有色金属冶炼和压延加工业企业温室气体排放核算方法与报告指南（试行）
10	食品、烟草及酒、饮料和精制茶企业温室气体排放核算方法与报告指南（试行）
11	造纸和纸制品生产企业温室气体排放核算方法与报告指南（试行）
12	中国电解铝生产企业温室气体排放核算方法与报告指南（试行）
13	中国电网企业温室气体排放核算方法与报告指南（试行）
14	中国独立焦化企业温室气体排放核算方法与报告指南（试行）
15	中国发电企业温室气体排放核算方法与报告指南（试行）
16	中国钢铁生产企业温室气体排放核算方法与报告指南（试行）
17	中国化工生产企业温室气体排放核算方法与报告指南（试行）
18	中国煤炭生产企业温室气体排放核算方法与报告指南（试行）
19	中国镁冶炼企业温室气体排放核算方法与报告指南（试行）
20	中国民航企业温室气体排放核算方法与报告指南（试行）
21	中国平板玻璃生产企业温室气体排放核算方法与报告指南（试行）
22	中国石油化工企业温室气体排放核算方法与报告指南（试行）
23	中国石油天然气生产企业温室气体排放核算方法与报告指南（试行）
24	中国水泥生产企业温室气体排放核算方法与报告指南（试行）
25	中国陶瓷生产企业温室气体排放核算方法与报告指南（试行）

资料来源：《国家发展改革委办公厅关于印发首批 10 个行业企业温室气体排放核算方法与报告指南（试行）的通知》（发改办气候〔2013〕2526 号），《国家发展改革委办公厅关于印发第二批 4 个行业企业温室气体排放核算方法与报告指南（试行）的通知》（发改办气候〔2014〕2920 号），《国家发展改革委办公厅关于印发第三批 10 个行业企业温室气体核算方法与报告指南（试行）的通知》（发改办气候〔2015〕1722 号）。

可以看出，我国现阶段的碳核算工作在制度体系规范建设方面分别形成了区域层面与组织层面这两大层面的核算规范，为我国推进碳汇、碳税及碳交易市场奠定了坚实基础。

2. 碳核算方法

碳核算方法根据设计思路可分为碳计量法和实测法两大类。碳计量估算模型是根据碳排放活动数据，对不同的排放源类型估算出碳排放量的一种碳核算方法；实测法通过监测碳排放因子，全面直观地反映监测时段的碳排放综合情况。在具体估算某些部门中的某些项目时，也有一些更为适用的专门方法，如基于质量平衡法开发的自然碳库碳含量估算模型等。

现阶段应用范围较广的碳计量法包括排放因子法、质量平衡法。排放因子法是联合国政府间气候变化专门委员会所提出的第一种碳排放估算方法，也是目前广泛应用的方法。其基本思路是依照碳排放清单列表，针对每一种排放源构造其活动数据与排放因子，以活动数据和排放因子的乘积作为该排放项目的碳排放量估算值。[①]质量平衡法是指根据每年用于国家生产生活的新化学物质和设备，计算为满足新设备能力或替换去除气体而消耗的新化学物质份额的一种方法。该方法的优势是可以反映碳排放发生地的实际排放量，不仅能够区分各类设施之间的差异，还可以分辨单个和部分设备之间的区别；尤其在核查当年温室气体排放设备或核查专业设备不断更新的情况下，该种方法更为简便。

实测法分为实地观测法和非实地观测法。实地观测法一般是在温室气体排放部门建立搭载碳监测模块的连续监测系统，通过监测温室气体的浓度和流速直接测量其排放量。与此同时，监测系统还可将温室气体排放部门的排放数据上传检测平台，以便公共监管部门掌握与分析不同区域、不同排放部门的实时数据详情，提升评估、预警、管理等工作的效率和效益。而非实地观测法是通过采集样品送到有关监测部门，利用检测设备和技术进行碳排放的定量分析。

6.4.2 碳核查

碳核查是指对参与碳排放权交易的碳排放管控单位所提交的温室气体排放量报告进行核查的核算查验行为，以确保碳排放单位提交的排放数据有效。《全国碳排放权交易管理办法（试行）》中明确规定，省级生态环境主管部门应当根据生态环境部的有关规定，以“双随机、一公开”的方式开展重点排放单位温室气体排放报告的核查工作。核查结果应通知重点排放单位，作为其配额清缴的依据，并上报生态环境部。[②]可以看出，

---

① 刘明达，蒙吉军，刘碧寒. 国内外碳排放核算方法研究进展［J］. 热带地理，2014，34（2）：248-258.

② 中华人民共和国中央人民政府. 全国碳排放权交易管理办法（试行）［EB/OL］.（2021-10-24）［2023-05-05］. http：//www.gov.cn/zhengce/content/2021-10/26/content_5644984.htm.

碳核查的数据不仅是督导企业碳排放以及后续碳减排的关键依据，也是国家实现“双碳”战略目标所需的关键基础数据。①

1. 碳核查主体

我国碳核查主体一般为第三方机构，通常由政府部门通过招标形式选定。精准可靠的温室气体排放数据是进行碳交易的基础，因而准确测量、核查报告、核算温室气体排放量是碳交易、碳市场运行的重中之重。自 2013 年我国开展碳排放交易试点以来，国家每年需针对石化、化工、建材、钢铁、有色金属、造纸、电力和民航等八大重点排放行业 8 000 余家企业开展碳核查工作。在巨大的碳核查需求下，现阶段我国培育产生了大量具有相关核查资质、经验及能力的第三方核查机构。

具体而言，第三方核查机构的业务一般具有以下特点：第一，为了保证碳核查业务的权威性，一般对核查技术人员的专业素养要求较高；第二，为了保证第三方核查机构的独立性，机构涉及的业务范围都偏窄偏精，不能参加与碳资产相关的任何业务；第三，碳核查业务一般为政府定价，即多数情况下是由政府机构出资。②

国家应对气候变化主管部门为确保碳核查工作的有效性，专门制定了相关标准及工作流程以确保第三方核查主体开展碳核查工作的工作质量。《全国碳排放交易第三方核查机构及人员参考条件》中明确规定了相关主管部门对第三方核查机构、核查工作人员应具备的能力条件和原则规范的具体要求，碳核查工作实践中各省（市）的碳核查第三方机构由碳排放主体所在省（市）的主管部门确定。③

总的来说，现阶段我国碳核查业务尚处于起步阶段，在碳核查实践取得不俗工作成果的同时，还存在诸如核查规范体系不健全、核查现场处置灵活性不足等问题。随着碳核查行业的不断发展，行业内相关制度体系与工作规范会不断健全，推动第三方核查机构更好地服务于国家的“双碳”目标战略。

2. 碳核查程序

碳核查程序是开展碳核查工作的流程规范，是确保碳核查工作效率与效能的关键所在。根据《全国碳排放权交易第三方核查参考指南》，碳核查程序大致由签订协议、核查准备、文件评审、现场核查、核查报告编制、内部技术评审、核查报告交付及记录保

---

① 新华网.碳核查：确保排放数据有效[EB/OL].(2022-11-03)[2023-05-05]. http: //www.xinhuanet.com/science/2022-11/03/c_1310672325.htm.

② 汪军. 碳管理：从零通往碳中和［M］. 北京：电子工业出版社，2022：236-237.

③ 唐人虎，陈志斌.中国碳排放权交易市场：从原理到实践[M].北京：电子工业出版社，2022：185-186.

存等八个步骤所组成。

第一，签订协议。省级生态环境部门从碳核查工作的实际需要出发，进行任务设置与资源调配安排，通过政府购买服务的形式委托第三方核查组织开展核查工作。

第二，核查准备。设立核查技术工作组，讨论审议文件评审单、现场核查清单、不符合清单等文件。核查工作组成员应具备核查对象所处行业的专业知识和技能，根据成员的能力、专业背景和实践经验确定成员的分工安排。

第三，文件评审。文件评审包括对重点排放单位提交的温室气体排放报告和相关支持性材料（重点排放单位排放设施清单、排放源清单、活动数据和排放因子的相关信息等）的评审。通过文件评审，核查组初步确认重点排放单位的温室气体排放情况，并确定现场核查思路、识别现场核查重点。

第四，现场核查。首先，要明确现场核查目的，制订现场核查计划与现场核查程序。通过现场观察重点排放单位排放设施、查阅排放设施运行和监测记录及现场访谈等方式判断和确认重点排放单位报告期内的实际排放量。其次，核查实施后核查组应将在文件评审、现场核查过程中发现的不符合要求的地方提交给委托方和/或重点排放单位。最后，重点排放单位应对核查组所提出的所有不符合要求的地方进行原因分析并进行整改，包括采取纠正及纠正措施并提供相应的证据。

第五，核查报告编制。确认不符合要求的地方关闭后或者 30 天内未收到委托方和/或重点排放单位采取的纠正和纠正措施，核查组应完成核查报告的编写。核查组应根据文件评审和现场核查的核查发现，结合重点排放单位的整改结果编制核查报告。

第六，内部技术评审。核查报告在提供给委托方和/或重点排放单位之前，应经过核查机构内部独立于核查组成员的技术评审，避免核查过程和核查报告出现技术错误。核查机构应确保技术评审人员具备相应的能力、相应行业领域的专业知识及从事核查活动的技能。

第七，核查报告交付。只有当内部技术评审通过后，核查机构方可将核查报告交付给核查委托方和/或重点排放单位，以便于重点排放单位于规定的日期前将经核查的年度排放报告和核查报告报送至注册所在地省市级碳交易主管部门。

第八，记录保存。核查机构应保存核查记录以证实核查过程符合《全国碳排放权交易第三方核查参考指南》的要求。核查机构应以安全和保密的方式保管核查过程中的全部书面和电子文件，保存期至少 10 年。保存文件包括：与委托方签订的核查协议；核查活动的相关记录表单，如核查协议评审记录、核查计划、见面会和总结会签到表、现场核查清单和记录等；重点排放单位温室气体排放报告（初始版和最终版）；核查报告；

核查过程中从重点排放单位获取的证明文件；对核查的后续跟踪（如适用）；信息交流记录，如与委托方或其他利益相关方的书面沟通副本及重要口头沟通记录，核查的约定条件和内部控制等内容；投诉和申诉以及任何后续更正或改进措施的记录；其他相关文件。需要注意的是，核查机构应对所有与委托方和/或重点排放单位利益相关的记录和文件进行保密。未经委托方和/或重点排放单位同意，不得披露相关信息，各级碳排放交易主管部门要求查阅相关文件除外。

除上述流程外，《企业温室气体排放报告核算指南（试行）》亦对核查要点、核查复核、信息公开等各项内容进行了详细的说明与规定。可以看出，现阶段我国碳核查工作虽仍处于起步阶段，但制度体系建设较为完善。这为碳核查工作的开展提供了一定的制度保障，有效解决了碳核查工作开展时所存在的核查规范缺失问题。

第 7 章　国际低碳治理体系与借鉴

7.1　国际碳减排共识

7.1.1　《联合国气候变化框架公约》

《联合国气候变化框架公约》（*United Nations Framework Convention on Climate Change*，UNFCCC，简称《公约》）是全球应对气候变化最重要、最权威的国际合作平台之一，其签署和执行对于构建国际碳减排体系与实现全球应对气候变化目标以及人类的可持续发展具有重要意义。《公约》是之后一系列全球气候变化法律条文的母条约，《公约》原则是适用于现在和未来应对气候变化所有行动的准则，国际社会围绕细化和执行气候《公约》开展了非常长时间的持续谈判。下面介绍气候变化方面的国际合作公约框架的主要发展历程。

《公约》是在 1992 年联合国环境与发展大会上通过的一项全球性条约。这是世界上第一个为全面控制二氧化碳等温室气体排放，应对全球气候变暖给人类经济和社会带来不利影响的国际公约，《公约》由序言及 26 条正文和两个附件（附件一、附件二）组成。截至 2023 年已有 197 个国家批准了《公约》，这些国家被称为《公约》缔约方。《公约》缔约方做出了许多旨在解决气候变化问题的承诺。《公约》于 1994 年 3 月生效，奠定了应对气候变化国际合作的法律基础，是具有权威性、普遍性、全面性的国际框架。

《公约》的目标是在全球范围内稳定温室气体浓度，遏制气候变化的加剧，以保护全球生态环境和促进可持续发展，这一目标被认为是达成世界各国共同承认的减缓全球气候变化努力的基础。《公约》的终极目标是将大气中的温室气体浓度维持在一个稳定的水平，在该水平上人类活动对气候系统的危险干扰不会发生。该公约旨在为应对全球气候变化问题提供一个国际合作的框架，确保全球温室气体浓度保持在安全水平之内，以保护人类的生存环境。

首先，《公约》提出了一个“共同但有区别的责任和各自能力”原则，即在实施减排措施时，国家的经济能力和贡献应该被考虑进去。根据这一原则，发达国家应该承担更多的责任和义务，因为发达国家作为温室气体的排放大户已经在过去产生了大量的温室气体排放量，理应采取具体措施限制温室气体的排放，并向发展中国家提供资金以支付他们履行公约义务所需的费用。而发展中国家则应该得到相应的支持援助，以便应对气候变化和减缓排放。①其次，《公约》还指出应对气候变化需要采取预防和应对措施，遵循预防原则、可持续发展原则、公正平等原则以及合作协调原则，开展技术和经验交流，共同应对气候变化挑战的全球合作原则。

《公约》承诺部分首先规定了各缔约方根据共同但有区别的原则应采取的具体举措，包括定期公布温室气体源和汇的国家清单；制定并实施和更新国家及地区性的减排计划；促进技术和知识在所有相关部门的传播和转移；合作进行关于气候系统的科学、技术、工艺、社会经济的研究；加强信息交流、公众参与，鼓励公众了解气候变化的危害和影响，参与到应对气候变化的行动中。其次，《公约》对其附件中列出的发达国家规定，缔约方要制定并实施各自的气候变化相关政策，包括减少温室气体排放、促进适应和加强对气候变化的监测和评估等，还要积极加强国际合作，共同应对气候变化，起到带头作用。发达国家要为发展中国家提供资金、技术等支持，以帮助其在气候变化方面采取行动，特别是气候方面。要充分考虑经济和社会发展及消除贫困是发展中国家缔约方首要和压倒一切的优先事项，给予经济高度依赖温室气体排放的国家以特殊关注。

《公约》履行的保障机制为缔约方大会（Conference of the Parties，COP）。缔约方大会是指《公约》的缔约方定期召开的会议，是《公约》的最高决策机构，是制定决策准则、监督执行的决策层级。COP 每年至少召开一次，《公约》所有缔约国都要派代表参加缔约方会议，首次 COP 于 1995 年 3 月在德国柏林举行。COP 的举办地点和主席在五个联合国区域之间轮换，即非洲、亚洲、拉丁美洲和加勒比、中欧和东欧以及西欧和其他区域。COP 大会目前已经举办了 29 次，详见表 7-1。

缔约方大会负责审议和协商全球应对气候变化的政策和措施，并达成有关气候大事的重要决策。其审查《公约》以及缔约方会议通过的任何其他法律文书的执行情况并做出必要决定，监督《公约》的执行情况，进行相关议题的协商和决策，并推动全球对气候变化的应对措施的决策。缔约方会议的一项关键任务是审查缔约方提交的国家信息通

① 李慧明，李彦文．“共同但有区别的责任”原则在《巴黎协定》中的演变及其影响［J］．阅江学刊，2017，9（5）：26-36，144-145.

报和排放清单，根据这一信息，COP 评估各缔约方采取措施的效果以及在实现《公约》最终目标方面取得的进展。缔约方大会还设立了各种专门机构和工作组，如技术执行委员会、财务机构、透明度框架等，来协助履行各项工作任务。

表 7-1 历届气候治理会议

会议地点	《联合国气候变化框架公约》缔约方大会	会议召开时间
阿塞拜疆 巴库	第二十九次	2024 年 11 月
阿联酋 迪拜	第二十八次	2023 年 11 月
埃及 沙姆沙伊赫	第二十七次	2022 年 11 月
英国 格拉斯哥	第二十六次	2021 年 11 月
西班牙 马德里	第二十五次	2019 年 12 月
波兰 卡托维兹	第二十四次	2018 年 12 月
德国 波恩	第二十三次	2017 年 11 月
摩洛哥 马拉喀什	第二十二次	2016 年 11 月
法国 巴黎	第二十一次	2015 年 11 月
秘鲁 利马	第二十次	2014 年 12 月
波兰 华沙	第十九次	2013 年 11 月
卡塔尔 多哈	第十八次	2012 年 11 月
南非 德班	第十七次	2011 年 11 月
墨西哥 坎昆	第十六次	2010 年 11 月
丹麦 哥本哈根	第十五次	2009 年 12 月
波兰 波兹南	第十四次	2008 年 12 月
印度尼西亚 巴厘岛	第十三次	2007 年 12 月
肯尼亚 内罗毕	第十二次	2006 年 11 月
加拿大 蒙特利尔	第十一次	2005 年 12 月
阿根廷 布宜诺斯艾利斯	第十次	2004 年 12 月
意大利 米兰	第九次	2003 年 12 月
印度 新德里	第八次	2002 年 10 月
摩洛哥 马拉喀什	第七次	2001 年 10 月
荷兰 海牙	第六次	2000 年 11 月

续表

会议地点	《联合国气候变化框架公约》缔约方大会	会议召开时间
德国　波恩	第五次	1999 年 10 月
阿根廷　布宜诺斯艾利斯	第四次	1998 年 11 月
日本　京都	第三次	1997 年 12 月
瑞士　日内瓦	第二次	1996 年 7 月
德国　柏林	第一次	1995 年 3 月

资料来源：https：//unfccc.int/process/bodies/supreme-bodies/conference-of-the-parties-cop.

7.1.2 《京都议定书》

《京都议定书》（*Kyoto Protocol*）是《联合国气候变化框架公约》的补充条款，在 1997 年 12 月 11 日的第三次缔约方大会上通过。由于批准过程复杂，于 2005 年 2 月 16 日生效。《公约》本身只要求国家采取减缓政策和措施并定期报告，强调合作、协商和共赢，而《京都议定书》则明确规定了具体的减排目标和时间安排，是对《公约》的具体落实，并只对发达国家有约束力。《京都议定书》由 28 个条款和两个附件（附件 A、附件 B）组成，具有法律约束力，有 192 个缔约方。

《京都议定书》确立的主要目标是通过使工业化国家和转型经济体承诺根据商定的具体目标限制和减少温室气体（GHG）排放，落实《联合国气候变化框架公约》。与《公约》不同，《京都议定书》在其附件 B 中为 37 个工业化国家和转型经济体以及欧洲联盟设定了具有约束力的减排目标，要求发达国家在 2008—2012 年期间将温室气体排放量降低到 1990 年的水平以下，降幅为 5.2%。

《京都议定书》以《公约》的原则和规定为基础，并遵循其基于附件的构架。延续《联合国气候变化框架公约》制定的“共同但有区别的责任”原则，因为《京都议定书》也认定发达国家对目前大气中温室气体的排放量负有主要责任，要求作为温室气体排放大户的发达国家采取具体措施限制温室气体的排放，而发展中国家不承担有法律约束力的温室气体限控义务，同时也重点提及了可持续发展原则。

发达国家要按照《京都议定书》附件 A 中列出的六种温室气体减排目标和时间表，展开减排行动。各国可以通过减少自己温室气体排放以及增加或维持吸收温室气体的能力来实现减排目标。各个国家制定各种政策、计划、程序以及提供支持，鼓励和促进通过国内行动减少温室气体排放，可以利用清洁能源及可再生能源、发展能效较高的技术、改善能源利用效率等来降低温室气体排放。各国在森林管理和土地利用等领域中，可以采取措施增加温室气体吸收量或激发温室气体减排潜力。发达国家可以通过实施项目减排，向发展中国家提供资金、技术和管理经验等支持。各国可以通过国际合作与交流，促进技术创新及转移推广。各国可以通过开发全球碳市场，实现减排目标。发达国家应为实施《京都议定书》提供适当的资金支持。各国应加强透明度和相互问责，共同推进减排目标的实现。

《京都议定书》的一个重要内容是建立灵活的市场机制（京都机制），其基础是排放许可交易，并以硬法形式规定各国具体的气候减排的排放量和时间表。根据《京都议定书》，各国必须通过国家承诺与行动来实现其目标。然而，《京都议定书》还通过三种基于市场的机制为各国提供了实现目标的额外手段：国际排放交易机制、清洁发展机制、联合履行机制。①国际排放交易机制是指在允许的范围内，缔约方之间可以进行买卖减排份额的交易，以此来达成减排目标并推广低碳经济。清洁发展机制是指发展中国家可以通过与发达国家合作实现减排，并通过出售减排量获得资金支持来推进可持续发展。联合履行机制是指合作减少温室气体排放量，缔约方可以在其他缔约方的领土内采取控制和减排行为以达成自己的减排目标。这些机制旨在帮助各缔约方降低实现协议所设定的减排目标的成本，促进国际间温室气体减排合作的开展。这些机制的设计理念是鼓励温室气体减排从最具成本效益的地方开始，例如发展中国家只要能从大气中去除温室气体，在哪里减排并不重要。这样做的好处是刺激发展中国家的绿色投资，并让私营部门参与到这项行动中，从而减少温室气体排放并使其稳定在一个安全的水平。这也使得跳跃式发展变得更加经济且有明显的长期效益，也就是说，跳过使用旧的、脏的技术，直接使用新的、更清洁的基础设施和系统。

7.1.3 《巴黎协定》

《巴黎协定》（*Paris Agreement*）是 2015 年在巴黎举行的《联合国气候变化框架公约》第二十一次缔约方会议上通过、2016 年生效的气候变化协定。该协定为 2020 年后全球应对气候变化的行动做出安排。《巴黎协定》是继 1992 年《联合国气候变化框架公约》、1997 年《京都议定书》之后，人类历史上应对气候变化的第三个里程碑式的国际

① 刘功文. 气候领域的国际合作机制：京都机制研究［D］. 武汉：武汉大学，2010.

法律文本。《巴黎协定》共包含 29 个条款，包括目标、减缓、适应、损失损害、资金、技术、能力建设、透明度、全球盘点等内容。到目前为止，《巴黎协定》共有 178 个缔约方。[①]尽管需要大幅增加气候变化行动以实现《巴黎协定》设定的目标，但自其生效以来它已经激发了低碳解决方案和新市场。越来越多的国家、地区、城市和企业正在制定碳中和目标。

《巴黎协定》的主要目标是将 21 世纪全球平均气温上升幅度控制在低于工业化前水平 2℃以内，最好是 1.5℃以内。其次，提高适应气候变化不利影响的能力并以不威胁粮食生产的方式增强气候抗御力和温室气体低排放发展，使资金流动符合温室气体低排放和气候适应型发展的路径。为了实现长期的温度目标，各国致力于尽快达到温室气体排放全球峰值，以在 21 世纪中叶实现全球气候中和。

《巴黎协定》也遵循《公约》原则，包括以公平为基础并体现共同但有区别的责任和各自能力的原则、各国需要采取行动适应气候变化影响的适应性原则、考虑各国在减排行动中保障自身经济社会发展的可持续发展原则、确保各国公开减排行动和成果并接受其他国家审查的透明度原则、各国加强合作与协调的协调性和可预测性原则。

根据《巴黎协定》，各缔约方需要制订并提交他们的气候行动计划，称为国家自主贡献（NDCs）。优秀的 NDCs 目标设定极高，所涉范围极广，其方案以合理的分析和扎实的数据为基础，帮助各国向更为绿色、更可持续的发展转型。它们对不同经济部门的必要转变进行指导，为重新思考社会的生产和消费方式提供了机会。[①]通过 NDCs，各国制定并通报其在 2020 年后为实现《巴黎协定》所设定的目标而采取的温室气体减排行动，以及如何增强适应气温上升影响的韧性。这些气候行动共同决定了世界能否实现《巴黎协定》的长期目标，能否尽快达到温室气体排放的全球峰值，以及达峰之后能否根据现有最佳科学方案实现迅速减排，以便在 21 世纪下半叶实现温室气体人为源排放量和汇清除量之间的平衡。

众所周知，发展中国家缔约方达到排放峰值需要更长的时间，减排是在公平的基础上，在可持续发展和努力消除贫困的背景下进行的，这些是许多发展中国家的核心发展优先事项。从 2023 年开始，之后每隔五年，各国政府将评估《巴黎协定》的执行情况，以评估在践行《巴黎协定》宗旨及实现长期目标方面取得的集体进展。全球评估（GST）的结果将为后续 NDCs 的准备工作提供信息，以便提高缔约方减排的信心并使其积极采取气候行动，实现《巴黎协定》的长期目标。为了更好地实现长期目标，《巴黎协定》缔

① 高凛.《巴黎协定》框架下全球气候治理机制及前景展望［J］. 国际商务研究，2022，43（6）：54-62.

约方邀请各国在 2020 年前制定并提交长期温室气体低排放发展战略（LT-LEDS），为国家自主贡献提供长期视野。LT-LEDS 通常与国家的长期发展规划紧密相连，考虑了经济、社会、环境等多方面的因素。它们为国家的可持续发展提供了全面的视角，帮助确定优先事项，并为政策制定和投资决策提供指导。NDCs 虽然也需要与国家的发展计划相协调，但它们更侧重于气候相关的目标和行动。将 NDCs 置于国家长期规划和发展优先事项的背景下，有助于确保气候行动与国家的发展目标相一致，从而提高实现这些目标的可能性。通过将 NDCs 与 LT-LEDS 相结合，国家可以确保其短期和中期的气候行动与长期的低排放和可持续发展愿景保持一致。

7.2 国际绿色低碳治理体系

7.2.1 联合国环境规划署

1. 组织简介

联合国环境规划署（United Nations Environment Programme，简称 UNEP），是联合国系统内负责全球环境事务的牵头部门和权威机构，负责激发、提倡、教育和促进全球资源的合理利用并推动全球环境的可持续发展。联合国环境规划署是一个业务性的辅助机构，每年通过联合国经济和社会理事会向大会报告自己的活动。

1972 年 12 月 15 日，联合国大会做出建立环境规划署的决议。1973 年 1 月，作为联合国统筹全世界环保工作的组织，联合国环境规划署正式成立。其临时总部设在瑞士日内瓦，后于 1973 年 10 月迁至肯尼亚首都内罗毕。截至 2023 年 5 月，联合国环境规划署共有 193 个成员国，在世界各地设有七个地区办事处和联络处，拥有约 200 个科学家、事务官员和信息处理专家来具体实施计划。

联合国环境规划署的使命是“激发、推动和促进各国及其人民在不损害子孙后代生活质量的前提下提高自身生活质量，领导并推动各国建立保护环境的伙伴关系”。其任务是“作为全球环境的权威代言人行事，帮助各国过渡到低碳和资源节约型经济，加强环境治理和法律完善，保护生态系统，并提供基于证据的数据为政策决策提供信息。其宗旨是“促进环境领域内的国际合作，并提出政策建议；在联合国系统内提供指导和协

① 谢来辉. 巴黎气候大会的成功与国际气候政治新秩序［J］. 国外理论动态，2017（7）：116-127.

调环境规划总政策，并审查规划的定期报告；审查世界环境状况，以确保可能出现的具有广泛国际影响的环境问题得到各国政府的适当考虑；经常审查国家和国际环境政策和措施对发展中国家带来的影响和费用增加的问题；促进环境知识的取得和情报的交流”。

联合国环境规划署致力于通过深入研究气候变化、自然和生物多样性丧失以及污染和废物这三大导致全球危机的根本原因，为人类和自然带来转型变革。联合国环境规划署采用七个相互关联的行动次级方案：气候行动、化学品和污染行动、自然行动、科学政策、环境治理、金融和经济转型以及数字化转型。在所有工作中，联合国环境规划署始终坚持对可持续发展的总体承诺。

2. 组织机构

执行主任：由联合国秘书长提名并经联合国大会选举产生，任期四年，联合国环境规划署由以执行主任为核心的高级管理团队实施管理。

联合国环境大会：前身是联合国环境规划署理事会，2013 年联合国大会通过决议，将理事会升格为各成员国代表参加的联合国环境大会。联合国环境大会是全球环境问题的最高决策机制，旨在激发全球应对气候变化、污染、生态系统退化等挑战时的积极性。从 2014 年开始，它已经举行了六届会议，详见表 7-2。常驻代表委员会是大会闭会期间的政府间机构，由联合国所有会员国及其专门机构成员的代表以及派驻常驻内罗毕或境外的欧洲联盟的代表组成。

表 7-2　历届联合国环境大会

会议名称	召开时间	地点	主题
第一届联合国环境大会	2014 年 6 月 23 日—27 日	肯尼亚内罗毕	野生动植物非法贸易、空气质量、环境法治、绿色经济融资、可持续发展目标和“实现 2030 年可持续发展议程的环境层面”
第二届联合国环境大会	2016 年 5 月 23 日—27 日	肯尼亚内罗毕	加强科学与政策的互动
第三届联合国环境大会	2017 年 12 月 4 日—6 日	肯尼亚内罗毕	迈向无污染的地球
第四届联合国环境大会	2019 年 3 月 11 日—15 日	肯尼亚内罗毕	应对环境挑战和可持续消费与生产的创新解决方案
第五届联合国环境大会	2021 年 2 月 22 日—23 日（线上） 2021 年 2 月 28 日—3 月 2 日	肯尼亚内罗毕	加大力度保护自然以实现可持续发展目标

续表

会议名称	召开时间	地点	主题
第六届联合国环境大会	2024 年 2 月 26 日—3 月 1 日	肯尼亚内罗毕	采取有效、包容和可持续的多边行动应对气候变化、生物多样性丧失和污染

环境基金：是国际环境活动的主要经费，主要来自成员国自愿认捐，主要用途是为该署提供正常预算外资金，用来支付联合国机构从事环境活动所需的全部或部分经费，以及与其他联合国机构、国际机构、各国政府和非政府组织进行合作的费用。

秘书处：是联合国系统内的环境活动和协调中心，处理主要的日常事务，通知和协调各项工作。

3. 基本工作

联合国环境规划署成立以后，其活动主要涉及环境评估、环境管理和支持性措施。

（1）环境评估：利用现有最佳科技能力来分析全球环境状况并评价全球和区域环境趋势，促进环境问题的调查研究，提供政策咨询，并就各类环境威胁提供早期预警，促进和推动国际合作和行动。联合国环境规划署提供超过 15 000 种项目，从实时数据平台到关键报告和出版物等，例如世界环境形势室（World Environment Situation Room，简称 WESR），它是联合国环境规划署的一个项目，旨在提供有关环境的数据、信息和知识，以支持全球、区域、国家和地方层面的环境和可持续发展决策、政策制定和行动。

（2）环境管理：协调联合国内外的环境保护和环境管理工作，促进和制定旨在实现可持续发展的国际环境法，采取一系列行动以应对新出现的环境挑战。联合国环境规划署制定了环境和社会可持续性发展框架，该框架使联合国环境规划署能够以有计划和结构化的方式预见和管理新出现的环境和社会问题，旨在通过在项目生命周期内有效和高效地管理环境和社会影响来加强联合国环境规划署工作的可持续性和问责制。

（3）支持性措施：联合国环境规划署举办环境教育、学术会议等活动，以此推动环保进程。联合国环境规划署经常举办同环境有关的各项国际性的专业会议，传播有关环保的各类知识，促进人们提高环保意识。联合国环境规划署还同时主持签订了多项环境协定，包括《生物多样性公约》《养护野生动物移栖物种公约》《濒危野生动植物种国际贸易公约》等，承担秘书处或机构间协调主体的职责。同时，联合国环境规划署将每年的 6 月 5 日定为世界环境日，根据当年的世界主要环境问题及环境热点，有针对性地制定“世界环境日”主题，提高公众的认识并倡导采取有效的环境行动。

7.2.2　联合国政府间气候变化专门委员会

1. 组织简介

联合国政府间气候变化专门委员会（Intergovernmental Panel on Climate Change，IPCC）是世界气象组织（WMO）及联合国环境规划署（UNEP）于 1988 年联合建立的政府间机构。2007 年该机构与美国前副总统艾伯特・戈尔分享了诺贝尔和平奖。其主要任务是对气候变化科学知识的现状，气候变化对社会、经济的潜在影响以及如何适应和减缓气候变化的可能对策进行评估。截至 2023 年 5 月，其拥有 195 个成员国，且对联合国和 WMO 的全体会员开放。

考虑到人类活动的规模已开始对复杂的自然系统产生很大的干扰，许多科学家认为，气候变化会造成严重的或不可逆转的破坏风险，并认为缺乏充分的科学确定性不应成为推迟采取行动的借口。决策者们需要有关气候变化成因、其潜在环境和社会经济影响以及可能的对策等客观信息来源，而 IPCC 这样一个机构能够在全球范围内为决策层以及其他科研等领域提供科学依据和数据等。IPCC 的作用是在全面、客观、公开和透明的基础上，对世界上有关全球气候变化的现有科学、技术和社会经济信息进行评估。这些评估吸收了世界上所有地区的数百位专家的工作成果。IPCC 的报告力求确保全面地反映现有的各种观点，并使之具有政策相关性，但不具有政策指示性。

2. 组织结构

全体会议：IPCC 成员国政府的代表每年至少举行一次全体会议，来自成员国和观察员组织的数百名相关部委、机构和研究机构的官员和专家出席会议，小组以协商一致的方式决定本组织的预算和工作方案等。

主席团：主席团向小组提供技术指导，就管理和战略问题提供咨询意见，并对任务范围内的具体问题做出决定。

执行委员会：执行委员会的作用是根据 IPCC 的原则和程序、小组的决定和主席团的建议，使 IPCC 的工作方案得以及时有效地执行。

秘书处：协调和协助政府间气候变化专门委员会的工作，负责组织各类会议、编写文件和报告、编制预算并管理合同和法律事项等。

工作组：IPCC 下设三个工作小组和一个专题组。第一个工作小组是关于科学基础的，负责从科学层面评估气候系统及变化，即报告气候变化的现有知识，如气候变化如何发生、以什么速度发生。第二个工作小组是关于影响、脆弱性、适应性的，负责评估气候变化对社会经济以及天然生态的损害程度、气候变化的负面及正面影响和适应变化的方法，即气候变化对人类和环境的影响，以及如何减少这些影响。第三个工作小组是关于减缓气候变化的，负责评估限制温室气体排放或减缓气候变化的可能性，即研究如何停止导致气候变化的人为因素，或是如何减慢气候变化。一个专题组是国家温室气体清单专题组，负责 IPCC《国家温室气体清单》计划。每个工作组（专题组）设两名联合主席，分别来自发展中国家和发达国家，其下设一个技术支持组。

作者、撰稿人员、评审人员、编审和专家：IPCC 报告通过作者、撰稿人员、评审人员、编审和专家来准备 IPCC 报告。作者负责每章的内容，也可以聘请其他专家作为贡献作者。撰稿人提供特定领域的专业知识。报告要经过外部专家审查，编审帮助确定审稿专家。

3. 基本工作

IPCC 的作用是在全面、客观、公开和透明的基础上，为决策人提供对气候变化的科学评估及其带来的影响和潜在威胁，并提供适应或减缓气候变化影响的相关建议；IPCC 既不从事研究也不监测与气候有关的资料或其他相关参数，它的评估主要基于经过细审和已出版的科学/技术文献；IPCC 的一项主要活动是定期对气候变化的认知现状进行评估；IPCC 还提供独立的科学信息和咨询服务，同时撰写关于特定主题的“特别报告”和“技术报告”，并通过其有关《国家温室气体清单》方法的工作为《联合国气候变化框架公约》提供支持。

IPCC 为政治决策人提供气候变化的相关资料，但其本身不做任何科学研究，而是检查每年出版的数以千计的有关气候变化的论文，并出版评估报告，总结气候变化的现有知识。它应《联合国气候变化框架公约》、各国政府和国际组织关于具体科学和技术事项信息的要求，编写了一系列方法报告、特别报告和技术文件。同时，1990 年、1995 年、2001 年、2007 年、2014 年和 2023 年，IPCC 相继完成了六次评估报告。这些是全球最全面的气候变化科学报告，已成为国际社会认识和了解气候变化问题的主要科学依据。

1990 年，IPCC 第一次评估报告强调了气候变化作为具有全球影响并需要国际合作的挑战的重要性，它促使联合国大会做出制定《联合国气候变化框架公约》的决定；第二次评估报告于 1995 年发表，并提交给了 UNFCCC 第二次缔约方大会，推动了《京都议定书》的诞生；第三次评估报告发表于 2001 年，促使 UNFCCC 谈判确立了适应和减缓两个议题，为《京都议定书》的生效提供了科学支撑；2007 年 IPCC 第四次评估报告明确提出过去 50 年的气候变化很可能归因于人类活动，推动了“巴黎路线图”

的诞生；IPCC 第五次评估报告进一步凝聚了国际社会应对气候变化的共识，对推动 2015 年巴黎气候变化大会达成协议产生了积极影响；IPCC 第六次评估报告于 2023 年发布，报告表明，有多种可行和有效的方案来减少温室气体排放和适应人类活动引起的气候变化。

7.2.3　中国气候变化南南合作基金

中国积极参与同其他发展中国家在清洁能源、环境保护、防洪抗旱、水资源利用、森林可持续发展、水土保护、气象信息服务等领域的合作。2010—2012 年，中国帮助 58 个发展中国家建设了太阳能路灯、太阳能发电等可再生能源利用项目 64 个。① 2013—2018 年，中国援建了 13 个应对气候变化的成套项目。其中，援建风能、太阳能项目 10 个，沼气项目 1 个，小水电项目 2 个。② 2013 年以来，中国已与韩国、加州、老挝、柬埔寨、赛舌尔等国签署了“低碳示范区建设实施谅解备忘录”，促进当地绿色、低碳和可持续发展。

中国通过多边平台向发展中国家提供资金支持，帮助他们获得技术援助。对于一些小岛国，基于它们的特殊地形适用于小水电及清洁能源项目，但这些国家往往难以单独承受，因而帮助这些国家获得技术援助是我国气候变化对外援助的重要方面。例如，2018 年，中国扶贫信托基金向亚洲开发银行能源部门提供了 100 万美元的技术援助，以支持亚洲开发银行在发展中国家测试和推广相关的先进清洁能源技术。由中国能源集团与法国电力集团共同建设的江苏东台海上风电项目已启动，这是中国第一家中外合资企业，预计运营后将满足近 200 万居民的年用电需求。

中国通过提供物质援助的方式帮助发展中国家解决气候问题。中国与一些发展中国家签署了气候变化贡献谅解备忘录，向对方提供风能和太阳能发电和照明设备、太阳能清洁炉灶、沼气设备、垃圾车、排水和灌溉设施等物质援助。2019 年，中国捐赠给埃塞俄比亚的微型卫星成功发射，帮助埃塞俄比亚提高预警和应对气候灾害能力；中国为乌拉圭提供了气象移动网络，帮助乌拉圭提高应对气候变化的能力。2020 年，中国与博茨

① 国际竹藤组织. 中国—荷兰—东非竹子发展计划［EB/OL］.（2024-12-12）［2024-12-12］. https：//www.inbar.int/cn/project/dutch-sino-east-africa-bamboo-development-project/.

② 国家国际发展合作署.《中国的对外援助》白皮书（中文）［EB/OL］.（2018-08-06）［2024-12-12］. http：//www.cidca.gov.cn/2018-08/06/c_129925064_5.htm.

瓦纳签署谅解备忘录，向博方提供多星一体化气象卫星数据移动接收处理应用系统，在气象、减灾、农业、环保等方面造福当地社会。2021 年，中国向古巴援助 5 000 套家用太阳能光伏发电系统和 2.5 万盏 LED 灯，帮助古巴解决偏远农村居民用电问题。[①] 2022 年，中方向埃及援助的 1 835 盏太阳能 LED 路灯、40 000 只 LED 节能灯、1 000 套太阳能户用发电系统和 906 台节能空调等物资将应用于埃及开罗市[②]，主要解决埃及办公场所节能改造、周边区域道路照明及周边城镇贫困居民的基本用电需求等问题，有助于促进埃及能源消费方式的低碳转型，为埃方提供实实在在的支持。

同时，中国还以直接资金援助的方式为其他国家提供气候援助。长期以来，中国本着“力所能及、尽力而为”的原则，向其他发展中国家提供力所能及的帮助，帮助其应对气候变化。随着经济实力的增强，中国将进一步加大气候援助力度。2011—2014 年间，中国累计出资 2.7 亿元人民币（4 400 万美元）促进气候变化南南合作。2015 年，中国宣布设立 200 亿元人民币的中国气候变化南南合作基金，在发展中国家开展低碳示范区、减缓和适应气候变化项目、应对气候变化培训合作项目。在巴黎气候大会开幕式上，习近平主席又提出了“十百千”计划，即启动在发展中国家开展 10 个低碳示范区、100 个减缓和适应气候变化项目以及 1 000 个应对气候变化培训名额的合作项目。截至 2021 年年初，中国已与 34 个国家开展了合作。

7.3 国际绿色低碳治理经验借鉴

7.3.1 计划实现碳中和的国家介绍

中国在 2020 年联合国大会上宣布，将力争在 2030 年前实现碳达峰，并尽快实现碳中和。据国家发展改革委发布的《2030 年前碳达峰行动方案》，到 2025 年新型储能装机容量将达到 3 000 万 kW 以上；到 2030 年，抽水蓄能电站装机容量将达到 1.2 亿 kW 左右，省级电网基本具备 5%以上的尖峰负荷响应能力，并加快构建全国统一电力市场体

① 生态环境部. 中国—古巴气候变化南南合作项目成功举办物资发运仪式［EB/OL］.（2021-05-24）［2024-12-12］. https：//www.mee.gov.cn/ywdt/hjywnews/202105/t20210524_834155.shtml.

② 乌海市生态环境局. 中埃举行应对气候变化南南合作项目援助物资发运仪式［EB/OL］.（2022-07-27）［2024-12-12］. http：//sthjj.wuhai.gov.cn/sthjj/1115793/1115792/hbxw/1323940/index.html.

系。此外，中国还制订了一系列行动方案，包括促进清洁能源开发和利用、加强节能和能效提升、推广绿色生产方式等。在实现这些目标的过程中，中国也取得了一些进展，例如在能源结构调整方面，已经全面启动了煤电产能平衡重组工作。除了行动方案，中国还推出了碳排放权交易市场，旨在利用市场机制控制和减少温室气体排放。截至 2021 年年底，中国的二氧化碳排放已经开始缓慢下降。此外，中国在新能源汽车领域、太阳能光伏领域等方面取得了长足进展。例如，截至 2021 年年末，中国新能源汽车保有量已经达到了 600 万辆，光伏发电已经成为全球最大的光伏市场。

英国政府于 2019 年将减排目标从原本的减少 80% 的温室气体排放量，提高到 2050 年实现碳中和，并于 2021 年 11 月 16 日发布了实现碳中和的具体行动方案《英国碳中和战略》，提出了一系列措施并规定了具体的时间表。英国通过推动能源转型、促进清洁技术创新、推进公共交通和步行、鼓励低碳消费等一系列措施来实现碳中和目标。在能源、工业、建筑和交通等方面，英国制定了一系列措施。例如，英国政府计划在 2030 年前停止销售传统燃油车，加速推广电动汽车，加强节能和能效提升、推广绿色生产方式等。在实现这些目标的过程中，英国的可再生能源和清洁能源消耗量增长迅速。同时，英国政府制定了许多相关政策，如《十点计划》，提出了建设更多的风电和太阳能电站、扩大燃料电池技术等。此外，英国也建立了碳排放交易系统，在企业间实现碳排放权的买卖。目前，英国的太阳能和风能装机容量已经达到了 100 GW。英国还实现了交通领域的碳减排，2021 年 7 月发布的数据显示，2020 年英国的道路交通产生的二氧化碳减少了 14.9%。

欧盟计划在 2030 年将温室气体排放量降低到 1990 年水平的 55%，到 2050 年实现碳中和。为了实现这一目标，2021 年 7 月 14 日，欧盟提出了一套应对气候变化的提案，被称为迄今为止世界主要经济体为减少温室气体排放提出的最雄心勃勃的计划之一。① 欧盟采取了多种措施来实现碳中和目标，例如通过使用清洁能源替代化石燃料、提高能源利用效率、加强碳排放监管、推广可持续交通方式等手段来降低温室气体排放量。欧盟还采取了多种相关政策，例如，已经实施了碳排放交易制度，设定了总量为 2.1 亿 t 的二氧化碳排放上限，鼓励企业减少排放并提高能源利用效率。此外，欧盟还计划在能源、建筑、交通、农业等领域采取一系列措施，如支持可再生能源发展、促进电动汽车普及、鼓励精简工业生产等。截至 2021 年，欧盟的温室气体排放已经下降了 24%，远高于 2020 年前的目标，目前欧盟已经拨款超 100 亿欧元用于支持可持续发展项目。

---

① 邵忍丽. 欧洲拟在 2050 年前实现碳中和［J］. 生态经济，2020，36（2）：1-4.

瑞典国会于 2017 年 6 月 15 日通过了气候政策框架，该框架包括气候法、气候目标和气候政策委员会三大支柱。瑞典作为世界领先的环保国家之一，早在 1991 年就制订了首个全球变暖防范计划，自 2014 年起，则致力于成为首个净零排放国家。瑞典政府计划在 2045 年之前实现净零排放，同时将于 2030 年前实现能源完全转型。瑞典已经采取了一系列措施，例如，提高碳税，鼓励企业和消费者选择更环保的产品和服务，鼓励企业使用可再生能源，降低对化石燃料的依赖，并为此提供补贴。此外，瑞典政府还采取了一系列措施以减少交通所产生的二氧化碳排放，包括鼓励使用电动汽车、增加公共交通、建设自行车道等。截至 2023 年，瑞典在碳中和方面已经取得了一定成果，例如，2019 年该国的温室气体排放量已经下降了 25%。瑞典政府向可再生能源和可持续发展项目投资超过 15 亿美元。

美国在 2021 年 11 月 1 日发布了《迈向 2050 年净零排放的长期战略》，旨在推动美国在 2050 年之前实现碳中和目标。该战略包括两张图表、三个时间节点、四个战略支柱、四大效益和五个关键转型，力求确保美国在 2050 年前达成净零排放。美国自 2021 年开始采取措施，为实现碳中和目标铺平道路，例如，拨款 600 亿美元投资于清洁能源与气候研究、重新成为《巴黎协定》缔约方并提出了更高的目标，提出优先支持使用清洁能源和低碳技术的政策。美国政府为清洁能源提供税收抵免，以此鼓励民众采用更清洁的能源、削减发动机碳排放，加快向电动车转型并提高公共交通系统的效率，降低城市交通拥堵。美国已经开始取得一定的进展，例如，2020 年使用太阳能发电量增加了 43%。

7.3.2 国际绿色低碳治理的经验借鉴

1. 法律政策

各国在推动绿色低碳发展中，通过制定、完善相关的法律政策，如当地环保法规、碳排放税、可再生能源配额制度等，来引导和规范企业和个人的行为。这些法律政策有助于促进经济社会的可持续发展。如中国国家发展改革委制定可再生能源配额制度；瑞典实行最先进的碳排放交易制度，企业必须购买碳排放量分配证书才能产生碳排放；德国实施环保包裹法，提高工业企业的能源效率，减少二氧化碳排放；印度颁布太阳能政策，通过各种激励手段，鼓励企业发展太阳能技术等。这些都是在法律政策方面的探索和尝试。

2. 经济金融

各国在推进绿色低碳治理中，注重发展低碳经济和金融模式，通过投资、贷款、补贴、激励等手段，引导企业和个人实现绿色低碳发展。同时，各国加强低碳技术的开发与应用，探索新的技术和模式，推动可持续能源和低碳技术的普及和应用。近年来的绿色债券、绿色信贷、碳交易市场等都是较为成熟的金融产品和体系，这些工具使资金流向可持续和低碳领域。例如，英国发行了第一张绿色债券，募集资金用于可再生能源和提升能源效率项目，中国通过“可再生能源电力发电资质认定”计划，引导新建和更新改造电网企业优先选择可再生能源电力项目，日本制定了“节能标识认定”制度，对节能产品进行认证，并给予财政补贴。

3. 低碳技术

低碳技术是实现绿色低碳发展的重要手段，各国加强低碳技术的开发与应用，探索新的技术和模式，推动可持续能源和低碳技术的普及和应用。在能源领域，太阳能、风能等可再生能源技术逐渐发展壮大，碳捕集与碳封存技术在美国首先被提出，已发展成为一种全球性的应对气候变化的技术。在交通领域，电动汽车和高速公路上的充电站也得到迅速发展。

4. 国际参与

气候变化是一个全球性的问题，需要各国共同参与，通过多边合作和协调，共同解决。国际组织如联合国、世界银行等，将绿色低碳发展提为重要议程之一，加强对各国的支持和帮助，为全球绿色低碳治理做出努力。

7.4　发达国家的绿色低碳技术布局

7.4.1　美国

拜登以绿色新政作为应对气候挑战的关键框架，围绕“能源技术创新及应用”“气候友好和适应的基础设施建设与改造”“气候外交与美国在全球气候治理中领导力”“环境和气候治理的公平正义”这四个主要方面，提出了“清洁能源革命与环境正义计划”。拜登政府的气候行动计划旨在应对气候危机并巩固全球能源安全，主要包括以下措施：投资能够适应气候变化的基建项目，推进能源转型技术，并构建覆盖整个生命周期的清洁能源供应链。这包括负责任地开采关键金属和矿物，发展低排放的交通系统和基础设施，投资于全球范围内的精炼、加工及电池制造新基地，以及在清洁能源尚未普及的地区推广经过验证的、创新且具有扩展潜力的技术。

美国能源部发布了《能源供应链战略报告》，总结了能源供应链的关键要素，以及美国政府开始采用的应对策略。它明确提出从供应链和产业延伸的角度而言，碳捕集材料、电网（包括变压器和高压直流）、储能、燃料电池和电解槽、水电（包括抽水蓄能水电）、钕磁铁、核能、铂族金属和其他催化剂、半导体、太阳能光伏发电，以及风能等技术应是未来重视的焦点。除了政策战略报告外，美国能源部还针对这些技术领域发布了 11 份深入评估文件。以 CCS“Carbon Capture，Transport & Storage：Supply Chain Dive Assessment”为例，报告包括碳捕集、干燥及液化、运输管道、注入/封存各个环节所需材料分析；供应链风险评估（涉及的关键材料包括单乙醇酰胺和三甘醇，涉及的行业包括钢铁业和水泥行业等）；美国的机会与挑战（机会包括美国经济发展和劳动力优势、多样化供应链的发展、其他二氧化碳利用以及碳捕集技术的创新；挑战包括单乙醇酰胺的生产能力、融资、孔隙权力）。

7.4.2 英国

根据英国政府发布的报告《净零战略：支撑更加绿色的发展》（*Net Zero Strategy*：*Build Back Greener*），英国确定了十个重点技术领域，即《绿色工业革命十项计划》，具体包括：

（1）海上风能：通过海上风力发电为每家每户供电，到 2030 年，英国要实现风力发电量翻两番，达到 40 GW。

（2）氢能：到 2030 年，实现 5 GW 的低碳氢能产能，供给产业、交通、电力和住宅；在十年内建设首个完全由氢能供能的城镇。

（3）核能：将核能发展为清洁能源来源，包括建大型核电站及开发下一代小型先进的核反应堆。

（4）电动汽车：到 2030 年（比原计划提前十年），停止售卖新的汽油和柴油汽车及货车；到 2035 年，停止售卖混合动力汽车。

（5）公共交通、骑行和步行：将骑行和步行打造成更受欢迎的出行方式，并投资适用于未来的零排放公共交通方式。

（6）飞机零排放和绿色航运：通过飞机和船只零排放研究项目，帮助脱碳困难的行业变得更加绿色清洁。

（7）住宅和公共建筑：让住宅、学校和医院变得更加绿色清洁、保暖和节能；到 2028 年，安装 60 万个热泵。

（8）碳捕集与封存：成为环境中有害气体捕集与封存技术的世界领导者，并计划到 2030 年清除 1 000 万 t 二氧化碳。

（9）自然：保护并恢复自然环境，每年种植 3 万 hm^2 树林。

（10）创新和金融：为实现上述新能源目标开发更多尖端技术。

以推进海上风能为例，英国启动竞标流程，支持现代化、集成的港口基础设施建设。以促进低碳氢能发展为例，英国政府发布氢能战略；征集对氢能技术商业模式的意见；敲定氢能技术的商业模式；和产业合作完成初试和中试，以允许燃气管网上所有家庭的配气管网中混合多达 20%的氢气；支持产业开始大型村庄的氢能加热试验，并在 2030 年前制订可能的氢城镇试点计划。以加速向零排放汽车的转变为例，英国政府发布关于英国脱欧后欧盟排放法规以及汽车和厢式货车淘汰日期的绿皮书，并就淘汰新型柴油重型货车展开磋商；英国高速公路和主干道上的充电点网络将非常广泛，预计将建设 2 500 多个高功率快速充电点；2030 年停止新汽油和柴油车及厢式货车的销售；2035 年所有新车和面包车的尾气排放将为零，并生产出更清洁、更环保的车辆。以 CCUS 为例，英国政府将与行业合作，执行 CCUS 部署流程，进一步确定工业 CCUS 项目和氢能项目的收益机制；敲定新的 CCUS 商业模式；到 21 世纪 20 年代中期建成运行两个集群，另外两个集群将于 2030 年投入运营。

7.4.3　德国

德国是全球能源转型的先行者与可再生能源发展的领头羊。2010 年德国政府颁布了 2050 年《能源方案》，在全球率先开启从“化石能源时代”迈向“可再生能源时代”的大幕。绿色科技创新是德国能源转型的重要推动力，德国 11%的国内生产总值都是通过绿色科技来实现的。从就业方面来看，德国有 200 万人在新能源领域工作，绿色科技创新给人们带来了很好的收益。

德国能源转型从弃核电、脱煤炭到大规模使用可再生能源，电力基本上实现了平价上网。在电力领域，德国是全球可再生能源的领跑者。2020 年德国可再生能源发电占比 44.6%，其中陆地风电 18.7%、海上风电 4.9%、生物质发电 7.8%、光伏发电 8.9%、其他发电 1%。其中光伏发电占比 8.9%，是全球最高的水平，海上与陆地风电占比达到 23.6%，生物质发电 7.8%，也属全球领先水平。此外，德国核电占比 11.4%、褐煤发电

16.3%、硬煤发电 7.5%、天然气发电 16.2%、矿物油发电 0.7%、其他风电 3.2%。

如图 7-1 所示，德国在能源行业全方位布局了基础创新。一方面，德国在传统能源发电技术领域推行创新，包括屋顶太阳能光伏板、光伏电力公司、陆上风能、海上风能、小规模氢能、大规模氢能、地热能、潮汐能领域，并将这些传统发电技术与电池、燃料电池高效融合，形成内部节点电网，实现储热和储气，将电力需求和经济社会对供热的需求连接起来；另一方面，通过垃圾分类和生物质废弃物开发生物制燃料，结合电气发动机、氢能燃料发动机和内燃发动机共同促进客运交通和航空运输的需求，同时布局碳捕集与封存以及与生物质废弃物结合的生物质碳捕集与封存技术。

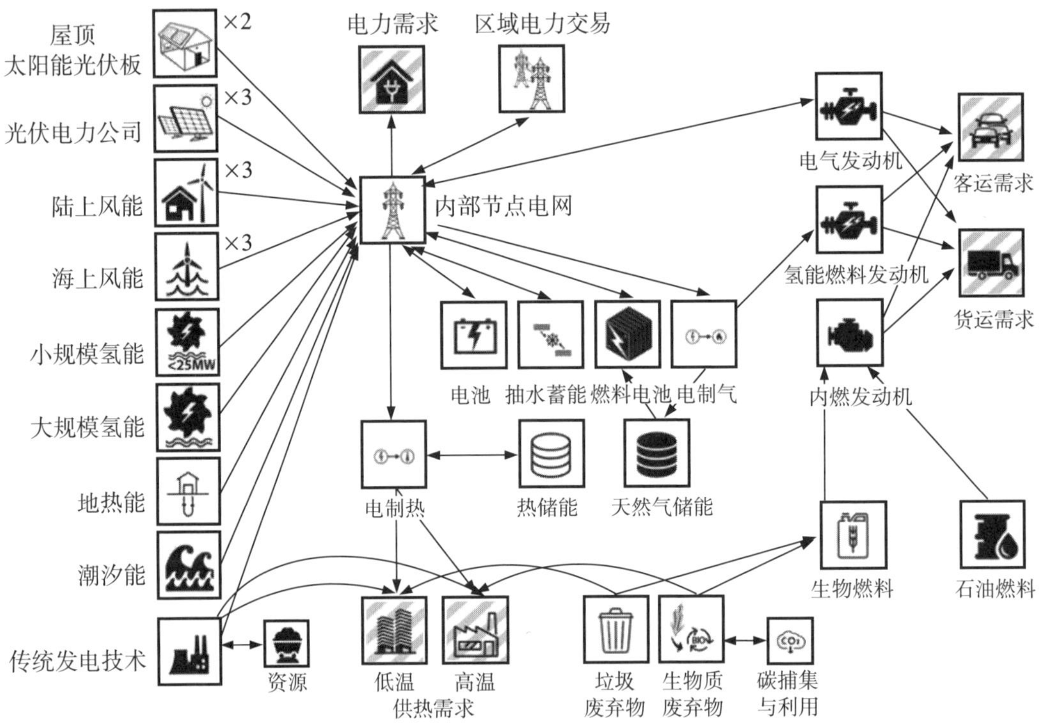

图 7-1 德国能源行业技术布局

7.4.4 日本

根据日本政府发布的《2050 年实现碳中和的绿色发展战略》(*Green Growth Strategy through Achieving Carbon Neutrality in* 2050)，日本将在能源、交通与制造业、家居办公等三大类产业中，重点发展 14 个领域。它们包括：① 海上风电产业；② 氨燃料产业；③ 氢能产业；④ 核能产业；⑤ 汽车和蓄电池产业；⑥ 半导体和通信产业；⑦ 船舶产业；⑧ 交通物流和基建产业；⑨ 食品、林业和水产业；⑩ 航空业；⑪ 碳循环产业；⑫ 下一代住宅、商业建筑和太阳能产业；⑬ 资源循环相关产业；⑭ 生活方式相关产业。

为了落实这些重点领域的技术进步，日本设计了完善的政策框架，包括提供充足的预算，采用税收制度、金融手段、监管制度改革，制定标准，开展国际合作，促进大学发挥作用，办好 2025 年关西大阪世博会，组织年轻人积极参与等。

日本推进碳中和的五个主要的政策工具包括：

（1）预算：绿色创新基金推动能源革命和减碳措施。日本新能源产业技术综合开发机构提供 2 万亿日元的绿色创新基金，该基金将在 2030 年前对碳中和社会和产业竞争力基础领域（如电力绿色化和电气化、氢能、回收）进行资助。政府的 2 万亿日元预算可以看作"引子"，它会撬动更多投资。换言之，绿色创新基金的设立是一种投资激励手段，将会吸引 15 万亿日元（来自私营企业的研发与投资和来自全世界约 3 000 万亿日元的 ESG 资金）。由于自身资源匮乏，日本历来重视能源领域的研发工作。2019 年，日本以 31 亿美元的公共能源 R&D 预算总额位居世界第二。在支出方向上，核电、可再生能源是主要方向。同时，日本仍是迄今为止氢和燃料电池领域研究经费最高的国家。

（2）税制：对碳中和投资税收进行减免或特别折旧。日本建立碳中和投资促进税制（税收减免或特别折旧），为碳中和业务重组的公司设立一个特殊上限，同时扩大研发税制。这样的税收制度有利于促进生产脱碳化和企业短期与中长期的脱碳化投资。预计 10 年间将拉动约 1.7 万亿日元的民间投资。

（3）金融：建立合适的金融体系支持碳中和投资。日本政府对海上风电等可再生业务提供风险资金支持，包括 800 亿日元的"绿色投资促进基金"，并鼓励金融机构和资本市场利用碳中和的融资资金，促进高科技和具有潜力的日本公司的发展，通过公司债券市场促进 ESG 投资。

（4）监管改革与规范化：强化环境监管、碳交易、碳税制度。日本加强制定环境监管法规与碳交易市场、碳税等制度，特别是制定适用于新技术的法规。日本致力于在全世界对技术进行标准化，以此拉动内需。

（5）国际合作：碳外交争取多边、多领域合作。日本积极加强与主要国家的合作。日本政府会在创新政策、重点领域、技术标准化等方面与欧美各国合作。同时，也会同广大新兴国家与国际组织（如 IEA、ERIA）进行合作，从争取市场的角度推进双边与多边合作。日本政府拟积极召开与能源和环境有关的会议，召集世界各国首脑与各个领域的专家，共商碳中和议题。同时，日本政府将向世界宣传绿色增长战略，并努力促进先进科研机构间的交流合作。

第 8 章　低碳经济研究的相关算法与模型

8.1　IPCC 计算二氧化碳排放量

由于中国没有直接的二氧化碳排放监测数据，因此大多数的测量研究都是基于能源消耗量的测算，本章介绍这种方法。经济体系末端的能源消耗主要有以下几类：洗精煤、型煤、柴油、原油、汽油、燃料油、液化石油气、煤气、天然气、炼厂干气、焦炭、热力、电力等。目前，中国消耗的能源包括风电、水电、核电、化石能、生物质能、太阳能。由于生物质能（如薪柴）燃烧时释放的二氧化碳与生物质能生产时吸收的二氧化碳基本相同，所以生物质能消费时基本上没有二氧化碳排放，水电、核电、风能和太阳能也几乎不排放二氧化碳。因此，只要确定化石能源消费的二氧化碳排放量，就可以计算能源消费的碳排放量。

IPCC《国家温室气体排放清单指南》中二氧化碳排放量的计算为

$$碳排放量=\Sigma（能源\ i\ 的消费量\times 能源\ i\ 的排放系数）（i\ 为能源类型）$$

计算的关键是排放系数，对于化石燃料，一般采用国际通用的 IPCC 默认值作为排放系数进行二氧化碳排放量的计算，各种能源的碳排放系数见表 8-1。

表 8-1　各种能源的碳排放系数表

能源种类	碳排放系数/（10^4t/10^4t）	能源种类	碳排放系数/（10^4t/10^4t）
原煤	0.755 9	燃料油	0.618 5
洗精煤	0.755 9	其他石油制品	0.585 7
焦炭	0.855 0	液化石油气	0.504 2
其他焦化产品	0.644 9	天然气	0.448 3
原油	0.585 7	焦炉煤气	0.354 8

续表

能源种类	碳排放系数/（10^4t/10^4t）	能源种类	碳排放系数/（10^4t/10^4t）
汽油	0.553 8	炼厂干气	0.460 2
煤油	0.571 4	其他煤气	0.354 8
柴油	0.592 1	水电、核电	0

IPCC 的排放系数适合宏观排放量的统计计算，如果具体到某个企业，其二氧化碳排放量就会存在差异。俄罗斯在关于计算钢铁企业二氧化碳排放量的方法中，不仅明确了碳的发射系数和氧化系数的相关概念，还认为二氧化碳排放量为燃料的能量含量与发射系数和氧化系数的乘积。工业生产的二氧化碳排放量被分为两部分：燃料燃烧和工艺过程排放。因此，在使用 IPCC 推荐的系数时肯定会有差异。对于一个特定的企业实体，如火力发电厂，转换系数会根据煤质及由锅炉设备的相应参数和管理决定的燃烧效率的不同而发生变化。因此，这可能导致计算二氧化碳排放量时的高度不确定性。排放系数与火电厂的煤炭消耗量密切相关，随着火电厂煤炭消耗量的减少，排放系数自然也会降低。火力发电的能源消耗量是一个动态数字，各公司的煤耗因管理水平和主体设备的不同而存在差异。

关于二氧化碳的排放系数，许多国家都有测算，各个国家的系数也不尽相同。根据相关资料报道，中国国家发展改革委能源研究所推荐的二氧化碳排放系数为 0.67，日本能源经济研究所《能源与经济统计手册》中参考值为 0.68，美国能源部能源信息署参考值为 0.69。

综合能源消耗，宏观二氧化碳排放由 IPCC 碳排放计算式转换为

$$E_t = \delta_f E_f + \delta_m E_m + \delta_n E_n \tag{8-1}$$

式中，E_t 是碳排放量；δ_f 是煤炭消耗的碳排放转换系数；E_f 是煤炭消耗标准煤量；δ_m 是石油消耗的碳排放转换系数；E_m 是石油消耗折算的标准煤量；δ_n 是天然气消耗的碳排放转换系数；E_n 是天然气消耗折算的标准煤量。

国内研究者得出的碳排放转换系数见表 8-2。

表 8-2　能源转换系数（t CO_2/t 标准煤）

能源项目	煤炭	石油	天然气
碳排放转换系数δ	0.747 6	0.582 5	0.443 5

8.2 CGE 模型及其应用

CGE 模型的特点可以拆解为“一般”“均衡”和“可计算”三个层次。首先，“一般”是指模型关注的是经济系统的整体，而非某个局部，因此，模型中包含多个经济主体（企业、家庭和政府）以及多个市场（商品市场和要素市场）。其次，“均衡”表示所有的经济主体按照最优化条件进行行为决策，所有商品和要素市场的数量和价格由模型的内生性决定且处于供给等于需求的均衡状态。最后，“可计算”是指基于上述条件构建的模型存在可计算的数值解。

如表 8-3 所示，CGE 模型与其他经济模型相比，有一些鲜明的特点。首先，不同于计量经济模型通过统计方法分析经验数据以解释经济现象或是验证经济理论，CGE 模型是从经济学理论出发，基于结构化数据构建经济系统的机理模型，并以此模拟经济系统的运行状态。其次，与局部均衡模型不同，CGE 模型分析的是整个经济系统。无论模型中固有的变量数量如何，其范围都是整个经济体系，因此它可以反映政策冲击的整体影响。事实上，虽然一些政策直接针对的是某些重点行业（如电力、钢铁和水泥等），但是其对经济系统的影响是“牵一发而动全身”，局部均衡模型中“其他情况不变”的假设往往是不现实的。此外，与传统投入产出模型侧重于经济部门之间的相关效应不同，CGE 模型考虑了对单个部门的价格影响，允许生产要素之间的相互替代，引入了经济主体的优化决策，并以非线性函数取代了许多传统的线性函数，将生产、需求、国际贸易和价格有机地结合起来，使对经济系统的分析更加全面和深入。一般来说，当价格、经济结构和宏观经济现象都是重要的影响因素时，CGE 模型是一个非常有效的政策分析工具。它能够描述许多市场和机构之间的相互作用，估计某项政策变化的直接和间接影响，以及对整个经济系统的总体影响。

表 8-3　气候变化政策研究领域的主要模型工具比较

模型	模型基础	建模导向	时间尺度	空间地理尺度	决策变量分辨率	其他特点	
CGE 模型	一般均衡理论	自上而下	短期/中期/长期	全球/国家/地区	多部门/全部门	基于机理模型	考虑价格影响，允许生产要素之间相互替代，引入了经济主体的优化决策

续表

模型	模型基础	建模导向	时间尺度	空间地理尺度	决策变量分辨率	其他特点	
投入产出模型	投入产出理论	自上而下	短期	全球/国家/地区	多部门	基于机理模型	假设产品价格一致，生产要素之间零替代
宏观计量模型	计量经济学理论	自上而下	短期/中期	全球/国家/地区	多部门/单部门	基于统计方法	
系统优化模型	最优化理论	自下而上	中期/长期	全球/国家/地区	多部门	基于机理模型	

不过，CGE 模型也存在一些缺点。首先，一些经济学家认为 CGE 模型反映的是高度抽象的理论状态，在现实世界中均衡是相对的，不均衡才是绝对的、普遍存在的，基于均衡假设构建的模型与现实世界存在差距。其次，随着 CGE 模型的发展，建模者致力于通过更多的生产部门以及更多的居民分类来更加细致地模拟经济系统，这也使得模型的结构迅速复杂化，“黑箱”模型的特征越发显著，计算结果的因果关系也越发难以洞察。因而，要想使用 CGE 模型为政策制定者提供稳健且详细的政策模拟结果，建模者必须对模型中的假设进行准确的阐述和解释。

8.2.1 一般均衡理论综述

CGE 模型的理论基础是经济学中的一般均衡理论。一般均衡理论寻求在整体经济的框架内解释生产、消费和价格，可以追溯到法国经济学家瓦尔拉斯（Walras）于 1874 年发表的《纯粹经济学要义》。一般均衡是指经济中存在着一套价格体系：

（1）每个生产者根据利润最大化或成本最小化原则，在资源约束下，进行生产决策，确定最优的商品供给产量和对生产要素的需求量。

（2）每个消费者根据效用最大化原则，在预算约束下，进行劳动和消费决策，确定最优的生产要素供给量和对商品的需求量。

（3）每个市场（产品市场和要素市场）都会在这套价格体系下达到总供给与总需求的相等，即出清状态。

在满足上述条件时，经济系统便会处于一般均衡状态，这套价格就是均衡价格，所对应的供给量和需求量即为均衡数量。可以看出，一般均衡是把经济系统看成一个相互依存的市场体系，某一个市场的调整会影响到其他市场的供给和价格。根据瓦尔拉斯的一般均衡理论，只有当整个经济体处于一般均衡状态时，个别市场才能处于供求平衡的局部均衡状态。

有趣的是，虽然瓦尔拉斯提出了一般均衡理论，但是他的数学证明有误。直到 1954 年，阿罗（Arrow）和德布鲁（Debru）才使用集合论和拓扑学等方法给出了一般均衡解在一系列假设下的存在性、稳定性和唯一性的数学证明。①这些假设是：任何生产者都没有规模报酬递增；所有商品都必须使用至少一种原始生产要素来生产；任何消费者所提供的原始生产要素都不得大于它的初始存量；所有消费者都能提供所有原始生产要素；所有消费者的序数效用函数是连续的；消费者的欲望是无限的；无差异曲线是凸向原点的等伏曲线。只有在满足上述所有假设的情况下，才存在一般均衡体系。

可以看出，一般均衡存在的条件相当严苛，与现实世界的情况有很大的距离。从一般均衡理论出发构建 CGE 模型，必须在保持理论一致性的同时，进行必要的假设和简化。因此，CGE 模型也被称为应用一般均衡模型（Applied General Equilibrium Model），即瓦尔拉斯-阿罗-德布鲁一般均衡理论的应用化。

8.2.1.1　数据基础：社会核算矩阵的结构及编制

社会核算矩阵（Social Accounting Matrix，SAM）是 CGE 模型确定经济变量初始值和进行参数校准最常用的数据组织形式。SAM 表通过矩阵描述国民经济核算的结果，是一张经济系统的“快照”。通过 SAM 表可以直观地了解到某个时点国家或地区的经济结构，一个典型的开放经济系统如图 8-1 所示。

SAM 表的一个关键数据来源是投入产出表，并在此基础上增加了各类经济主体的信息（如居民、政府、世界其他地区的收支流），从而将投入产出表与宏观经济账户结合在一个框架中。因此，SAM 表不仅可以表达投入产出表内生产部门之间以及生产与非生产部门之间的中间投入、增加值形成和最终支出的关系，还可以描述投入产出表以外的非生产部门之间的关系。②通过 SAM 表，我们可以直观地了解到经济系统中生产要素是如何在不同的生产者之间分配的，政府和企业的收入是如何通过转移支付实现再分配的，进口商品是如何进入国内消费市场的，国内产品是如何分配到国外的，居民收入

---

① Arrow K J, Debru G. Existence of equilibrium for a competitive economy［J］. Econometrica, 1954（22）: 265-290.

② 侯瑜. 理解变迁的方法：社会核算矩阵 CGG 模型［M］. 大连：东北财经大学出版社，2006.

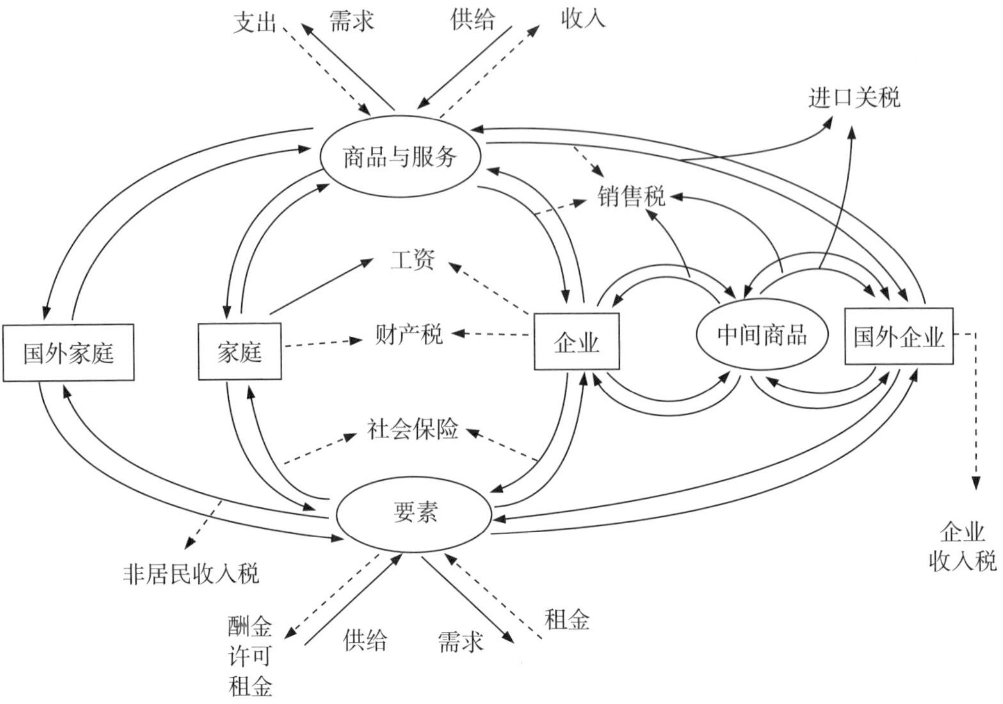

图 8-1 典型的开放经济系统

是如何转化为储蓄的。这些都是构建 CGE 模型过程中需要关注和回答的问题。

SAM 表的结构如表 8-4 所示。从原理上看，SAM 表属于复式平衡表，即每一笔收入都对应着一笔支出。从形式上看，SAM 表采用的是矩阵单一记录方式，即通过一个表格或矩阵来记录不同国民核算账户之间的交易。SAM 表是一个对称的矩阵，相同的行和列代表同一个账户，其中，行代表某一账户的收入，列代表某一账户的支出，每一个账户的总支出和总收入平衡，因而行和列的总额相等。一个开放经济体的 SAM 表通常包括八类主要账户：生产活动、商品、要素、居民、企业、政府、投资储蓄和国外。①

① 段志刚. 中国省级区域可计算一般均衡建模与应用研究［D］. 武汉：华中科技大学，2004.

表 8-4　SAM 表的结构

			支出								汇总
			1	2	3	4	5	6	7	8	
			生产活动	商品	要素	居民	企业	政府	投资储蓄	国外	
收入	1	生产活动		市场销售产出		居民自产自销					总产出
	2	商品	中间投入	交易成本		市场销售的私人消费		政府消费	投入(固定资本形成)	出口	总需求
	3	要素	增值							海外要素收入	要素收入
	4	居民			居民要素收入	居民之间转移支付	企业对居民的转移支付	政府对居民的转移支付		国外对居民转移支付	居民总收入
	5	企业			企业要素收入			政府对企业的转移支付		国外对企业转移支付	企业总收入
	6	政府	生产税 增值税	销售税 关税 出口税	要素税 政府要素收入	直接税 收入税	企业直接税，企业向政府缴盈余			国外对政府转移支付	政府总收入
	7	投资储蓄				居民储蓄	企业储蓄	政府储蓄		国外净储蓄	总储蓄
	8	国外		进口	对国外要素的支付		企业向国外支付盈余	政府对国外的支付			外汇支出
		汇总	总投入	总供应	要素支出	居民支出	企业支出	政府支出	总投资	外汇收入	

“生产活动”账户核算生产者的生产活动状况，对应的是投入产出表中的生产部门。其账户的行方向表示生产活动的总收入，即国内生产的产品是如何分配的。账户的列方向表示生产活动的总支出，即生产过程中需要消耗多少中间投入和生产要素，其中也包括向政府支付的税收。

“商品”账户核算各种商品的供给和需求。其账户的行方向表示国内外主体消费或使用国内市场上流通的商品的情况，主要包括生产活动的中间投入需求、政府和居民部门的消费、固定资产的形成以及出口，共同构成国内商品市场的总需求。账户的列方向表示国内市场流通商品的来源，包括国内生产部门的产出以及来自国外的进口，共同构成国内商品市场的总供给。

“要素”账户核算各种生产要素（资本、劳动力和土地等）的收入和分配状况。账户的行方向表示各生产要素的收入，对应的是生产要素的使用状况。账户的列方向表示要素收入在不同经济主体之间的分配。

“居民”“企业”和“政府”账户核算相应经济主体的收入来源及支出。账户的行方向表示经济主体的收入，包括要素收入、税收收入和转移支付等。账户的列方向表示经济主体的支出，包括税收支出、转移支付、储蓄和消费。

“投资储蓄”账户核算资本的形成和使用情况。账户的行方向反映各经济主体通过储蓄形成资本。账户的列方向反映资本如何在不同的生产部门进行投资。

“国外”账户核算与其他国家的经济联系，主要反映国际贸易和国际收支。账户的行方向反映商品的进口以及对国外的其他支出。账户的列方向反映商品的出口以及从国外获得的其他收入。

可以看出，SAM 表中包含了宏观经济中的重要核算等式，例如，生产活动账户的收入支出均衡、商品账户的供需均衡、要素账户的收入支出均衡、居民账户的收入支出均衡、企业账户的收入支出均衡、政府账户的财政收支平衡、投资储蓄均衡和国际贸易收支均衡等，因而能够反映基准年处于静态均衡状态的经济结构。

需要指出的是，SAM 表的结构并非一成不变的，可以根据研究需要对上述八类账户进行进一步细分和扩展。例如，一般的 SAM 表都包含几十种“生产活动”和“商品”，“居民”也可以进一步细分为“城镇居民”和“农村居民”。在实际操作中，SAM 表的编制通常还需要进行数据的调平处理，在此不做过多展开。

8.2.1.2 CGE 模型的数学基础

前面我们学习了 CGE 模型的理论基础和数据基础，下面我们尝试使用数学公式描述一个 CGE 模型。

首先，假设存在 n 个生产部门，需要 m 种生产要素，且每个部门只生产一种商品，生产者追逐利润最大化目标，在生产技术的约束下，进行最优投入决策

$$\max \pi_{\mathrm{i}} = p_i Y_i - C(p_j, \omega_{\mathrm{f}}, Y_i) \tag{8-2}$$

$$\text{s.t.}\, Y_i = Y_i \ X_{ji}, K_{fi} \tag{8-3}$$

根据利润最大化的一阶条件，可以进一步推导出中间投入和生产要素的需求函数

$$X_{ji} = X_{ji}(p_1, \cdots, p_n, \omega_1, \cdots, \omega_m, Y_i) \tag{8-4}$$

$$K_{fi} = K_{fi}(p_1, \cdots, p_n, \omega_1, \cdots, \omega_m, Y_i) \tag{8-5}$$

式中，$i, j \in \{1, \cdots, n\}$，$f \in \{1, \cdots, m\}$；$\pi_i$ 是生产部门 i 的总利润；Y_i 是生产部门 i 的总产量；p_i 是生产部门 i 的产品价格；ω_f 是生产要素 f 的价格；X_{ji} 是生产部门 i 所需的商品 j 的数量；K_{fi} 是生产部门 i 所需的生产要素 f 的数量。

其次，假设存在单一的消费者，在效用最大化的目标和收入水平的约束下，进行最优消费决策

$$\max U = U(C_1, \cdots, C_n) \tag{8-6}$$

$$s.t. M = \sum_i p_i C_i \tag{8-7}$$

根据效用最大化的一阶条件，可以进一步推导出商品消费的需求函数

$$C_i = C_i(p_1, \cdots, p_n, M) \tag{8-8}$$

式中，U 是消费者的总效用；M 是消费者的总收入；C_i 是商品 i 的消费需求。

最后，整个经济体处于均衡状态，因而满足一系列的均衡条件，包括

生产者的零利润条件

$$p_i Y_i = \sum_j p_j X_{ji} + \sum_f \omega_f K_{fi} \tag{8-9}$$

消费者的收支平衡

$$M = \sum_i \sum_f \omega_f K_{fi} \tag{8-10}$$

商品市场的出清

$$Y_i = \sum_j X_{ij} + C_i \tag{8-11}$$

要素市场的出清

$$K_f^s = \sum_i K_{fi} \tag{8-12}$$

式（8-2）至式（8-8）就构成了一个简单的 CGE 模型。其中，要素的供给K_i^s为外生变量，其余变量为内生变量，共计 $n^2+mn+3n+m+1$ 个。相应地，方程个数也有 $n^2+mn+3n+m+1$ 个。但是，根据瓦尔拉斯法则，经济系统中的 $m+n$ 个市场是线性相关的，只有 $m+n-1$ 个市场是独立的。也就是说，当 $m+n-1$ 个市场出清时，剩下的一个市场会自动出清。因而，上述方程组中仅有 $n^2+mn+3n+m$ 个独立方程，其数量比内生变量数少了 1 个。为了使独立方程数与内生变量数相匹配，以保证模型有唯一解，一般会将某种商品或要素的价格外生地设为 1，其他商品的价格通过与基准商品的相对价格表示。

虽然实际应用的 CGE 模型的结构要复杂得多，但是建立 CGE 模型的基本思路是用一组方程来描述经济系统中的供给、需求以及市场关系（这些方程隐含了经济主体的优化决策），然后使用社会核算矩阵对方程组中的参数进行校准，并在此基础上求解这一方程组。理论上，此时模型中各变量的解应该与社会核算矩阵中的相应数值相等，亦即模型可以复制基准年的状况。进一步讲，定义需要分析目标政策变量，并且计算在加入政策冲击后新的均衡解。最后，通过对比新旧均衡解之间的差别，可以实现对目标政策进行分析和评价的目的。图 8-2 显示了 CGE 模型构建和应用路线图。

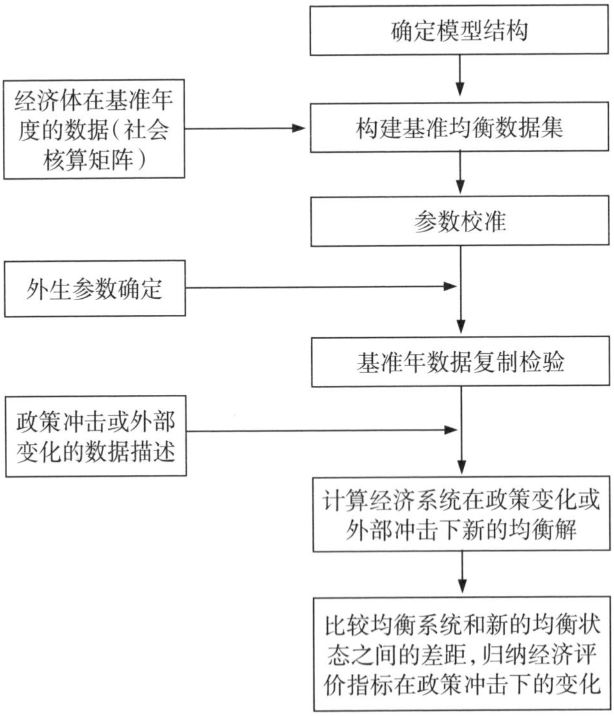

图 8-2　CGE 模型构建和应用路线图

8.2.2　能源 CGE 模型

气候变化问题和能源的使用有着密切的关联，气候变化政策评估中最常见的一类问题就是评估二氧化碳的减排成本。CGE 模型在解决这类问题时，通常的做法是将二氧化碳的减排与能源消费相关联，然后引入减碳政策控制变量（如碳税），改变能源价格进而改变能源供求关系，从而通过 CGE 模型中各个部门之间的相互关联来分析相应的宏观经济影响，计算基于新的能源需求量的二氧化碳排放量。由于将碳税作为减碳政策的控制变量引入 CGE 模型比较容易实现，而且在西方发达国家有一定的现实可行性。因此，大部分 CGE 模型都利用碳税的内生调整，分析实现某一减排目标下的碳税水平、相应的宏观经济影响、对就业率以及不同社会经济阶层的福利影响、对国际贸易的影响等。

所谓能源 CGE 模型，一方面是指模型主要应用于能源相关政策的分析，另一方面是指为满足能源政策的分析需求而对 CGE 模型中能源的生产和使用进行更加细致的刻画。

从能源生产的角度来看，可以将煤炭、石油、天然气和电力部门划分为能源部门，一些模型会进一步地按照生产技术的不同而对能源部门进行进一步的拆分，以包含更加丰富的技术信息。例如，将电力行业拆分为煤电、水电、核电、风电和太阳能光伏发电等部门。此类模型一方面可以评估电力行业结构调整所产生的减排效用，另一方面可以评估电力行业对碳税、碳市场和可再生能源补贴等政策的反应。

从能源消费的角度来看，传统的 CGE 模型将能源商品的使用作为一种普通的中间投入品，而能源 CGE 模型更倾向于认为能源与其他中间投入品不同，与资本投入和劳动投入存在一定的替代关系。因而，能源 CGE 模型普遍通过嵌套的 CES 生产函数将能源、资本和劳动组合在一起，最后再与其他中间投入品合成总产出。常用的嵌套方式有两种，如图 8-3 所示：①（K/E）/L 结构，即能源和资本首先组合，然后再与劳动进行合成；②（K/L）/E 结构，即资本与劳动首先组合，然后再与能源进行合成。不同的嵌套方式本质上反映的是不同投入要素之间的替代弹性，最理想的判别方法是通过时间序列数据分别进行回归拟合，选择统计效果最好的组合方案。

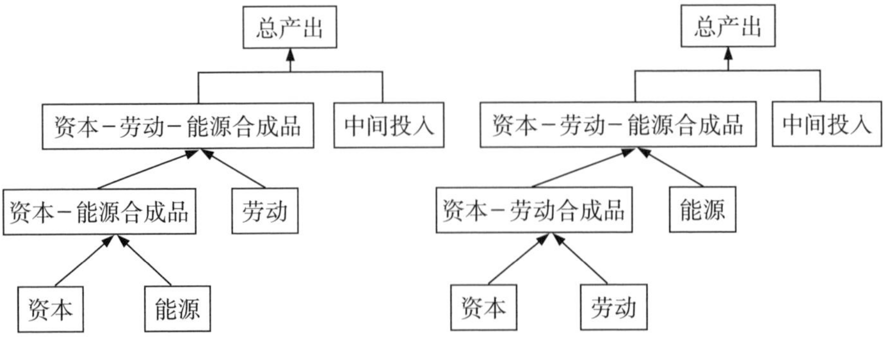

图 8-3 能源 CGE 模型中常见的生产函数结构

8.3 GARCH 模型及其应用

8.3.1 ARCH 模型

经研究发现，许多经济类时间序列数据，如股票价格、通货膨胀率、汇率等，往往在不同的时期有很大的分歧。在某些时间段，观测误差相对小一些，在另一时间段，观测误差相对大一些，然后再到一个时间段，观测误差又小一些。这种变化可能是由于金融市场的波动性、对政治动乱和政府金融政策的敏感性等。这要求我们要考虑观察误差的可变性，一方面，它们是随机的，另一方面，它们存在某种自相关。

如果假定回归模型的随机误差项ε_i的方差与前一次观测的误差项的平方有关，即

$$Var(\varepsilon_i) \propto \varepsilon_{i-1}^2 \tag{8-13}$$

则可以建立自回归条件异方差（Auto-regressive Conditional Heteroscedasticity，ARCH）模型

$$\begin{cases} Y_i = X_i'\beta + \varepsilon_i \\ \varepsilon_i \sim N\ 0,(\alpha_0 + \alpha_1\varepsilon_{i-1}^2)) \end{cases} \tag{8-14}$$

这个模型中 ε_i 的方差仅与前一次误差项的平方有关，故称 ARCH（1），并且这里假定误差服从正态。

下面我们抓住回归模型方差是以前的误差平方的线性函数这一点不变，从三个方面放宽限制，扩展 ARCH 模型。

（1）模型的线性$X\beta$部分可以是解释变量，也可以是观测量 Y_i以前的数值，如

$$Y_i = \beta_0 + \beta_1 Y_{i-1} + \beta_2 Y_{i-1} + \cdots + \beta_k Y_{i-k} + \varepsilon_i \tag{8-15}$$

（2）ε_i 不必服从正态，可以服从别的分布，也可以只知道它的一阶矩、二阶矩。

（3）$Var(\varepsilon_i)$不必恰好是ε_{i-1}^2的线性函数，而可以是若干项误差平方的线性函数，即

$$Var(\varepsilon_i) = \sigma_i^2 = \alpha_0 + \alpha_1 \varepsilon_{i-1}^2 + \alpha_2 \varepsilon_{i-2}^2 + \cdots + \alpha_p \varepsilon_{i-p}^2 \tag{8-16}$$

此时的模型称为 ΛRCH（p）。

一般地，我们假定基本观测数据Y_i，$X_i' = (x_{i1}, x_{i2}, \cdots, x_{ik})$，$i=1,2,\cdots,n$ 满足线性关系

$$Y_i = X_i'\beta + \varepsilon_i \tag{8-17}$$

其中误差项 ε_{i} 的平方满足 p 阶自回归 AR（p）过程

$$\varepsilon_i^2 = \alpha_0 + \alpha_1 \varepsilon_{i-1}^2 + \alpha_2 \varepsilon_{i-2}^2 + \cdots + \alpha_p \varepsilon_{i-p}^2 + v_i \tag{8-18}$$

这里的随机项v_i是一个白噪声过程

$$E(v_i) = 0, E(v_i^2) = \sigma_v^2, E(v_i v_j) = 0, i \neq j \tag{8-19}$$

则显然由式（8-18）与式（8-19）可以推出式（8-16），我们称式（8-17）、式（8-18）、式（8-19）合起来的模型为 ARCH（p），它是由 Engle（1882）引进的。

在解算模型之前，先来研究一下模型的性质，尤其是模型的方差特性。

由于ε_i^2非负，从式（8-18）可知 v_i是有界的

$$-\alpha_0 < v_i < \alpha_0,\ i=1,2,\cdots \tag{8-20}$$

为了保证ε_i^2 是方差平稳的，我们需要进一步假定方程式

$$1 - \alpha_1 Z - \alpha_2 Z^2 - \cdots - \alpha_p Z^p = 0 \tag{8-21}$$

式（8-21）的根在单位圆之外。如果系数α_j都是非负的，这等价于要求

$$\alpha_1 + \alpha_2 + \cdots + \alpha_p < 1 \tag{8-22}$$

当这些假设满足时，ε_i 的无条件方差由下式决定

$$\sigma^2 = E(\varepsilon_i^2) = \alpha_0 / (1 - \alpha_1 - \alpha_2 - \cdots - \alpha_p) \tag{8-23}$$

我们可以注意到，式（8-16）反映$E(\varepsilon_i^2)$是变化的，而式（8-23）反映$E(\varepsilon_i^2)$是常量，这正是自回归条件异方差模型所反映的事实，式(8-16)表示的是在给出$\varepsilon_{i-1}^2, \varepsilon_{i-2}^2, \cdots, \varepsilon_{i-P}^2$条件下，$\varepsilon_i^2$的条件期望为

$$E\left(\varepsilon_i^2 \middle| \varepsilon_{i-1}^2,\cdots,\varepsilon_{i-p}^2\right)=\alpha_0+\alpha_1\varepsilon_{i-1}^2+\cdots+\alpha_p\varepsilon_{i-p}^2 \tag{8-24}$$

此时的方差是异方差，用来描述经济数据的振幅在按时间段做自回归变化。而式（8-23）表示的是对整个样本空间上的ε_i^2求数学期望，它当然是一个常数。

下面我们研究模型 ARCH（p）的解法

$$\begin{cases} Y_i = X_i'\beta+\varepsilon_i \\ \varepsilon_i^2=\alpha_0+\alpha_1\varepsilon_{i-1}^2+\cdots+\alpha_p\varepsilon_{i-p}^2+v_i \\ E(v_i)=0,E(v_i^2)=\sigma_v^2,E(v_iv_j)=0,i\neq j \end{cases} \tag{8-25}$$

我们可能会联想到一阶自回归线性模型

$$\begin{cases} Y_i = X_i'\beta+\varepsilon_i & i=1,\cdots,n \\ \varepsilon_i=\rho\varepsilon_{i-1}+v_i & i=2,\cdots,n \\ E(v_i)=0,E(v_i^2)=\sigma_v^2,E(v_iv_j)=0, & i\neq j \end{cases} \tag{8-26}$$

两个式子虽然相似，但解法并不相同，我们可以从原始数据出发由一阶自回归线性模型求出$\hat{\beta}$，再算出ε_i^2代入式（8-25）回归出$\hat{\alpha}_0,\hat{\alpha}_1,\cdots,\hat{\alpha}_p,\hat{v}_i$，可是再回到模型第一个式子，我们却无法知道

$$Var(\varepsilon_i)=\Phi \tag{8-27}$$

的具体形式，主要是无法知道$Cov(\varepsilon_i,\varepsilon_j)$，因此无法使用广义最小二乘方法。

经过统计学家的专门研究，要解算 ARCH 模型，还需附加一些条件。按附加条件不同而形成不同的解法。

首先需要将自回归条件异方差模型满足的关系式改写一下，假定模型为

$$\begin{cases} Y_i = X_i'\beta+\varepsilon_i,\varepsilon_i=\sqrt{h_i}\cdot v_i,E(v_i)=0,E(v_i^2)=1 \\ h_i=\alpha_0+\alpha_1\varepsilon_{i-1}^2+\alpha_2\varepsilon_{i-2}^2\cdots+\alpha_p\varepsilon_{i-p}^2 \end{cases} \tag{8-28}$$

则可以从这组条件推证出式（8-24），即推证出自回归条件异方差模型的主要关系式。这说明这组条件比式（8-24）要略强一点，然后我们再来对模型加上附加条件。

1. 正态分布假设下的极大似然估计

在 ARCH（p）模型式（8-28）中，有 n 个观测，为了叙述方便，我们总是取前 p 个观测去计算方差条件，将这 p 个数倒记为$i=-p+1,-p+2,\cdots,0$。对于$i=1,2,\cdots,n$，以

$$\tilde{Y}_i=(Y_i,Y_{i-1},\cdots,Y_1,Y_0,\cdots,Y_{-p+1};X_i',X_{i-1}',\cdots,X_1',X_0',\cdots,X_{-p+1}')' \tag{8-29}$$

记到 i 为止的样本集合，由于 i 从 1 标起，则这个集合里至少有 p 个观测。

假设 v_i 是 i.i.d 且服从于 N（0，1）分布，并且 v_i 与 X_i 与 Y_{i-1} 都独立，则 Y_i 的条件分布为

$$f(Y_i|X_i,\tilde{Y}_{i-1})=\frac{1}{\sqrt{2\pi h_i}}\exp(\frac{-(Y_i-X_i'\beta)^2}{2h_i}) \tag{8-30}$$

这是一个期望为 $X_i'\beta$，方差为 h_i 的正态分布。由于 $\varepsilon_i=Y_i-X_i'\beta$，故 h_i 的计算公式可写为

$$h_i=\alpha_0+\alpha_1(Y_{i-1}-X_{i-1}'\beta)^2+\alpha_2(Y_{i-2}-X_{i-2}'\beta)^2+\cdots+\alpha_p(Y_{i-p}-X_{i-p}'\beta)^2=(Z_i(\beta))'\delta \tag{8-31}$$

这里

$$\delta=(\alpha_0,\alpha_1,\alpha_2,\cdots,\alpha_p)' \tag{8-32}$$

$$Z_i(\beta)=(1,(Y_{i-1}-X_{i-1}'\beta)^2,(Y_{i-2}-X_{i-2}'\beta)^2,\cdots,(Y_{i-p}-X_{i-p}'\beta)^2)' \tag{8-33}$$

记参数集合

$$\theta=(\beta',\delta')' \tag{8-34}$$

则依赖于前 p 个观测的条件密度对数似然函数为

$$\begin{aligned}L(\theta)&=\sum_{i=1}^{n}\log f(Y_i|X_i,\tilde{Y}_{i-1};\theta)\\&=-\frac{n}{2}\log(2\pi)-\frac{1}{2}\sum_{i=1}^{n}\log h_i-\frac{\frac{1}{2}\sum_{i=1}^{n}(Y_i-X_i'\beta)^2}{h_i}\end{aligned} \tag{8-35}$$

将给定的样本观测值 $\tilde{Y}_i, X_i'$ 代入式（8-31）可以算出序列 h_i，$i=1, 2, \cdots, n$。注意此时一共用了 $n+m$ 个样本观测。将 Y_i，X_i，h_i 代入式（8-35）中，形成一个含有参数 θ 的对数似然函数 $L(\theta)$，我们的任务是使它极大化，从而求出 θ 的估计，即

$$L(\hat{\theta})=\max_{\theta}L(\theta) \tag{8-36}$$

这可以用由 Sargent 改进的 Powell 算法完成。

2. 不相关假设下的广义矩估计方法

假设回归方程中的残差与解释变量无关，即

$$E((Y_i-X_i'\beta)X_i)=0 \tag{8-37}$$

同时假设在自回归条件异方差模型关系式中的残差项与滞后的均方残差也无关，即

$$E(v_iZ_i)=E((\varepsilon_i^2-\mathrm{h_i})Z_i)=0 \tag{8-38}$$

在这些假设下，国外研究者通过使用广义矩估计（Generalized Method of Moments，GMM）

做出 ARCH 模型的参数估计。

还是设$\theta' = (\beta', \delta')$, δ, $\tilde{Y}_i$, $Z_i(\beta)$意义如前，记

$$g(\theta,\tilde{Y}_i) = \begin{pmatrix} \frac{1}{n}\sum_{i=1}^{n}(Y_i - X_i'\beta)X_i \\ \frac{1}{n}\sum_{i=1}^{n}\left[(Y_i - X_i'\beta)^2 - (Z_i(\beta))'\delta\right]Z_i(\beta) \end{pmatrix} \tag{8-39}$$

则这里的 GMM 方法是要极小化

$$L(\theta) = \left[g\left(\theta;\tilde{Y}_i\right)\right]' \hat{S}_i^{-1}\left[g\left(\theta;\tilde{Y}_i\right)\right] \tag{8-40}$$

即

$$L(\hat{\theta}) = \min_{\theta} L\left(\theta\right) \tag{8-41}$$

函数$L(\theta)$中的$\hat{S}_i^{-1}$是参数估计的标准差矩阵。

对于 ARCH 模型的检验，Engle（1982）用拉格朗日乘子法导出了 ARCH 模型的检验办法。

首先在数据基本关系式$Y_i = X_i'\beta + \varepsilon$中使用普通最小二乘算出$\hat{\beta}$，从而得到样本残差$\varepsilon_i$的估计

$$\hat{\varepsilon}_i = Y_i - X_i'\hat{\beta},\ i = -p+1, -p+2, \cdots, 0,\ 1\cdots,\ n \tag{8-42}$$

使用这 $n+p$ 个数据，做 p 阶自回归

$$\hat{\varepsilon}_i^2 = \alpha_0 + \alpha_1\varepsilon_{i-1}^2 + \cdots + \alpha_p\varepsilon_{i-p}^2, i = 1, \cdots, n \tag{8-43}$$

在

$$\hat{\varepsilon}_i \sim N(0,\sigma^2), i = 1, \cdots, n \tag{8-44}$$

的假定下，自回归式（8-42）的残差平方和R_e^2收敛于自由度为 p 的χ^2分布，即

$$R_e^2 \to \chi^2\left(p\right) \tag{8-45}$$

据此可以做出关于原始数据回归的残差 ε_i 的方差是否随时间段改变的假设检验。

8.3.2 GARCH 模型及其衍生模型

ARCH（m）模型的残差 ε_i 满足

$$E\left(\varepsilon_t^2 \middle| \varepsilon_{t-1}^2,\cdots,\varepsilon_{t-m}^2\right)=\mathrm{h}_t=\alpha_0+\alpha_1\varepsilon_{t-1}^2+\alpha_2\varepsilon_{t-2}^2+\cdots+\alpha_m\varepsilon_{t-m}^2 \tag{8-46}$$

如果其中滞后的阶数 m 过大，甚至趋于无穷，就需要重新表述模型，从而引入了广义 ARCH 模型——GARCH 模型。

ARCH（m）模型的残差特性主要表现为

$$\varepsilon_t=\sqrt{h_t}\cdot v_t \tag{8-47}$$

其中 $\{v_t\}$ 独立同分布，且均值为 0，方差为 1。令 ARCH 过程的阶数 $m\to\infty$，条件异方差 h_t 可表示为

$$h_t=\alpha_0+\alpha_1\varepsilon_{t-1}^2+\alpha_2\varepsilon_{t-2}^2+\cdots=\alpha_0+H\left(L\right)\varepsilon_t^2 \tag{8-48}$$

这里，H（L）为无穷阶滞后多项式

$$H\left(L\right)=\sum_{j=1}^{\infty}H_jL^j \tag{8-49}$$

一个自然的想法是将它表示为两个有限滞后多项式的商

$$H\left(L\right)=\frac{\alpha\left(L\right)}{1-\delta\left(L\right)}=\frac{\alpha_1L+\alpha_2L^2+\cdots+\alpha_mL^m}{1-\delta_1L-\delta_2L^2-\cdots-\delta_rL^r} \tag{8-50}$$

式中滞后多项式 $1-\delta\left(L\right)$ 的特征方程 $1-\delta z=0$ 的根都在单位圆之外。将式（8–50）代入式（8–46），两边同乘以 $1-\delta\left(L\right)$ 得

$$\left[1-\delta\left(L\right)\ h_t\right]=\left[1-\delta\left(1\right)\right]\alpha_0+\alpha\left(L\right)\varepsilon_t^2 \tag{8-51}$$

于是可将 h_t 表达为

$$h_t=k_0+\delta_1h_{t-1}+\delta_2h_{t-2}+\cdots+\delta_rh_{t-r}+\alpha_1\varepsilon_{t-1}^2+\alpha_2\varepsilon_{t-2}^2+\cdots+\alpha_m\varepsilon_{t-m}^2 \tag{8-52}$$

式中的常数项 k_0 是

$$k_0=\left(1-\delta_1-\delta_2-\cdots-\delta_r\right)\alpha_0 \tag{8-53}$$

这样我们就成功地将无限滞后的 h_t 表达成两个部分的有限滞后。

由式（8–52）定义的 h_t 取代 ARCH 模型中的 $h_i=\alpha_0+\alpha_1\varepsilon_{i-1}^2+\alpha_2\varepsilon_{i-2}^2+\cdots+\alpha_m\varepsilon_{i-m}^2$，模型就成为广义的 ARCH 模型，简称 GARCH（Generalized ARCH）模型，记为 GARCH（r，m）。当 r=0 时，模型成为普通的 ARCH（m）模型；当 m=r=0 时，ε_t 为一白噪声过程。

系数 H_i 和 δ_i，α_i 之间存在递推关系。当 $i=1,\cdots,m$ 时，$H_i=\alpha_i+\sum_{j=1}^{n}\delta_j H_{i-j}$；而当 $i=m+1$，$m+2,\cdots$ 时，$H_i=\sum_{j=1}^{n}\delta_j H_{i-j}$，这里 $n=\min\{r,i-1\}$。

由式（8-52）中的 h_t 定义的 GARCH（m）过程是稳定的随机过程，并有 $E(\varepsilon_t)=0$，$D(\varepsilon_t)=k_0\left[1-\alpha(1)-\delta(1)\right]^{-1}$ 和 $Cov(\varepsilon_t,\varepsilon_s)=0,(t\neq s)$ 的充分必要条件是

$$\alpha(1)+\delta(1)<1 \tag{8-54}$$

这里 $\alpha(1)=\sum_{i=1}^{m}\alpha_i$，$\delta(1)=\sum_{i=1}^{r}\delta_i$。

最简单的 GARCH 过程具有 GARCH（1，1）过程，在式（8-50）中令 $m=1$，$r=1$，得

$$h_t=k_0+\delta_1 h_{t-1}+\alpha_1\varepsilon_{t-1}^2 \tag{8-55}$$

式中，$k_0>0$，$\delta_1\geqslant 0$，$\alpha_1\geqslant 0$，GARCH（1，1）是稳定过程的充分必要条件为 $\rho_1+\alpha_1<1$。

GARCH（1，1）过程具有 $2m$ 阶矩的充分必要条件为

$$\mu(\delta_1,\alpha_1,m)=\sum_{j=0}^{m}\binom{m}{j}d_j\delta_1^{m-j}\alpha_1^j<1 \tag{8-56}$$

这里 m 是一正整数，$d_0=1$，$d_j=\prod_{i=1}^{j}(2i-1)$，$j=1,2,\cdots$，而且 ε_t 的 $2m$ 阶矩满足

$$E\left(\varepsilon_t^{2m}\right)=\frac{d_m}{1-\mu(\delta_1,\alpha_1,m)}\left[\sum_{n=0}^{m}d_n^{-1}E\left(\varepsilon_t^{2n}\right)k_0^{m-n}\binom{m}{m-n}\mu\left(\delta_1,\alpha_1,n\right)\right] \tag{8-57}$$

然后我们考虑估计 GARCH 回归模型的参数问题，将模型的主体部分表示为回归，如果是自回归形式，则其中自变量只是因变量的滞后项。

$$y_t=X_t'\beta+\varepsilon_t \tag{8-58}$$

$$\varepsilon_t=\sqrt{h_t}\cdot v_t \tag{8-59}$$

$$v_t\sim N(0,1) \tag{8-60}$$

$$h_t=k_0+\sum_{i=1}^{r}\delta_i h_{t-i}+\sum_{i=1}^{m}\alpha_i\varepsilon_{t-i} \tag{8-61}$$

我们考虑的是参数的最大似然估计，所以模型里有误差正态假设。将模型的观察集记为

$$\tilde{Y}_i=(y_t,y_{t-1},\cdots,y_1,y_0,\cdots,y_{-p+1};X_t',X_{t-1}',\cdots,X_1',X_0',\cdots,X_{-p+1}')' \tag{8-62}$$

将模型的参数集记为

$$\tilde{z}_t=\left(\varepsilon_{t-1}^2,\varepsilon_{t-2}^2,\cdots,\varepsilon_{t-m}^2,h_{t-1},\cdots,h_{t-r}\right)' \tag{8-63}$$

$$\tilde{\delta}=\left(k_0,\alpha_1,\cdots,\alpha_m,\delta_1,\cdots,\delta_r\right)' \tag{8-64}$$

$$\theta=\left(\beta',\delta'\right)' \tag{8-65}$$

将 h_t 表示为样本和参数集的函数

$$h_t=k_0+\sum_{i=1}^{r}\delta_i h_{t-i}+\sum_{i=1}^{m}\alpha_i(y_{t-i}-X'_{t-i}\beta)^2 \tag{8-66}$$

注意其中的 h_{t-i} 有一个推进计算过程，则可将 GARCH 模型的对数似然函数表示为

$$L\left(\theta\middle|\tilde{Y}_t\right)=-\frac{T}{2}\ln\left(2\pi\right)-\frac{1}{2}\sum_{t=1}^{T}\ln\left(h_t\right)-\frac{1}{2}\sum_{t=1}^{T}\varepsilon_t^{\,2}h_t^{-1} \tag{8-67}$$

我们的任务是使它极大化，从而求出 θ 的估计，即

$$L\left(\hat{\theta}\right)=\max_{\theta}L\left(\theta\right) \tag{8-68}$$

这还是可以用由 Sargent 改进的 Powell 算法完成。

在近几年的时间里，ARCH 模型和 GARCH 模型的相关研究迅速发展，已经扩展为多种形式，其中大部分是对条件方差 h_t 在作用和形式方面的推广，主要包括：GARCH 模型的条件方差 h_t 又是单位根过程的 IGARCH 模型，条件方差 h_t 的对数 $\ln h_t$ 满足类似于 GARCH 条件的 EGARCH 模型，多元的 GARCH 模型，等等。模型参数估计也发展到非参数估计和半参数估计。

1. Integrated GARCH 模型

注意 GARCH 模型的表达式（8–58）至式（8–61），其中式（8–61）意味着 u_t^2 遵从自回归移动平均过程 ARMA，因为 $h_t=\sum_{i=1}^{m}\alpha_i\varepsilon_{t-i}$ 是自回归的形式，$h_t=\sum_{i=1}^{r}\delta_i h_{t-i}$ 是移动平均的形式。如果这个 ARMA 过程存在单位根

$$\sum_{i=1}^{r}\delta_i+\sum_{i=1}^{m}\alpha_i=1 \tag{8-69}$$

那么这样的 GARCH 模型称为 Integrated GARCH 模型，简称 IGARCH 模型。

IGARCH 模型里的 u_t 的无条件方差是无限的，所以无论是 u_t 还是 u_t^2 都不能满足方差平稳过程。然而如果 u_t 的无条件密度对于所有的 t 都是相同的，那么 u_t 还是可能来自严格的平稳过程。

2. 指数的 GARCH 模型

由式（8-61）表达的 GARCH 模型条件方差是直接对 h_t 进行假设的。Nelson（1991）提出针对 $\ln h_t$ 进行假设

$$\ln(h_t)=\alpha_0+\sum_{j=1}^{\infty}H_j\left\{\left|v_{t-j}\right|-E\left|v_{t-j}\right|+g\cdot v_{t-j}\right\} \tag{8-70}$$

也就是说，h_t 表现为 v_t 的指数函数，故称为 Exponential GARCH 模型，简称 EGARCH 模型。

与 GARCH 模型相比，EGARCH 模型关于条件方差的假设有两点不同。第一个不同体现在表达式的右边形式，这使得 h_t 在随机干扰 v_t 取正、负值时有不同程度的变化，从而能更好地体现金融产品价格波动的情况。例如，在股票市场中，若将利多消息看作是对股票价格的正干扰，利空消息被认为是负干扰，那么股票价格对正负干扰的反应程度往往具有不对称性，通常对相同程度的负干扰的反应更为强烈，这种现象就可以由 EGARCH 模型进行描述。如参数 g 为一负数，且 $-1<g<0$，那么一个负干扰 $\left(v_{t-j}<0\right)$ 所引起的 h_t 的变化，比相同程度的正干扰 $\left(v_{t-j}<0\right)$ 所引起的要大一些。反之，若 $g>0$，同样程度的正干扰引起 h_t 的变化则更大一些。若 $g=0$，则 h_t 对于正负干扰的变化是对称的。第二个不同是条件方差 h_t 由指数形式表示，所以无论式中的参数 $H_j\left(j=1,2\ \cdots\right)$ 取什么实数，条件方差 h_t 总大于零。因此，在对 EGARCH 模型作参数估计时，就不需要对 H_j 的值做出约束，从而可以减少数值计算的工作量。并且可以验证，当条件 $\sum_{j=1}^{\infty}H_j^2<\infty$ 时，EGARCH 过程 $\left\{\varepsilon_t\right\}$ 为一稳定的随机过程。

另外，我们可以将无穷阶的滞后多项式 $H(L)$ 表示成两个有限阶的滞后多项式 $\alpha(L)$ 和 $1-\delta(L)$ 的比，即 $H(L)=\alpha(L)/[1-\delta(L)]$，这样 $\ln h_t$ 的表示形式是有限的项数

$$\begin{aligned}\ln(h_t)=&k_0+\delta_1\ln h_{t-1}+\cdots+\delta_r\ln h_{t-r}+\alpha_1\left[\left|v_{t-1}\right|-E\left|v_{t-1}\right|+g\cdot v_{t-1}\right]\\&+\alpha_2\left[\left|v_{t-2}\right|-E\left|v_{t-2}\right|+g\cdot v_{t-2}\right]+\cdots+\alpha_m\left[\left|v_{t-m}\right|-E\left|v_{t-m}\right|+g\cdot v_{t-m}\right]\end{aligned} \tag{8-71}$$

EGARCH 模型的参数估计可以用最大似然估计。Nelson 建议假定随机干扰 $\left\{v_t\right\}$ 服从广义误差分布（Generalized Error Distribution），则其密度函数为

$$f(x)=\frac{c\exp\left[-\frac{1}{2}\left|x/\lambda\right|^c\right]}{\lambda\cdot 2^{[(c+1)/c]}\Gamma(1/c)},0<c\leqslant\infty,-\infty<x<+\infty \tag{8-72}$$

式中，$\Gamma(\cdot)$ 是 Γ 函数，c 和 λ 均是常数，λ 的值为

$$\lambda=\sqrt{\frac{2^{(-2/c)}\Gamma(1/c)}{\Gamma(3/c)}} \tag{8-73}$$

它被称为尾部厚度参数（Tail-thickness Parameter）。当参数 $c=2$ 时，$\lambda=1$，$f(x)$ 为标准正态分布；当 $c<2$ 时，$f(x)$ 有较正态分布更厚的尾部；当 $c>2$ 时，$f(x)$ 有较正态分布更薄的尾部；特别当 $c\to\infty$ 时，$f(x)$ 趋于 $\left[-\sqrt{3},\sqrt{3}\right]$ 上的均匀分布，容易算出，广义误差分布的均值为 0，方差为 1，变量绝对值的期望为

$$E\left|v_t\right|=\frac{\lambda\cdot 2^{1/c}\Gamma(2/c)}{\Gamma(1/c)} \tag{8-74}$$

特别当 $c=2$ 的标准正态分布情形

$$E\left|v_t\right|=\sqrt{2/\pi} \tag{8-75}$$

Nelson 使用 EGARCH 模型分析股票市场逐日的回报率 r_t。假定 r_t 满足关系式

$$r_t=a+br_{t-1}+\delta h_t+u_t \tag{8-76}$$

残差 $u_t=\sqrt{h_t}\cdot v_t$，而 v_t 独立同分布于广义误差分布式（8-72）。在 GARCH（r，m）形式中取 $r=2$，$m=2$，条件方差的对数为

$$\begin{aligned}\ln h_t-\varsigma_t&=\delta_1\left(\ln h_{t-1}-\varsigma_{t-1}\right)+\delta_2\left(\ln h_{t-2}-\varsigma_{t-2}\right)\\&\quad+\alpha_1\left[\left|v_{t-1}\right|-E\left|v_{t-1}\right|+g\cdot v_{t-1}\right]+\alpha_2\left[\left|v_{t-2}\right|-E\left|v_{t-2}\right|+g\cdot v_{t-2}\right]\end{aligned} \tag{8-77}$$

再令 $\ln h_t$ 的无条件均值项 ς_t 是时间的函数

$$\varsigma_t=\varsigma+\ln\left(1+\kappa N_t\right) \tag{8-78}$$

式中，N_t 表示在时刻 t 与 $t-1$ 之间的非交易日天数，ς 与 κ 是待估参数。样本的最大似然估计函数为

$$\begin{aligned}L(\theta)&=T\left(\ln\frac{c}{\lambda}-\left(1+\frac{1}{c}\right)\ln 2-\ln\Gamma\left(\frac{1}{c}\right)\right)\\&\quad-\frac{1}{2}\sum_{t=1}^{T}\left|\frac{r_t-a-br_{t-1}-\delta h_t}{\lambda\sqrt{h_t}}\right|^c-\frac{1}{2}\sum_{t=1}^{T}\ln h_t\end{aligned} \tag{8-79}$$

这里的序列 $\left\{h_t\right\}_{t=1}^{T}$ 通过反复迭代（8-71）获得，其中的 v_t 又满足

$$v_t=\frac{r_t-a-br_{t-1}-\delta h_t}{\sqrt{h_t}} \tag{8-80}$$

3. 多元 GARCH 模型

现在考虑多元变量$\vec{Y}_t=(y_{1t}, y_{2t}, \cdots, y_{nt})$的 GARCH 模型。推广起来其实也不困难，因为推广到 ARCH 模型就是对模型误差假设有条件异方差的形式,再推广到 GARCH 模型就是将条件方差表示为 ARMA 的形式。多元 GARCH 模型的主体回归式为

$$\underset{n\times1}{\vec{Y}_t}=\underset{n\times k}{\Phi'}\underset{k\times1}{\vec{X}_t}+\underset{n\times1}{\vec{u}_t} \tag{8-81}$$

式中,$\vec{Y}_t$和$\vec{u}_t$都是 n 维随机向量，$\vec{X}_t$是 k 维回归自变量，$\vec{u}_t$独立同分布，Φ是待估的系数矩阵。给定观察$\tilde{Y}_t=\left[\vec{Y}_{t-1}, \vec{Y}_{t-2}, \cdots, \vec{X}_t, \bar{X}_{t-1}, \cdots\right]$，$\vec{u}_t$的条件期望和方差分别为

$$E\left(\vec{u}_t\middle|\tilde{Y}_t\right)=\vec{0} \tag{8-82}$$

$$E\left(\vec{u}_t\vec{u}_t'\middle|\tilde{Y}_t\right)=H_t \tag{8-83}$$

Engle 与 Kroner（1993）提出H_t的向量 GARCH（r，m）结构

$$\begin{aligned}H_t=&K+\Delta_1H_{t-1}\Delta_1'+\Delta_2H_{t-2}\Delta_2'+\cdots+\Delta_rH_{t-r}\Delta_r'\\&+A_1\vec{u}_{t-1}\vec{u}_{t-1}'A_1'+A_2\vec{u}_{t-2}\vec{u}_{t-2}'A_2'+\cdots+A_m\vec{u}_{t-m}\vec{u}_{t-m}'A_m'\end{aligned} \tag{8-84}$$

式中，K，Δ_s和$A_s(s=1, 2, \cdots)$均是 $n\times n$ 的系数矩阵，这样的结构可以保证在 K 是正定时 H_t也是正定的，而 K 是正定只需要假定 $K=PP'$ 的形式，这里 P 是下三角矩阵。

为使计算简化，可假设参数矩阵Δ_s和$A_s(s=1, 2, \cdots)$为对角矩阵。此时随机变量u_{it}和u_{jt}之间的条件协方差$Cov\left(u_{it}\cdot u_{jt}\middle|\tilde{Y}_t\right)$只是$u_{i,\,t-s}\cdot u_{j,\,t-s}$的函数$(s=1, 2, \cdots)$，而不依赖于其他的交叉项，从而使参数估计大为简化。

另一个常用的简化办法是假设随机向量$\vec{u}_t$中的各元素之间的相关系数不依赖于时间 t，以$h_{ii}^{(t)}$表示矩阵H_t的第 i 行和第 i 列上的元素，它是元素u_{it}的条件方差，即

$$h_{ii}^{(t)}=E\left(\mathrm{u}_{it}^2\middle|\tilde{Y}_t\right) \tag{8-85}$$

这里每一个条件方差可以假定服从 GARCH（1，1）过程

$$h_{ii}^{(t)}=k_i+\delta_ih_{ii}^{(t-1)}+\alpha_iu_{i,\,t-1}^2,\ i=1, 2, \cdots, n \tag{8-86}$$

以$h_{ii}^{(t)}$表示矩阵H_t的第 i 行和第 j 列上的元素，可以类似假定为

$$h_{ij}^{(t)}=Cov\left(u_{it},u_{jt}\middle|\tilde{Y}_t\right)=\rho_{ij}\cdot\sqrt{h_{ii}^{(t)}}\cdot\sqrt{h_{jj}^{(t)}} \tag{8-87}$$

式中，ρ_{ij}与 t 无关。在这一系列的假定下，Bollerslev（1990）做出了多元 GARCH 模型参数的最大似然估计。

8.4 STIRPAT 模型

碳排放量受社会经济系统中的诸多因素（如人口数量、工业发展水平等）影响。环境恶化是科学技术进步、人口因素和经济发展的共同作用。因此，众多学者针对环境的影响因素这一问题展开研究，学术界也提出了 IPAT 方程对该问题进行深入研究。关于科学技术水平进步与环境之间关系，部分学者认为二者之间有显著的相关性，科学技术水平进步能对生态环境造成恶劣的影响。但 Chertow（2001）、Kwon（2005）、Hubacek（2007）和 Feng（2009）等则认为人口因素和经济发展是导致环境恶化的罪魁祸首。Enrlich 与 Holden 早在 20 世纪 70 年代就提出了 IPAT 恒等式。IPAT 恒等式通过区域的环境影响、人口发展、富裕程度和科学技术水平去衡量四者之间的作用机制，研究认为，影响环境的主要原因是人口、财富和技术。该恒等式提出之后也被广泛应用于环境、人口、经济和技术之间的研究中。IPAT 恒等式的表达式为

$$I=P\times A\times T \tag{8-88}$$

式中，I 代表区域内的环境影响；P 是人口发展；A 是富裕程度；T 代表的是城市的科学技术水平。

在建立 IPAT 恒等式时需要先假设各驱动因素对环境的影响程度是一样的，没有区别，同时还需要假设当驱动因素变化百分之一时，对环境的影响也随着变化百分之一。从目前的研究来看，IPAT 恒等式较为实用，被大多数学者广泛应用于环境影响因素的研究中，但该恒等式在研究中存在较大的局限性，首先 IPAT 恒等式不能有效识别影响环境变化各驱动因素的影响程度，其次该恒等式在计算之前所做出的假设缺乏科学性，各驱动因素和环境在变化时不可能存在等比例的变化情况。因此有学者针对 IPAT 恒等式的缺陷提出了改进策略。罗萨（Rosa）和迪茨（Dietz）以 IPAT 恒等式为基础，建立了其随机形式 STIRPAT（Stochastic Impacts by Regression on Population, Affluence and Technology）模型，通过对人口、财富和技术条件的统计回归，进行碳排放影响的随机估计。①

① Dietz T, Rosa E A. Rethinking the environmental impacts of population, affluence and technology [J]. Human Ecol. Rev. 1994 (1): 277-300.

STIRPAT 模型的表达式为

$$I = aP^b A^c T^d e \tag{8-89}$$

式中，I、P、A、T 分别表示环境压力、人口规模、富裕程度和技术水平；a 是模型系数；e 是模型误差项；b、c、d 是人口、财富和技术条件指数。指数的引入使 STIRPAT 模型可以用于分析驱动因素对碳排放的非比例影响。对模型两边取自然对数，得

$$\ln I = \ln a + b(\ln P) + c(\ln A) + d(\ln T) + \ln e \tag{8-90}$$

上述方程的回归系数反映的是因变量与自变量之间的弹性系数，因此，其不仅可以将各系数作为参数进行估计，还能更好地反映社会经济因素与环境因素之间的变化关系。此外，STIRPAT 模型还可以根据研究问题的不同，对各影响因素进行进一步分解。如研究区域碳排放的影响因素时，可以将城市化率、产业结构、能源消费结构、能源价格和对外开放水平等引入模型；研究区域工业碳排放时，可以用工业投资规模代替人口规模；研究工业行业碳排放时，可加入研发投入强度作为影响因素。

STIRPAT 模型相比于 IPAT 恒等式，不仅保持了原有方程的乘积形式，而且在研究环境影响因素时依然取人口、经济和技术作为影响环境的关键性驱动因素。同时 STIRPAT 模型相比于 IPAT 恒等式最主要的优势在于，现有模型可以接受单位根的检验，同时还允许将人口、经济和技术因素进行拆分，可分解成人口规模、能源结构、年龄结构、城镇化等直观指标。而影响碳排放最主要的影响因素包括人口因素、经济因素、能源因素和技术因素。其中人口因素包括人口规模、年龄结构、性别比例、城镇化水平；经济因素包括居民消费能力（人均 GDP）；技术因素包括产业结构和公共交通；能源因素包括能源强度等。

8.5 MESEIC 模型

图 8-4 展示了中国多区域能源供给系统及其环境影响评估模型（简称 MESEIC）结构。MESEIC 模型是一个多区域、多阶段自底向上的优化模型，模型中依据实际地理边界将中国大陆地区划分为 32 个省份区域（其中内蒙古分为蒙东、蒙西）。规划年限为 2010—2050 年，规划时间步长为一年。模型由输入数据、目标函数、约束条件和输出数据四个模板组成。MESEIC 模型涉及 SO_2、NO_x 和粉尘三种大气污染物的计算以及二氧化碳排放的计算。

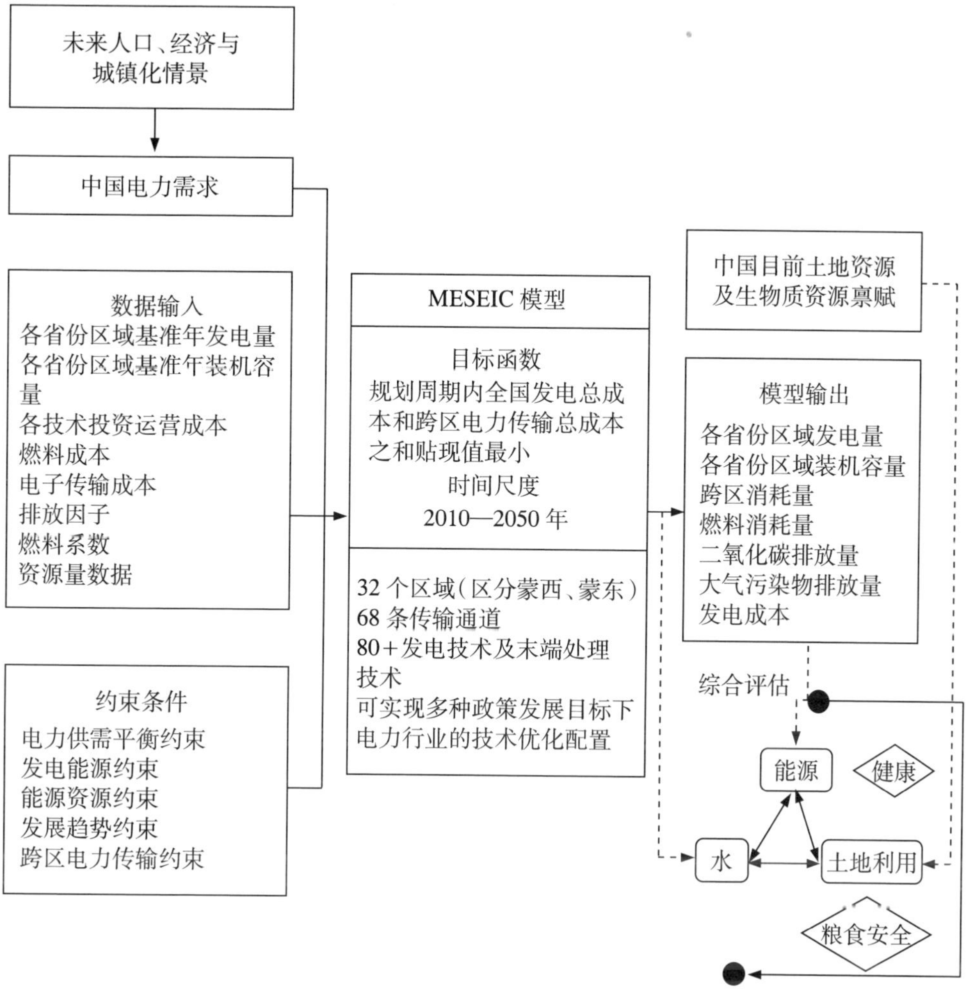

图 8-4　MESEIC 模型结构

模型考虑了以下四类共 14 种发电技术：

（1）燃煤发电技术：包括小于 300 MW 的流化床煤电技术（Fluidized Bed Combustion，简称 FBC）和小煤粉炉煤电技术、整体煤气化联合循环发电技术（Integrated Gasification Combined Cycle，简称 IGCC）、煤粉炉煤电技术（亚临界煤电、超临界煤电和超超临界煤电）和循环流化床煤电技术（Circulating Fluidized Bed Combustion，简称 CFBC）。

（2）除煤电以外的其他化石能源发电技术，包括石油发电和天然气发电。

（3）可再生能源发电技术，包括太阳能发电、风电、水电和生物质能发电技术。

（4）核电。

MESEIC 模型中模拟了五种大气排放物的末端处理技术：与循环流化床技术相匹配的炉内脱硫、与煤粉炉发电技术相匹配的烟气脱硫（Flue Gas Desufuization，简称 FGD）、低氮燃烧器（Low NOx Burner，简称 LNB）、烟气脱硝，以及碳捕获与封存（Carbon Capture and Storage，简称 CCS），见图 8-5。

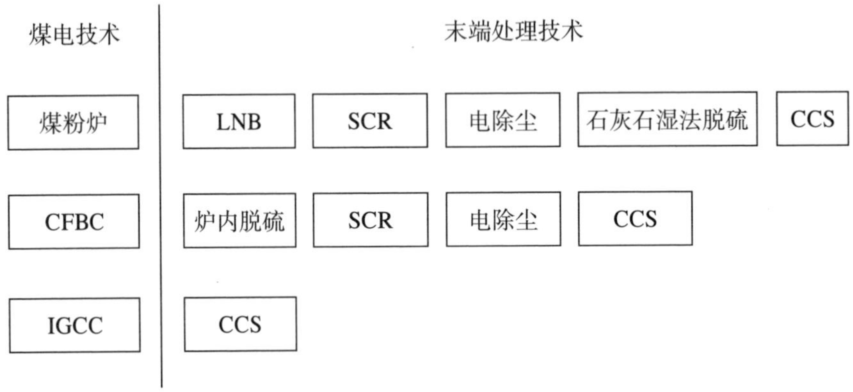

图 8-5　不同煤电技术类型可选的大气排放物末端控制技术

8.6　空间计量模型

空间计量模型解决了回归模型中空间相互作用和空间依存性的复杂结构问题。长期以来，主流经济理论中的空间事物无关联及均质性假定的局限性，以及普遍使用忽视空间效应的普通最小二乘法进行模型估计，使得在实际应用中经常会出现模型偏差的问题，进而导致经济研究得出的各种结果和结论缺乏完整性、科学性和解释力。空间计量经济学理论认为，一个地区空间单元上的某种经济地理现象或某一属性值与邻近地区空间单元上的同一现象或属性值是相关的。几乎所有的空间数据都具有空间依赖性或空间自相关性的特征，而空间依赖性的存在违反了大多数经典统计和计量分析中相互独立的基本假设。换言之，来自不同地区的数据之间存在着空间相关性，它与时间序列相关，并与之相对应。

根据空间计量方法的原理，空间计量分析的思路如下：首先利用空间统计分析的 Moran 指数法，判断因变量是否存在空间自相关；如果存在空间自相关性，则根据空间计量经济学的理论方法建立空间计量模型，进行空间计量估计和检验。

1. 空间自相关性

要检验空间相关性存在与否，实际应用研究中常常使用空间自相关指数 *Moran's I*，其计算公式为

$$Moran's\ I = \frac{\sum_{i=1}^{n}\sum_{j=1}^{n} W_{ij}\left(Y_i - \bar{Y}\right)\left(Y_j - \bar{Y}\right)}{S^2 \sum_{i=1}^{n}\sum_{j=1}^{n} W_{ij}} \tag{8-91}$$

式中，$S^2 = \frac{1}{n}\sum_{i=1}^{n}\left(Y_i - \bar{Y}\right)$；$\bar{Y} = \frac{1}{n}\sum_{i=1}^{n} Y_i$，$Y_i$是第 i 地区的观测值；n 是地区总数；W_{ij} 是二进制的邻接空间权值矩阵，表示其中的任一元素，采用邻接标准或距离标准，其目的是定义空间对象的相互邻接关系，有利于将地理信息系统（GIS）数据库的相关属性与所研究的地理区域进行比较。一般邻接标准的W_{ij}为

$$W_{ij} = \begin{cases} 1 & \text{当区域 } i \text{ 和地域 } j \text{ 相邻} \\ 0 & \text{当区域 } i \text{ 和区域 } j \text{ 不相邻} \end{cases} \tag{8-92}$$

式中，$i=1, 2, \cdots, n; j=1, 2, \cdots, m; m=n$ 或 $n \neq m$。习惯上，令 W 的所有对角线元素 $W_{ij} = 0$。

Moran's I 指数可看作各地区观测值的乘积和，其取值范围在−1 到 1 之间，若各地区间经济行为为空间正相关，其数值应当较大；若负相关则较小。具体到空间依赖性问题上，当目标区域数据在空间区位上相似的同时也有相似的属性值时，空间模式整体上就显示出正的空间自相关性；而当在空间上邻接的目标区域数据不同寻常地具有不相似的属性值时，就呈现为负的空间自相关性；零空间自相关性出现在当属性值的分布与区位数据的分布相互独立时。

根据 *Moran's I* 指数的计算结果，可采用正态分布假设检验 n 个区域是否存在空间自相关关系，其标准化形式为

$$Z(d) = \frac{\text{Moran's } I - E(I)}{\sqrt{VAR(I)}} \tag{8-93}$$

根据空间数据的分布可以计算正态分布 *Moran's I* 指数的期望值及方差

$$E_n(I) = -\frac{1}{n-1} \tag{8-94}$$

$$VAR_n(I) = \frac{n^2 w_1 + n w_2 + 3 w_0^2}{w_0^2 (n^2 - 1)} - E_n^2(I) \tag{8-95}$$

式中，$w_0=\sum_{i=1}^{n}\sum_{j=1}^{n}w_{ij}$，$w_1=\frac{1}{2}\sum_{i=1}^{n}\sum_{j=1}^{n}(w_{ij}+w_{ji})^2$，$w_2=\sum_{i=1}^{n}(w_i+w_j)^2$，$w_i$和$w_j$分别为空间权值矩阵中 i 行和 j 列之和。

式（8-94）、式（8-95）可以用于检验 n 个区域是否存在空间自相关关系。如果 *Moran's I* 指数的正态统计量的 Z 值大于正态分布函数在 0.05 水平下的临界值 1.96，则表明在空间分布上具有明显的正向相关关系，正的空间相关代表相邻地区的类似特征值出现集群趋势。

2. 空间计量模型及估计技术

空间计量经济学模型有多种类型，本章所用到的空间计量模型主要是纳入了空间效应（空间相关和空间差异），适用于计算截面数据的空间常系数回归模型，包括空间滞后模型（Spatial Lag Model，SLM）与空间误差模型（Spatial Error Model，SEM）两种。

（1）空间滞后模型（SLM）。空间滞后模型主要探讨各变量在一个地区是否有扩散现象（溢出效应），其表达式为

$$Y=\rho W_y+X\beta+\varepsilon \tag{8-96}$$

式中，Y 是因变量；X 是 $n\times k$ 的外生解释变量矩阵；ρ是空间回归系数，反映了样本观测值中的空间依赖作用，即相邻区域的观测值 W_y 对本地区观察值 y 的影响方向和程度；W 是 $n\times n$ 阶的空间权值矩阵，一般用邻接矩阵（Contiguity Matrix）；W_y 是空间滞后因变量；ε是随机误差项向量。

参数β反映了自变量 X 对因变量 Y 的影响，空间滞后因变量 W_y 是一内生变量，反映了空间距离对区域行为的作用。区域行为受到文化环境和与空间距离有关的迁移成本的影响，具有很强的地域性。

（2）空间误差模型（SEM）。空间误差模型的数学表达式为

$$Y=X\beta+\varepsilon \tag{8-97}$$

$$\varepsilon=\lambda W\varepsilon+\mu \tag{8-98}$$

式中，ε是随机误差项向量；λ是 $n\times 1$ 的截面因变量向量的空间误差系数；μ是正态分布的随机误差向量。

参数λ衡量了样本观察值中的空间依赖作用，即相邻地区的观察值对本地区观察值 Y 的影响方向和程度，参数β反映了自变量 X 对因变量 Y 的影响。SEM 的空间依赖作用存在于扰动误差项之中，度量了邻接地区关于因变量的误差冲击对本地区观察值的影响程度。

（3）估计技术。对于上述两种模型的估计如果仍然采用最小二乘法，则系数估计值会有偏差或者无效，因此需要通过工具变量法、极大似然法或广义最小二乘估计等其他方法来进行估计。

3. 空间自相关检验及 SLM、SEM 的选择

判断空间相关性是否存在，以及 SLM 和 SEM 哪个模型更恰当，一般可通过包括 *Moran's I* 检验、两个拉格朗日乘数（Lagrange Multiplier）形式 LMERR、LMLAG 和稳健（Robust）的 R-LMERR、R-LMLAG 等来实现。

由于不可能根据以往的经验得出 SLM 和 SEM 模型中是否存在空间依赖性的结论，因此有必要构建一个判别标准来确定哪一个空间模型在客观上更符合实际情况。Anselin 等人（2004）提出了以下判别标准：如果在空间依赖性检验中，LMLAG 在统计上比 LMERR 更显著，且 R-LMLAG 显著，但 R-LMERR 不显著，则可以得出适当的模型是空间滞后模型；反之，如果 LMERR 在统计上比 LMLAG 更显著，且 R-LMERR 显著，但 R-MLAG 不显著，则可以得出适当的模型是空间误差模型。除了拟合优度检验以外，常用的检验准则还有施瓦茨准则（Schwartz Criterion，SC）、自然对数似然函数值（LogLikelihood，LogL）、似然比率（Likelihood Ratio，LR）、赤池信息准则（Akaike Information Criterion，AIC）。对数似然值越大，AIC 和 SC 值越小，则模型拟合效果越好。这几个指标也用来比较 OLS 估计的经典线性回归模型和 SLM、SEM，其中似然值的自然对数最大的模型最好。

8.7　面板数据模型

面板数据也称为平行数据或纵向数据，是指在一段时间内同一组个体的多个时序数据所构成的数据集合。它既包含横截面维度（个体数 N），也包含时间维度（时期数 T）。例如，2000—2018 年中国大陆 31 个省份的 GDP 数据就构成一组面板数据。如果面板数据中时期数较少而个体数较多，那么将这类面板数据称为“短面板”；反之，如果时期数较多而个体数较少，那么将这类面板数据称为“长面板”。在面板数据模型中，如果解释变量包含被解释变量的滞后项，那么称这类模型为“动态面板数据模型”；否则，称为“静态面板数据模型”。

面板数据模型是研究社会和经济问题的具有重要价值的一类数据模型，它不仅可以同时利用截面数据和时间序列数据建立计量经济模型，而且能够更好地识别和度量单纯的时间序列模型和单纯的截面数据模型所不能发现的影响因素，能够构造和检验更复杂的数学模型。因此，面板数据模型在许多领域都有良好的应用前景。例如，在宏观经济领域，它被广泛用于税收、金融、经济增长、技术创新、产业结构、劳动经济学等领域。近年来，面板数据模型在环境经济学中也发挥了重要作用。

用面板数据建立的模型通常有三种，即混合模型（Mixed Effects Model）、固定效应模型（Fixed Effects Model）和随机效应模型（Random Effects Model）。

混合面板数据模型的定义为①

$$y_{it}=\alpha+X_{it}\beta+\varepsilon_{it},i=1,2,\cdots,N,t=1,2,\cdots,T \tag{8-99}$$

式中，y_{it}是被回归变量（标量）；α是截距项；X_{it}是 $k\times1$ 阶回归变量列向量（包括 k 个回归量）；β是 $k\times1$ 阶回归系数列向量；ε_{it}是误差项（标量）。

混合模型的特点是无论对任何个体和截面，回归系数α和β都相同。如果模型是正确设定的，解释变量与误差项不相关，即$Cov\left(X_{it},\varepsilon_{it}\right)=0$。那么，无论是$N\to\infty$，还是$T\to\infty$，模型参数的混合最小二乘估计量（Pooled OLS）都是一致估计量。

固定效应模型分为三种类型，即个体固定效应模型（Entity Fixed Effects Model）、时点固定效应模型（Time Fixed Effects Model）和个体时点双固定效应模型（Time and Entity Fixed Effects Model）。个体固定效应模型将上式中的α替换为随机变量，表示对于 N 个个体有 N 个不同的截距项，且其变化与X_{it}有关，模型假定条件为$E\left(\varepsilon_{it}\middle|\alpha_i,X_{it}\right)=0$，$i=1,2,\cdots,N$，$N$，$\alpha_i$作为随机变量描述根据不同个体建立的模型间的差异。时点固定效应模型将上式中的α替换为随机变量γ_t，表示对于 T 个截面（时点）有 T 个不同的截距项，且其变化与X_{it}有关，对于每个截面，回归函数的斜率相同，γ_t却因截面（时点）不同而存在差异，可见时点固定效应模型中的截距项γ_t包括了那些随不同截面（时点）变化，但不随个体变化的难以观测的变量的影响。个体时点双固定效应模型将上式中的α替换为$\alpha_i+\gamma_t$，即同时纳入了个体和时点两种固定效应。

随机效应模型分为时点随机效应模型和个体随机效应模型，其中个体随机效应模型最为常用，其特点是加入的随机变量α_i的分布与X_{it}无关。

面板数据模型的常用估计方法有：① 混合最小二乘法（Pooled OLS）（适用于混合模型）；② 平均数最小二乘法（Between OLS）（适用于混合模型和个体随机效应模型）；③ 离差变换最小二乘法（Within OLS）（适用于个体固定效应回归模型）；④ 一阶差分最小二乘法（First Difference OLS）（适用于个体固定效应回归模型）；⑤ 可行广义最小

① 古扎拉蒂. 计量经济学基础［M］. 费剑平，译. 北京：中国人民大学出版社，2011.

二乘法（Feasible GLS）（适用于随机效应模型）。

面板数据常用的检验方法为 F 检验和豪斯曼（Hausman）检验。F 检验是检验模型中不同个体的截距是否相同；豪斯曼检验则是检验个体效应与回归变量是否相关。由于个体随机效应回归模型使用离差变换最小二乘法和可行广义最小二乘法进行的参数估计具有一致性，因此，二者估计量之差较小，而与个体固定随机效应使用可行广义最小二乘法进行的参数估计不具有一致性，与离差变换最小二乘法的估计结果差距较大。由此，可以根据两种估计方法的估计量之差的大小进行检验判断。需要特别注意的是，并不是所有面板数据都适合使用面板数据模型进行分析。例如，我国 34 个省（直辖市、区）20 年的历史数据是一组面板数据，且适合用面板数据模型进行分析；而虽然我国 34 个省（直辖市、区）3 年的历史数据也是一组面板数据，但由于时间序列的时间点太少，无法实现模型设定检验，就不适合运用面板数据模型进行分析。

根据对个体效应的处理方式不同，可以将其划分为固定效应模型和随机效应模型。在固定效应模型中，个体效应被视为不随时间变化的固定因素，反映在每个个体都有的一个特定的截距项上；而在随机效应模型中，个体效应被视为随机因素，假设每个个体都有相同的截距项，则个体差异反映在随机干扰项的设定上。固定效应模型可以根据需要进一步细分为无固定效应、空间固定效应、时间固定效应和空间与时间双向固定效应模型。

有观点认为，当样本来自一个较小的总体时，应选择固定效应模型，反之，则选择随机效应模型；也有观点认为，固定效应模型只能反映选中样本的情况，而随机效应则是通过样本反映整体。例如，由于在研究空间碳排放时，我们选取的样本来自数量较少的省区，而且在碳排放的空间计量中所考察的空间单元为总体的所有单元，因此，固定效应模型为较优的选择。从现有碳排放空间计量文献来看，大部分文献均选择固定效应模型，其中有的通过豪斯曼检验对固定效应和随机效应的选择进行判断，有的则是直接选取了固定效应模型。

第 9 章　产业政策与绿色低碳治理

在当今社会中，产业是国家经济发展的基础，也是一个国家实现工业化和现代化的关键因素。然而，随着人民生活水平的不断提高，环境污染、资源浪费等问题也日益凸显。因此，如何在产业发展的过程中尽可能降低对环境的影响，保护生态环境，成为各国政府和企业必须关注的问题。鉴于此，本章基于高耗能行业、交通行业和建筑行业等碳排放量大的典型行业，分析相关概念及低碳治理现状。

9.1　高耗能行业的绿色低碳治理

随着全球环境污染日益严重，绿色低碳已成为产业升级、可持续发展的必经之路。高耗能行业是全球经济发展中不可或缺的一部分，然而，它也是全球温室气体排放的主要来源之一。国家统计局数据显示，高耗能行业的总能耗占我国能源消费总量的 50% 以上，二氧化碳排放占比接近 80%。因此，实现高耗能行业的绿色低碳治理具有重要意义。

在本章节中，我们将探讨高耗能行业的概念、特点和钢铁、电力行业绿色低碳治理的现状，旨在通过加强行业治理，有效降低碳排放，推动我国经济社会可持续发展。

9.1.1　高耗能行业的碳排放总量

1. 高耗能行业的定义

高耗能行业是指在生产过程中所消耗的一次能源或二次能源比重相对较高，能源成本在产值中所占比重较大的行业。高耗能行业也称为能源消费密集型行业。

根据《2010 年国民经济和社会发展统计报告》，高耗能行业包括化学原料及化学制品制造业、黑色金属冶炼及压延加工业、有色金属冶炼及压延加工业、非金属矿物制品业、石油加工炼焦及核燃料加工业、电力热力的生产和供应业。

2. 高耗能行业的特点

高耗能行业具有如下特点：

（1）能源消费弹性系数高。能源消费弹性是指能源消费的增长速度相对于该行业生产总值的增长速度的值的大小，与我国的经济结构有密切关联。高耗能行业与其他行业相比的特殊之处在于，它的能源消费的增长速度要远高于生产总值的增长速度。

（2）能源消费在成本中的占比较大。一般而言，高耗能企业在生产过程中能源消费占成本的比例较大。其主要原因是，这些企业不仅在产品的生产上极大地依赖能源，而且在能源和最终产品的运输过程中也会消耗大量资源。因此，高耗能企业的单位成本中能源消费所占的比例较大。

（3）多为原材料供应商。高耗能企业大多为原材料供应商，如化学原料及化学制品制造业是许多化工制造厂的原材料工业部门，非金属矿物制品业是许多矿物材料的原材料工业部门，电力热力生产和供应业是大部分经济部门的动力来源。因此，高耗能企业广泛存在于各个部门，可以为国民经济的发展提供充足的物质基础。

（4）高排放、高污染。由于高耗能企业占用了全社会最大比例的资源，通常也会带来很高的污染和废料排放。高耗能企业不仅产生废水、固渣、温室气体等排放物，还会产生二氧化硫等有害气体。这会污染环境并且危害人们的健康，对整个社会的可持续发展产生不小的影响。

综上所述，高耗能产业的发展，不仅关系到我国短期节能减排任务，更与我国可持续发展密切相关。

本节将重点研究钢铁行业和电力行业的碳排放现状，以加深大家对高耗能行业的理解。

3. 钢铁行业、电力行业的定义及分类

钢铁行业[①]，即黑色金属冶炼及压延加工业。黑色金属冶炼及压延加工业包括炼铁、炼钢、钢压延加工和铁合金冶炼四个中类行业。

（1）炼铁：指用高炉法、直接还原法、熔融还原法等，将铁从矿石等含铁化合物

---

① 在国家统计局发布的文字信息中，为方便阅读，有时把“黑色金属冶炼及压延加工业”简称为“钢铁行业”。

中还原出来的生产过程。炼铁的产品分为高炉生铁、直接还原铁、熔融还原铁、球墨铸铁等。

（2）炼钢：指利用不同来源的氧（如空气、氧气）来氧化炉料（主要是生铁）中所含杂质的金属提纯过程。炼钢的产品分为连铸坯、模铸钢锭和铸钢水等。

（3）钢压延加工：指通过热轧、冷加工、锻压和挤压等塑性加工使连铸坯、钢锭发生塑性变形，制成具有一定形状尺寸的钢材产品的生产活动。钢压延加工的产品分为钢坯、铁道用钢材、大型钢材、中型钢材、小型钢材、冷弯型钢材、线材、特厚钢板、中厚钢板、薄钢板、硅钢片、钢带、无缝钢管、焊接钢管等。

（4）铁合金冶炼：指铁与其他一种或一种以上的金属或非金属元素组成的合金生产活动。铁合金冶炼的产品包括普通铁合金、特种铁合金、高炉铁合金、电炉铁合金、转炉铁合金和炉外法铁合金等。

电力行业是将煤炭、核燃料、石油、天然气、太阳光等能源转化为电能。电力行业由多个环节构成，分别为发电、配电、输电、变电和售电。从广义的角度来看，电力行业还包括安装和使用用电设备，控制电力系统，开展电力基本建设，实施电力科学研究，制造电力机械设备，统一调度电能等内容。

电力产生方式多样，按照来源的不同，可以分成传统发电模式（火电、水电等）和新能源发电模式（风电、太阳能发电、核电等）。

4. 钢铁行业、电力行业的二氧化碳排放总量

表 9-1 和图 9-1 为 1994—2020 年钢铁行业及电力行业的二氧化碳排放量情况。① 两个行业二氧化碳排放量差距较大，而且变化趋势有所不同。

从二氧化碳排放总量来看：电力行业的二氧化碳排放量较多，钢铁行业的二氧化碳排放量较少。

从二氧化碳排放量年度变化来看：1994—2013 年，钢铁行业和电力行业的二氧化碳排放量均逐渐上升。之后，两个行业出现了不同的变化趋势。电力行业，2014—2015 年期间的二氧化碳排放量呈逐年下降趋势；2016—2020 年期间的二氧化碳排放量又以较低的增速逐年上升；总体上呈现上升的趋势。这个现象说明电力行业碳减排取得了比较显著的成效。同时，钢铁行业，2014—2020 年期间二氧化碳排放量的增速几乎为零。这说明钢铁行业碳减排效果更明显。

① 数据来源：国泰安数据库。

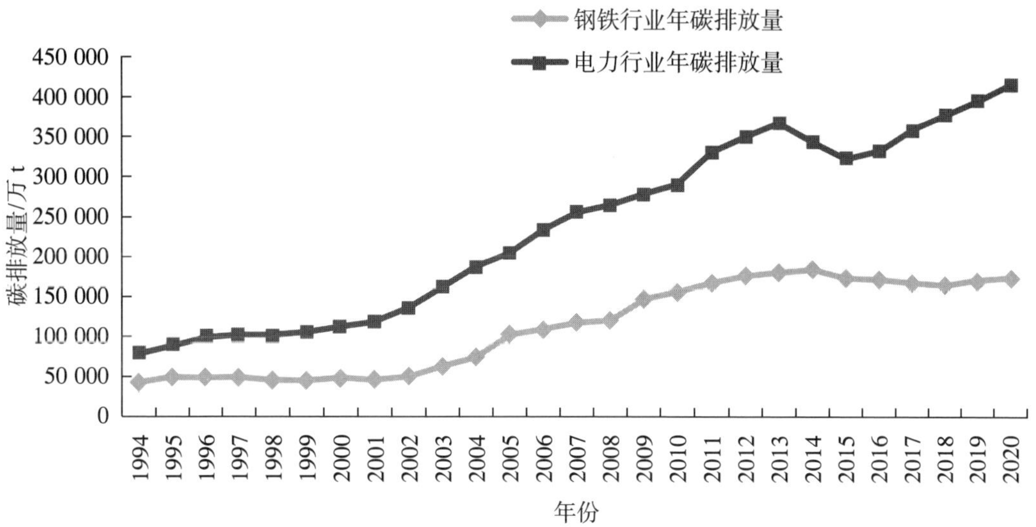

图 9-1　钢铁行业及电力行业二氧化碳排放量

表 9-1　钢铁行业及电力行业二氧化碳排放量

单位：万 t

年份	钢铁行业	电力行业
1994	43 066.04	78 466.9
1995	48 871.01	87 346.57
1996	48 092.92	98 295.29
1997	48 285.02	101 620.3
1998	46 031.11	101 202.4
1999	44 884.64	105 210.4
2000	47 659.66	111 663.7
2001	46 284.9	118 345.3
2002	50 439.97	135 466.7
2003	62 671.95	161 595.2
2004	73 778.63	185 907.6
2005	101 973.5	204 523
2006	108 637.5	233 675.6
2007	117 850.6	255 393.2
2008	120 019.1	263 957.5

续表

年份	钢铁行业	电力行业
2009	145 803.6	277 752.6
2010	155 188.9	289 528.9
2011	166 939.4	330 435.7
2012	175 831	349 822.9
2013	179 435.4	366 933.8
2014	183 803.8	343 105.7
2015	172 631.2	322 592
2016	170 776.8	331 586.4
2017	166 879.2	358 429
2018	164 726.6	376 658.6
2019	168 813.1	395 042.3
2020	172 479.8	415 140.5

9.1.2 高耗能行业的低碳化治理

1. 钢铁行业的低碳化治理

实现钢铁行业的碳中和是非常复杂的系统性工程。它不是简单的节能环保问题，而是发展方式的问题，需要在冶炼技术、生产原料、配套设施等诸多方面对原有生产方式进行革新。

钢铁行业现有的低碳化治理方式有以下几种：

（1）由高炉—转炉法转向电弧炉冶炼法。使用电弧炉冶炼法可以显著降低炼钢过程中二氧化碳的排放量。目前，我国电弧炉冶炼法的钢铁产量占比较低，因此，我们可以通过将钢厂现有的大量高炉—转炉生产线转为电弧炉生产线来实现减碳。2020 年 1 月 20 日发布的《关于推动钢铁工业高质量发展的指导意见》①要求我国到 2025 年将电炉钢产量比例提升至 15%以上。但是，电弧炉冶炼法不可能完全替代高炉—转炉法等以铁

① 工业和信息化部，国家发展改革委，生态环境部. 关于促进钢铁工业高质量发展的指导意见［EB/OL］.（2022-1-20）［2024-10-11］. https：// www.gov.cn/zhengce/zhengceku/2022-02/08/content_5672513.htm.

矿石为原料的炼钢工艺。电弧炉冶炼法以废钢为原料，而钢材在使用过程中会有铁元素的损耗流失，全社会产生的废钢也不可能全部回收。因此，钢铁行业必须通过开采冶炼铁矿石才能补充钢材使用产生的折旧，以铁矿石为原料的冶炼工艺仍将持续存在。

（2）在冶炼过程中使用可再生能源。无论钢厂采用何种炼钢工艺，生产过程中都需要消耗大量电力。为了降低耗电导致的二氧化碳排放，钢铁企业可以通过布局余热余能发电系统、利用工厂空间建设光伏电站或风电站等方式提高自发电比例，也可以尽可能地利用水电资源来生产。例如，电炉炼钢企业可以将生产线建设在水电资源丰富的西南地区。对于传统炼钢过程中要用到的煤、天然气或石油，未来可以逐步用可再生的氢能予以替代。目前，瑞典是全球第一个实现“无化石燃料钢铁制造”价值链的国家。该国采用的就是新一代氢还原冶炼技术，国内也有部分炼钢企业已采用氢能炼钢。氢气可以通过不消耗化石能源的方式制取，例如电解水、收集其他化工生产中的副产氢。对于以铁矿石为原料的炼钢工艺来说，使用氢能是解决化石能源碳排放问题最可行的路径。

（3）提升生产配套设施绿色水平。钢铁生产是复杂的系统过程，其中既涉及钢的冶炼，也涉及物流运输、库存管理等配套服务。因此，为实现碳中和目标，企业需要提升钢铁生产配套设施的绿色水平。例如，在绿色物流体系建设方面，以铁矿石为原料的钢铁产能应该布局在沿江沿海地区，充分利用水运的低碳优势，在铁矿石等原料的运输环节降低碳排放水平。目前，我国的钢铁消费也主要分布在沿海地区，通过布局可以减少钢材销售环节不必要的物流运输，从而减少碳排放。此外，在生产全流程管理方面，钢铁企业可以通过数字化、智能化改造全面提升节能和能效水平。例如，宝钢就在可持续发展报告中指出，公司正在四大基地推进行业最新节能减排技术的全流程覆盖，在过程提标及领先减排技术、工艺源头节能减排技术、节能低碳流程衔接技术、系统节能技术等方向对生产流程进行低碳改造。

（4）针对钢铁生产特点开发应用 CCUS 技术。所谓 CCUS，即碳捕集、利用与封存。通过 CCUS 技术，企业可以把生产过程中排放的二氧化碳进行提纯，继而投入新的生产过程中，实现二氧化碳资源化利用。在实现碳中和的过程中，钢铁行业想要完全消除对化石能源的消耗，不仅在技术实现上难度很大，而且在经济上也会增加生产成本。因此，保留一定程度的化石能源使用才是钢铁行业实现碳中和最现实的情景。在这种情景下，钢铁行业就需要使用 CCUS 技术对这部分碳排放进行处理。但目前 CCUS 技术的发展尚处于起步阶段，已得到应用的部分技术如用二氧化碳降解塑料的生产成本很高，离大规模应用还有很长距离。未来钢铁行业可以根据钢材的生产工艺特点开发新型的 CCUS 技术。新技术可以结合化工、能源等钢铁相关产业，在更长的产业链条上实现二氧化碳的收集利用。例如，通过钢铁、化工协同，为我国以高炉—转炉法为主的钢铁产业实现碳净零排放提供创新解决方案。在这种技术下，钢铁生产过程中所排放的二氧化碳可以最终制成多种化工产品。

2. 电力行业的低碳化治理

在"双碳"目标下，电力行业正发生着广泛而深刻的变革，不仅自身要加快构建以新能源为主体的新型电力系统，而且还承担着提升工业、交通、建筑等领域电气化水平的重任。

电力行业现有的低碳化治理方式有以下几种：

（1）电力供给低碳化。目前，我国电力供给的低碳化发展具有以下特点：化石能源发电更加清洁，非化石能源[①]发电占比大幅提升。具体而言，以煤电为主的化石能源发电更加清洁、高效、灵活。受能源资源禀赋制约，长期以来我国电源结构以火电为主，特别是煤电占绝对比重，预计在未来一段时期仍将保持该特征。虽然火电技术成熟、成本经济、运行稳定，但污染治理与碳减排是其发展的重要制约因素。经过 40 余年的努力，我国火电厂废气、废水、固废等主要污染物得到有效治理，特别是煤电大气污染治理水平已达到世界先进水平。截至 2020 年年底，已有超过 9.5 亿 kW 的煤电机组达到超低排放限值，我国已建成世界上最大的清洁煤电体系，常规污染物控制已不再是制约化石能源发电的主要约束。与此同时，火电机组通过创新发电技术、节能降耗改造、加强运维管理、推进热电联产等多种措施，不断提升火电发电效率、优化煤耗指标，大幅降低了单位火电发电的二氧化碳排放量。另外，以风、光为代表的新能源发电实现跨越式发展。我国新能源发电起步于 20 世纪 80 年代，如 1983 年建成第一座光伏电站，1986 年建成第一座并网风电场，但直至 2005 年《中华人民共和国可再生能源法》颁布后才开始发力。在"十二五"和"十三五"时期，新能源发电实现跨越式发展，如 2011 年风电装机容量突破 4 000 万 kW，超越美国成为世界第一；2015 年光伏发电装机容量突破 4 000 万 kW，超越德国成为世界第一。截至 2020 年年底，我国并网风电、太阳能发电装机容量分别达到 2.82 亿 kW 和 2.54 亿 kW，分别占总装机容量的 12.8%和 11.5%，分别比 2010 年提高了 9.7 个百分点和 11.5 个百分点。2020 年，我国并网风电、太阳能发电量分别达到 4 665 亿 kW · h 和 2 611 亿 kW · h，分别占总发电量的 6.1%和 3.4%，分别比 2010 年提高了 4.9 个百分点和 3.4 个百分点。

---

① 非化石能源发电主要包括水电、风电、太阳能发电、核电、生物质发电、余压发电、地热发电、海洋发电等，具有低碳排放的特点，替代高碳属性的化石能源发电具有显著的降碳效应。

（2）电力技术降碳化。电力技术主要包括发电、输电与变电、配电及用电等技术。火电技术和装备不断向高参数、大容量、高效能及低排放方向发展。其中，在超临界燃煤发电技术、循环流化床燃烧技术、空冷技术、超低排放技术等方面，我国已达到世界先进水平。在整体煤气化联合循环发电技术、燃煤电厂碳捕获、利用与封存技术方面，我国已实现工程示范与应用。水电技术在规划设计、大坝施工及大型水电机组成套、设计、制造等方面都居于世界领先水平，拥有自主知识产权的全球最大单机容量 100 万 kW 的水电机组已经投运。核电技术已掌握百万千瓦级压水堆核电站设计和建造技术，小型堆、四代堆等新一代核能系统研发取得突破。新能源发电技术快速迭代，成本快速下降，已经具备了最大单机容量达 10 MW 的全系列风电机组制造能力。风电技术水平和制造规模位居世界前列，整机制造产量占全球总产量的四成以上。光伏电池转换效率不断刷新世界纪录，光伏制造业处于世界领先水平。多晶硅、光伏电池、光伏组件产量均超过全球总产量的三分之二。全面掌握了特高压输电技术，柔性直流、多端直流等先进技术，在电网安全高效运行、互联网与电网应用融合、用能高效转换与供需互动、新能源与储能并网控制、电工新材料与器件、高端电工装备等方面取得突破。电力技术发展在降碳方面实现突破与创新，为构建以新能源为主体的新型电力系统提供了技术支撑。

（3）电力体制促碳化。电能兼具公用性与商品性。电力体制改革的总思路就是在二者间界定清晰合理的界限，保障电能充足并安全可靠地供应、电价处于合理区间，促进电能高效清洁低碳。改革开放以来，我国电力体制改革大致经历了五个阶段。1978—1987 年，集资办电解决电力供应短缺问题；1988—1995 年，破解电力工业政企合一问题；1996—2001 年，政企分开以强化企业市场主体地位；2002—2011 年，厂网分开与电力市场的初步发育；2012 年至今，电力市场化建设深化。2015 年，中共中央、国务院印发《关于进一步深化电力体制改革的若干意见》，为新一轮电力体制改革确定了原则、思路和重点任务。“十三五”期间，加快建设统一开放、高效运转、有效竞争的电力市场体系。电力现货市场建设试点范围逐步扩大，辅助服务市场机制加快完善，容量市场和输电权市场建设有序开展。电力体制改革方向更加强调促进新能源发展，从理顺电价机制、完善交易机制、推进售电侧改革、开放电网公平接入等方面为新能源消纳提供支撑。

9.2 交通行业的绿色低碳治理

交通行业是能源消耗和温室气体排放的主要行业之一，是实现节能减排和绿色低碳发展的重要领域和主战场。受各种因素制约，当前我国交通运输绿色低碳发展仍面临严峻挑战：私人汽车保有量和出行比重过高，社会公众绿色出行分担率总体偏低；物流运输结构不尽合理，铁路和水运货运量占比偏低，多式联运发展总体滞后；运输载运工具能耗偏高，交通基础设施绿色化程度亟待提升，实现交通运输绿色低碳发展任重道远。

9.2.1 低碳道路运输体系的建立

1. 低碳道路运输的定义

低碳道路运输是指以降低污染物排放、减少资源消耗为目标，通过先进的物流技术和面向环境管理的理念，进行物流系统的规划、控制、管理和实施的过程。低碳道路运输是一种以高能效、低能耗、低污染、低排放为特征的道路交通发展方式。其核心在于提高道路交通运输的能源效率，改善道路交通运输的用能结构，优化道路交通运输的发展方式。其最终目的在于使道路交通基础设施和运输体系减少传统化石能源的消耗强度。

2. 我国低碳道路运输的现状

在全球气候变暖的背景下，低碳经济成为各国寻找经济增长和环境保护的平衡发展模式。它是经济发展方式、能源消费方式、人类生活方式的一次变革。同时，节能减排的目标作为约束性指标被纳入我国社会和经济发展的中长期规划。我国已经明确发展低碳道路运输的目标，发展低碳道路运输体系是我国实现低碳经济的重要内容。

2019 年，公路碳排放占交通总体运输碳排放量的比例为 86.76%。[①]《2020 年交通运输行业发展统计公报》显示，2020 年公路完成货运量 3 426 413 万 t，占各种运输方式总运量的 72.40%；公路完成的客运量为 689 425 万人，占各种运输方式总运量的 71.33%。

公路运输总运量大、碳排放量大是当前我国道路运输的一个重要特点。公路运输中

---

① 李晓易，谭晓雨，吴睿，等. 交通运输领域碳达峰、碳中和路径研究［J］. 中国工程科学，2021（6）：15-21.

重型柴油货车在运输过程中会产生大量废气污染。作为移动污染源，柴油货车等成为我国大气污染防治的重点对象之一。减少公路碳排放量是降低交通运输行业碳排放量、实现低碳运输的关键所在。

3. 低碳道路运输体系的建立

“十四五”时期，道路运输进入加快建设交通强国、推动高质量发展的新阶段。我们必须准确把握道路运输发展阶段的变化，全方位推动新时代绿色低碳道路运输体系建设。发展低碳道路运输体系需要政府主导以及企业主体、社会公众的广泛参与，需要实现发展理念和发展方式的根本转变。其主要途径包括：技术进步、管理提升和结构优化。

（1）技术进步。大力推广使用清洁能源。相较于传统的燃油车，电力、氢燃料、液化天然气等动力重型货运车辆可以有效降低温室气体和污染物排放。所以，政府应当增加投入，加强氢能等新能源车辆的技术研发和推广应用。根据目前我国清洁能源市场的发展情况，应加强续航技术、快速充电、插电式混合动力技术和充电桩、充电站的研发推广。

推动自动驾驶技术发展。车辆自动驾驶具有以下优点：一是可以避免突然加速或者减速带来的能源消耗增加。二是通过智能化技术优化交通流运行能力，可以减少交通拥堵问题。三是可以降低跟随车辆的空气阻力，从而最大限度地降低碳排放。2021 年，交通运输部《关于组织开展自动驾驶和智能航运先导应用试点的通知》明确指出：聚焦自动驾驶技术、智能交通的发展和应用，推动新一代技术和交通运输实现深度融合。国家应当在技术研发等方面和相关部门相互配合，借助 5G 技术，推动车辆自动驾驶、车路协同的发展和应用。

运用数字化技术，推进车货匹配平台发展。数字化技术能够有效去中介化，降低车货匹配的难度。车货匹配是指平台收集货源信息并将信息发布到平台上，这样有需求的人就能够在平台上获得所需信息，最后成功进行货物运输交易。它的主要作用是利用互联网大数据，根据司机的位置、路线、习惯等特征，主动向司机传递货源信息，解决信息不对称的问题，从而缩短司机寻找货源的时间，提高车货匹配效率。这样就可以降低公路货运空驶率，减少二氧化碳排放量。

推动轻量化材料技术发展。轻量化材料技术主要是指在汽车制造时，更多地使用铝合金、镁合金以及其他轻型材料。根据汽车工业协会的数据，汽车重量降低 100 kg，每 100 km 的油耗可以降低 0.4 L，碳排放就可以减少 1 kg。所以，我们要促进轻量化材料在汽车制造上的使用，推动轻型汽车发展，使装备更加绿色低碳。

公路施工采用低碳新技术。降低公路运输的碳排放，不仅要从载运设备入手，还要关注公路地面施工。在施工时，有关部门可用温拌沥青路面施工技术代替原有技术。据相关研究结果，和原有技术相比，生产 1 t 混合料可以降低 50%二氧化碳排放量，并且能够减少 1 kg 柴油的使用。所以，这种技术能够更好地为建设低碳环保型公路服务。

（2）管理提升。提高燃油车排放标准。2010—2021 年，我国内燃机排放标准从国三标准逐步升级到国六标准，每一次变化都意味着排放要求更加严格。2021 年 7 月，我国开始实施重型燃油车国六排放标准。该标准相较于国五排放标准来说，颗粒物排放限值降低到原来的十分之一，碳氢化合物和一氧化碳排放限值降低了 50%。长期来看，燃油车排放标准将会继续提高。有关部门应当采取更加严格的措施，进一步加强客运和货运车辆的燃料消耗限值标准。

对碳排放征税和对清洁能源生产研发进行补贴。政府可通过对传统燃油车征收燃油税以及购车税等，促使二氧化碳排放量降低，促进高速公路绿色发展。同理，可对清洁能源车继续进行补贴，使边际社会收益等于边际私人收益，使二氧化碳排放量减少。同时，国家对新能源技术研发进行补贴，可以在一定程度上解决部分新能源技术成本过高的问题，从而推动新技术的研发与应用。

碳排放权交易。碳排放权交易的原理是基于科斯定理，利用市场机制对碳排放进行产权化处理，从而降低碳排放总量。这实质上是将二氧化碳的排放权当作一种商品，需求方通过向供给方支付一定金额，获得相对应数量的排放权。通常，政府会制定一个碳排放量总额，并根据一定分配方式将配额分配给每个企业。如果未来企业的实际碳排放量比配额高，那么就需要到碳交易市场从供给方购买一定数量的配额。与此同时，如果部分企业采用新技术实行低碳减排，最终其实际碳排放量比配额低，就可以通过碳市场向需求方出售剩余碳配额。2021 年 7 月，全国碳市场正式开市，将发电行业纳入其中。由于运输行业的碳排放较为分散，可建立个人碳交易市场，鼓励公众参与，实现碳普惠。这样最终能够降低二氧化碳总排放量，有利于整个运输行业实现环保绿色发展。

（3）结构优化。公转铁、公转水。在大多数情况下，铁路、水路运输是较为清洁的运输方式。公路运输中的碳排放量在整个运输业中的占比已经超过了 80%。现在我国交通运输结构仍然不合理。在大宗物资运输中，尽管铁路运输、水路运输成本较低，能耗也较低，但其优势并没有得到充分发挥。2020 年，铁路货运量、货物周转量在几种运输方式总货运量和总货物周转量中的占比为 9.80%和 20.80%，而公路货运量、货物周转量所占比例为 73.70%和 41.10%。这说明公路运输依然是最主要的交通运输方式。

公路运输因具有比较好的通达性、机动灵活性，适合短途及门对门运输；铁路运输具有运能大、运输成本低、受气候和自然条件影响较小、运输连续性强且单车装载量较大等特点，适合长距离运输大宗货物商品。

与铁路运输相似，水路运输具有成本低、运量大、距离远的特点，适合中长距离的大宗货物运输。铁路和水路运输的碳排放都明显小于公路运输。尽管这几年国家出台政策促进公转铁、公转水，积极推进低成本、大批量、远距离运输，但是水路运输也有显而易见的缺点，主要是运输速度慢，受港口、水位、季节、气候影响较大，因而一年中中断运输的时间较长。铁路、水路运输的货物周转量所占比例有所增加，但仍然存在较大提升空间。相关部门应当继续推动公转铁、公转水，通过运输方式的转换，将公路运量转移到铁路以及水路上。这也是推动高速公路低碳发展的重要措施之一。

发展多式联运。多式联运也可称作复合运输，是指运输过程由两种或两种以上运输工具相互衔接、共同完成。其发展水平在一定程度上能够代表现代综合交通运输体系的发展程度。货物运输可以通过公路、铁路、水路、航空以及管道运输来完成。由于铁路运输具有运输速度快、运输能力大等优点，水路运输则成本低，能进行长距离、大批量的货运，公路运输比较灵活，具有可实现门对门运输等特点，所以在货物运输方面，这三种运输方式较为普遍。尽管多式联运有铁水、公铁、陆空等多种形式，但针对公路运输而言，公铁联运有着较好的发展基础，并且技术经济优势更为明显。所以应当继续发展公铁联运，有效降低成本，提高运输水平，降低能源消耗和解决交通拥堵问题，促进公路运输绿色发展。

9.2.2　海运的低碳化转型

1. 航运减排的进展与挑战

2018 年，国际海事组织推出了全球航运业温室气体减排战略规定。按照计划，到 2030 年，国际航运业碳强度将比 2008 年至少下降 40%，到 2050 年，碳强度下降幅度将达到 70%，温室气体总排放量至少下降 50%。2021 年，国际海事组织海洋环境保护委员会通过《国际防止船舶造成污染公约》相关修正案，制定了新的强制性全球航运业减排措施，确保达到此前制定的船舶温室气体减排目标。一段时间以来，全球主要经济体和航运国家纷纷加大政策力度，从市场管理、技术研发和运营效率等方面推动航运业减排。

欧盟于 2018 年 1 月起实施大型船只二氧化碳排放量监控、报告和核查制度。吨位超过 5 000 t 的货船和客船在欧洲经济区港口停泊，需要进行二氧化碳排放检测。欧盟已修正欧洲碳排放交易体系改革方案，从 2024 年 1 月 1 日起将航运业纳入欧盟碳排放交易体系。2021 年 4 月，美国提出实现航运业脱碳目标的承诺及措施，还与挪威、丹麦等国家合作开发零碳排放清洁燃料。同年 4 月底，新加坡海事和港口管理局宣布，将打造海事脱碳中心，与高等院校和研究机构合作，资助相关研究和技术开发项目，致力于减少航运业的碳排放。中国也发布了海事系统“十四五”发展规划，提出推动建立全国船舶能耗中心，建立航运温室气体减排监测、报告和核算体系，完善船舶能耗数据收集机制，实施船舶大气排放清单和温室气体排放清单制度等一系列措施，积极参与航运业减排全球治理。

实现“碳达峰、碳中和”的核心是减碳。减碳的核心是对化石燃料进行清洁化替代，逐步从低碳化向零碳化过渡，同时促进低碳燃料及零碳燃料的绿色化，实现燃料全生命周期内的无碳排放或接近零碳排放。

“十四五”是我国落实“双碳”目标的关键窗口期。党的二十大报告中也提到“协同推进降碳、减污、扩绿、增长”“发展绿色低碳产业”“加快规划建设新型能源体系”。船舶绿色低碳化、零碳化发展刻不容缓。

2. 船舶低碳化转型实施路径

（1）节能装备贡献度评价体系建设。节能既可以减少燃料消耗量，又可以达到减少二氧化碳排放的目的。对船舶装备层级进行减碳研究，实际上是对节能装备的应用研究，主要包括研究不同装备给二氧化碳减排带来的收益、制定节能设备相关标准、通过数字化运维来保证节能装备的可靠性和可用性，以及通过建设智能化航运体系来合理规划航线以降低二氧化碳排放等。

节能装备贡献度评价体系建设对新船设计及营运船改装有着重要意义。节能装备的种类很多，如前置预旋导轮、桨毂消涡鳍、伴流补偿导管、空气润滑系统、风帆发电装置、轴带发电机、燃烧前/后碳捕捉与收集利用系统（CCUS）、余热回收装置（WHR）等。每种节能装备对船型有着不同的适应性，不同节能装备对减碳的贡献率也不同。通过建立节能装备贡献度评价体系，建立节能装备对船型的适应性和贡献度模型，为新船选用及营运船节能改装提供理论依据。

（2）船舶机电设备能效评定体系建设。船舶机电设备众多，日常耗电量占比大。提高机电设备能效可降低船舶电站装机功率，直接降低二氧化碳排放总量。

船舶机电设备能效评定体系的建设，可以逐级分解能效要求，从系统级节能分解至设备级节能管理。对于能效评级要求较高的船舶，优先选用能效等级较高的机电设备，参照陆用电气设备能效分级标准，可将船舶机电设备分为以下五个等级：

等级 1：行业先进水平，能耗最低；

等级 2：能耗较低；

等级 3：行业平均水平；

等级 4：低于行业平均水平；

等级 5：市场准入指标。

目前，国际标准化组织船舶与海上技术委员会正在编制船用设备能效标准（ISO 8933）。该项标准涉及的船用设备包括压力/流体、照明、加热/冷却、机械和推进共五类组件与功能系统，通过描述输入输出定义、边界定义、计算方法、测量方法和计算示例开展标准研制，得到输出能量和输入能量的比值，确定设备的能效水平，以此作为衡量船舶设备能效等级的标准。

（3）船舶数字化运维体系建设。船舶数字化运维是验证系统及设备可靠性和可用性的重要手段，利用数字化运维及协同仿真技术对节能装置进行可靠性分析，提升其可用性，同时通过数字孪生技术对营运风险进行管控，对节能装置中的易损件进行寿命分析与保养规划，保证其在设计范围内的持续可用性。这也是对碳排放合规性的基本保障。

（4）智能化航运体系建设。建立智能化航运体系，基于物联网及 AIS 大数据对“堵船”时间和港口作业能力进行实时分析计算，结合气象卫星等数据对船队航线、航速进行智能规划，可以避免出现“堵船”或滞留，从而减少二氧化碳的排放。此外，还可通过智能化航运体系优化船队管理，优化物流及船只分配。按年度碳强度指标（CII）评级目标及物流需求实时优化调整船舶航线、航速，确保船舶长期处于经济点运行，降低全船油耗。

（5）船舶燃料绿色减碳。氨作为零碳燃料，存储和应用比氢便利。氨作为船用未来型零碳燃料，机遇与挑战并存。陆上的石化和化肥工业在生产和使用氨方面已经具备丰富经验，具有完备的贸易和运输体系，氨作为船用制冷剂的应用也较为广泛。这为促进氨作为航运燃料奠定了良好的应用基础。

当前国内外多家企业已就氨燃料动力船进行积极布局，已有多项氨燃料动力船设计取得了各大主流船级社的船舶网络安全服务方案原则性认可证书（AIP），从而更好地适应未来氨燃料动力船市场。与此同时，国内已有多家氨燃料处理和供应系统集成商取得了大型主流船级社的原则性认可证书。一旦氨燃料供应链配套完整并得到规模化应用，再随着氨燃料法规的明确以及温室气体减排力度的加大，氨燃料装备也将愈加成熟，氨燃料动力船将很快实现市场化。

9.3 建筑行业的绿色低碳治理

1. 建筑行业的定义

建筑行业指在国民经济中从事建筑安装工程的勘察、设计、施工以及对原有建筑物进行维修活动的物质生产部门。建筑行业作为我国能源消耗的主要行业，承载着推动绿色低碳治理的责任和使命。当前，全球正面临着环境恶化问题的挑战，绿色低碳治理已成为建筑行业转型升级的关键环节，旨在实现碳达峰和碳中和的目标。

2. 我国建筑行业的相关政策

以“双碳”目标促发展的国家层面上，建筑节能产业相关政策较多。2020 年，我国做出“双碳”承诺，建筑行业迈入碳中和时代，逐步向零能耗、零碳建筑发展。2022 年 3 月，住房城乡建设部发布《“十四五”建筑节能与绿色建筑发展规划》①，要求到 2025 年，完成既有建筑节能改造面积 3.5 亿 m^2 以上，建设超低能耗、近零能耗建筑 0.5 亿 m^2 以上。其他相关政策见表 9-2。

表 9-2 中国建筑行业重点政策汇总

发布日期	发布部门	政策名称	主要内容
2020-02	国家卫生健康委、住房城乡建设部	《新型冠状病毒肺炎应急救治设施负压病区建筑设计导则（试行）》②	建议新冠肺炎应急救治设施负压病区结构形式选择宜采用装配式钢结构等轻型结构
2020-08	住房城乡建设部等部门	《关于加快新型建筑工业化发展的若干意见》③	提出要加快新型建筑工业化发展，以新型建筑工业化带动建筑业全面转型升级，打造具有国际竞争力的“中国建造”品牌，推动城乡建设绿色发展和高质量发展

① 住房城乡建设部.“十四五”建筑节能与绿色建筑发展规划出台[EB/OL].(2022-03-17)[2024-10-11]. https：//www.gov.cn/xinwen/2022-03/17/content_5679461.htm.

② 国家卫生健康委和住房城乡建设部. 新型冠状病毒肺炎应急救治设施负压病区建筑设计导则（试行）.(2020-03-02)[2024-10-11]. http：//www.nhc.gov.cn/xcs/zhengcwj/202002/047500380e8a45ed9e1590eae6354e73/files/59032025910a4dee8666294e05234527.pdf.

③ 住房城乡建设部等部门. 住房城乡建设部等部门关于加快新型建筑工业化发展的若干意见［EB/OL］.(2020-08-28)[2024-10-11]. https：// www.gov.cn/zhengce/zhengceku/2020-09/04/content_5540357.htm.

续表

发布日期	发布部门	政策名称	主要内容
2021-01	住房城乡建设部等部门	《关于推动智能建造与建筑工业化协同发展的指导意见》①	加快建筑工业化升级。大力发展装配式建筑，推动建立以标准部品为基础的专业化、规模化、信息化生产体系。加快推动新一代信息技术与建筑工业化技术协同发展，在建造全过程中加大建筑信息模型、互联网、物联网、大数据、云计算、移动通信、人工智能、区块链等新技术的集成与创新应用
2021 06	住房城乡建设部等部门	《关于加强县城绿色低碳建设的意见》②	大力发展绿色建筑和建筑节能。发展装配式钢结构等新型建造方式。全面推行绿色施工。提升县城能源使用效率，大力发展适应当地资源禀赋和需求的可再生能源
2021-07	住房城乡建设部办公厅	《住房城乡建设部办公厅关于印发部2021年政务公开工作要点的通知》③	做好推动智能建造与新型建筑工业化协同发展政策信息发布，及时公布智能建造创新服务案例。多渠道做好装配式建筑标准体系政策解读，大力推广钢结构建筑
2021-10	国务院	《2030年前碳达峰行动方案》④	加快更新建筑节能、市政基础设施建设等的标准，提高节能减排要求。加强适用于不同气候区、不同建筑类型的节能低碳技术的研发和推广，推动超低能耗建筑、低碳建筑规模化发展
2021-12	国务院	《"十四五"节能减排综合工作方案》⑤	全面提高建筑节能标准，加快发展超低能耗建筑，积极推进既有建筑节能改造、建筑光伏一体化建设。因地制宜推动北方地区清洁取暖，加快工业余热、可再生能源等在城镇供热中的规模化应用。实施绿色高效制冷行动，以建筑中央空调、数据中心、商务产业园区、冷链物流等为重点，更新升级制冷技术、设备，优化负荷供需匹配，大幅提升制冷系统能效水平。实施公共供水管网漏损治理工程

① 住房城乡建设部等部门.《关于推动智能建造与建筑工业化协同发展的指导意见》解读［EB/OL］.（2020-08-17）［2024-10-11］. https：//www.gov.cn/zhengce/2020 08/17/content_5535307.htm.

② 住房城乡建设部等部门. 关于加强县城绿色低碳建设的意见［EB/OL］.（2021-05-25）［2024-10-11］. https：//www.gov.cn/zhengce/zhengceku/2021-06/08/content_5616290.htm.

③ 住房城乡建设部办公厅. 住房城乡建设部办公厅关于印发部 2021 年政务公开工作要点的通知［EB/OL］.（2021-06-24）［2024-10-11］. https：//www.mohurd.gov.cn/gongkai/zhengce/zhengcefilelib/202107/20210705_761063.html.

④ 国务院. 2030 年前碳达峰行动方案［EB/OL］.（2021-10-24）［2024-10-11］. https：//www.gov.cn/gongbao/content/2021/content_5649731.htm.

⑤ 国务院. "十四五"节能减排综合工作方案［EB/OL］.（2021-12-28）［2024-10-11］. https：//www.gov.cn/gongbao/content/2022/content_5674299.htm.

续表

发布日期	发布部门	政策名称	主要内容
2022-01	工业和信息化部等部门	《智能光伏产业创新发展行动计划（2021—2025 年）》①	推进智能光伏产业链技术创新，加快大尺寸硅片、高效太阳能电池及组件等的研制和突破。夯实配套产业基础，推动智能光伏关键原辅料、设备、零部件等的技术升级。开展智能光伏与建筑节能、交通运输、绿色农业等领域相结合的交叉技术研究
2022-03	住房城乡建设部	《"十四五"建筑节能与绿色建筑发展规划》②	要求到 2025 年，完成既有建筑节能改造面积 3.5 亿 m^2 以上，建设超低能耗、近零能耗建筑 0.5 亿 m^2 以上
2022-04	国务院办公厅	《国务院办公厅关于进一步释放消费潜力促进消费持续恢复的意见》③	推动绿色建筑规模化发展，大力发展装配式建筑，积极推广绿色建材，加快建筑节能改造。支持新能源汽车加快发展。大力发展绿色家装，鼓励消费者更换或新购绿色节能家电、环保家具等家居产品
2022-07	国家发展改革委	《"十四五"新型城镇化实施方案》④	重点在老城区推进以老旧小区、老旧厂区、老旧街区、城中村等"三区一村"改造为主要内容的城市更新改造，探索政府引导、市场运作、公众参与模式。开展老旧小区改造，推进水电路等配套设施建设及小区内建筑物屋面、外墙、楼梯等公共部位维修，促进公共设施和建筑节能改造，有条件的加装电梯，打通消防通道，统筹建设电动自行车充电设施，改善居民基本居住条件

以上是国家为了改善建筑行业的碳排放问题所制定的政策。建筑行业在其从"材料"到"建筑物"到"废弃物"的过程中，主要会在四个阶段产生碳的排放，分别为建材生产运输阶段、建筑施工阶段、建筑运行阶段和建筑拆除及回收利用阶段，具体碳排放原因见表 9-3。

① 工业和信息化部，住房城乡建设部，交通运输部，等. 智能光伏产业创新发展行动计划（2021—2025 年）[EB/OL].（2021-12-31）[2024-10-11]. https：// www.gov.cn/zhengce/zheng ceku/2022/01/05/content_5666484.htm.

② 住房城乡建设部."十四五"建筑节能与绿色建筑发展规划出台[EB/OL].（2022-03-17）[2024-10-11]. https：//www.gov.cn/xinwen/2022-03/17/content _5679461.htm.

③ 国务院办公厅. 国务院办公厅关于进一步释放消费潜力促进消费持续恢复的意见[EB/OL].（2022-04-20）[2024-10-11]. https：//www.gov.cn/zhengce/zhengceku/2022-04/25/content_5687079.htm.

④ 国家发展改革委. "十四五" 新型城镇化实施方案 [EB/OL].（2022-06-21）[2024-10-11]. https：// www.gov.cn/zhengce/zhengceku/2022-07/12/content _5700632.htm.

表 9-3 建筑各阶段碳排放主要原因

阶段	碳排放主要原因
建材生产运输阶段	建材原材料开采、运输；材料与产品生产及运输过程
建筑施工阶段	施工机械设备能源消耗；工地临时照明、办公等；施工废弃物运输等
建筑运行阶段	取暖、空调、通风、照明、热水供应电器等日常运行消耗；建筑材料、构配件或设备的维护和更换
建筑拆除及回收利用阶段	各种机械设备能源消耗；废弃物的运输、填埋或材料构件的回收再利用过程

9.3.1 建筑领域的碳排放现状

2020 年 9 月 22 日，习近平主席在出席联合国大会一般性辩论会时郑重承诺：我国二氧化碳排放力争 2030 年前达到峰值，努力争取 2060 年前实现碳中和。建筑作为人们工作和生活的主要空间载体，建材的生产运输、建筑的建造以及建筑的运行均会产生大量的能源资源消耗。①近年来，我国城市建设快速发展，大规模新建筑的建设以及巨大既有建筑的运行，均产生了大量的二氧化碳排放。根据世界绿色建筑委员会发布的数据，目前建筑物的碳排放占全球能源相关总碳排放量的 39%，其中运营期的碳排放占全球总碳排放量的 28%，而隐含碳排放占比为 11%。《中国建筑能耗与碳排放研究报告（2021）》显示②，2019 年我国建筑全过程能耗占全国能源消费总量的比例达到 46%，二氧化碳排放占全国碳排放的比重达到 50.6%。因此，建筑领域能否实现碳中和直接决定着“双碳”目标的实现与否。

建筑业是国民经济社会发展的支柱产业，2021 年，建筑业总产值为 29.3 万亿元，增加值达到 8 万亿元，占 GDP 的 7%，吸纳就业超过 5 000 万人。截至 2021 年年底，全国共有建筑业企业 128 746 个，呈逐年上升趋势，全国建筑业企业 2021 年签订合同总额为 656 886.74 亿元，在国民经济中占据相当大的比重。其具体发展趋势如图 9-2 所示。

① 习近平. 在第七十五届联合国大会一般性辩论上的讲话［C/OL］.（2020-09-22）［2024-10-11］. https：//www.ccps.gov.cn/xxsxk/zyls/ 202009/t20200922_143558.shtml.

② 中国建筑节能协会能耗碳排专委会. 中国建筑能耗与碳排放研究报告（2021）［R/OL］.（2021-12-28）［2024-10-11］. https：//mp.weixin.qq.com/s/tnzXNdft6Tk2Ca3QYtJT1Q.

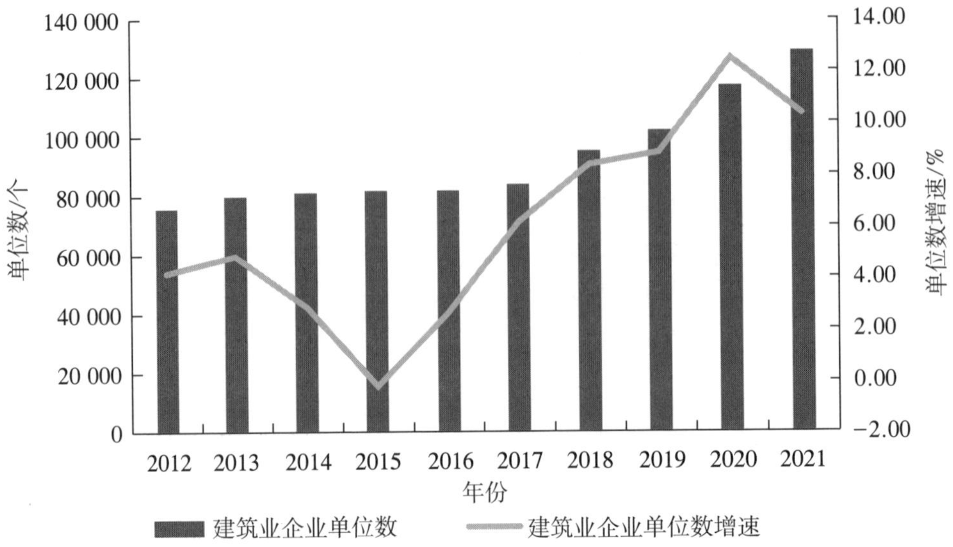

图 9-2　我国 2012—2021 年建筑业企业数量及增速

数据来源：中国建筑业协会。

9.3.2　建筑领域碳减排的战略建议

建筑行业能耗和碳排放量较高的问题，是“双碳”目标下所需关注的重点。建筑全过程的节能降碳对于我国实现碳中和目标具有深远意义。因此，根据建筑行业在推行碳减排战略过程中所出现的相关问题提出以下几点建议。

1. 新建建筑能效水平提升

为尽快实现建筑领域的碳达峰与碳中和目标，提升新建建筑能效水平是首要任务。据测算，如果我国新建建筑能效按照“低能耗建筑—超低能耗建筑—近零能耗建筑—零能耗建筑”的路径稳步推进，我国建筑领域的碳达峰时间预计将提前到 2030 年；如果新建建筑能效按照“超低能耗建筑—近零能耗建筑—零能耗建筑”的路径快速推进，我国建筑领域的碳达峰时间则有望提前至 2027 年。

随着近年来建筑节能、绿色建筑和超低能耗公共建筑工作的不断推进，提升新建建筑的能效水平发展出了一套“被动式技术降需求＋主动式技术降消耗”的技术路径：通过自然通风、自然采光、遮阳、保温隔热等被动式技术，降低建筑的能源需求；通过高能效空调机组、节能灯具、节水器具等主动式技术，降低建筑能源资源消耗；以热、电、气等能源资源的综合互补式利用提升能源系统效率，进而实现新建建筑能效的显著提升和碳排放强度的明显降低。

2. 绿色建筑提质增效

绿色建筑工作历经十余年的发展，已逐步从理念普及、试点项目推进走向全面推广、提质增效的阶段。2022 年 3 月，住房城乡建设部发布《“十四五” 建筑节能与绿色建筑发展规划》①，提出要提升绿色建筑发展质量，通过推进绿色建筑标准实施，加强规划、设计、施工和运行管理；到 2025 年，城镇新建建筑全面执行绿色建筑标准，建成一批高质量绿色建筑项目；采取“强制＋自愿”推广模式，适当提高政府投资公益性建筑、大型公共建筑以及重点功能区内新建建筑中星级绿色建筑建设比例。

3. 既有建筑绿色节能改造

既有建筑相对于新建建筑而言，最为关键的问题是其节能水平低、规模体量大。近年来，国家大力推行城市更新和老旧小区改造工作，故可以此为契机不断推进既有建筑绿色节能改造和既有公共建筑节能管理工作。具体路径和措施包括：一、在城市更新和老旧小区改造工作的基础上同步推进既有建筑绿色节能改造；二、持续推动高校、医院、科研院所等重点公共建筑和公共机构开展绿色节能改造；三、深入推进公共建筑能耗统计、能源审计工作，建立健全能耗信息公示机制；四、逐步推动既有建筑能耗限额管理制度，以合同能源管理、绿色金融等手段支持和鼓励既有建筑实行节能改造。

4. 可再生能源建筑应用

建筑存在大量的供冷、供热、卫生热水及用电需求，不同的能源供应方式会产生不同的能耗强度和碳排放强度。太阳能、风能、地热能、生物质能等自然、可再生能源因其具有明显的节能减碳效益，越来越受到我国乃至全世界的关注，并不断被加以推广应用。

自“十二五”以来，我国已在不断深入推进可再生能源建筑应用工作，截至 2018 年年底，我国太阳能光热应用集热面积累计达到 5 亿 m^2、太阳能光电建筑应用装机累计 30 GW、浅层地热能建筑应用面积累计达到 6.2 亿 m^2、空气源热泵热水应用建筑面积累计达到 5 亿 m^2。

建筑领域的可再生能源应用主要包括生产电力和生产热力两种形式。在可再生能源生产电力方面，建筑领域主要可通过太阳能光伏与建筑一体化（光伏屋面、光伏幕墙、光伏瓦、光伏遮阳板等）、风力发电与建筑/场地一体化（建筑屋顶小型风力发电机、场地风光互补路灯等）、农村建筑的生物质发电（如沼气发电）获取低碳/零碳电力，并尽

① 住房城乡建设部. “十四五” 建筑节能与绿色建筑发展规划出台［EB/OL］.（2022-03-17）［2024-10-11］. https：// www.gov.cn/xinwen/2022-03/17/content_5679461.htm.

量就地使用；在可再生能源生产热力方面，可充分利用各种热泵技术将低品位的热能（浅层地热能、空气能等）提升为建筑可直接利用的热能（如空调供冷/供暖、卫生热水），利用太阳能热水与建筑一体化（光热屋面、光热墙面、光热阳台等）为建筑提供卫生热水，实现可再生能源的高效、节能、低碳应用。

5. 加强绿色低碳策划

在建筑物建设过程中，建设单位往往对容积率、建筑面积、楼高等更加关注，而对建筑物的能耗、碳排放等关注不够，所以在建筑全生命周期中，应在顶层设计环节赋予绿色低碳策划更多的权重。在项目策划阶段制定好绿色低碳策划的目标和实施路线，明确绿色低碳建造产品的总体性能和主要指标，制定全生命周期各阶段绿色低碳建造的控制要点和碳排放量化指标，从而在前期决策阶段实现经济效益、环境效益与社会效益的协同最大化，全面推动行业绿色低碳循环发展，为实现“双碳”战略目标注入关键动能。

9.3.3 建筑材料（砖瓦水泥等）的低碳化生产

发展绿色低碳建筑对于我国现代化城乡建设而言具有必要性。建筑领域的碳中和需要贯彻绿色低碳的发展理念，从建筑全生命周期的各环节入手，采取节能降碳措施，实现建筑全过程减碳。开发新型绿色低碳建材，助力生产过程减碳、建筑领域脱碳的路径之一是建筑材料低碳化，从生产阶段入手，开发更为绿色环保的新型低碳建材，实现技术升级。

1. 水泥的低碳化生产

水泥是建材工业中的碳排放大户，2020 年水泥碳排放约占全国总量的 13%，占主要建材碳排放的 41%，是建筑领域碳中和进程中的关键产业。要实现水泥生产过程的减碳，除依靠原料替代技术之外，还要开发新型低碳水泥品种和应用低碳胶凝性材料。

2020 年，我国水泥产量为 23.77 亿 t，约占全球总产量的 55%，排放二氧化碳约为 14.66 亿 t，约占全国碳排放总量的 14.3%。吨水泥、吨水泥熟料二氧化碳排放量分别约为 616.6 kg、865.8 kg。水泥行业面临的减排压力非常严峻，任务十分艰巨。水泥等行业即将被纳入全国碳排放权交易市场，这将对我国水泥工业及其运行产生重大而深远的影响。

2. 混凝土的低碳化生产

高性能混凝土材料也成为低碳发展新趋势，相较于传统建筑混凝土，具有降低水泥使用量、耐久性强、减少二氧化碳排放量等优势（表 9-4）。例如，汉麻混凝土可以用生物纤维等绿色环保材料替代石灰石原料，降低水泥熟料系数；高延性混凝土（HDC）与超高性能混凝土（UHPC）可以通过加入不同新型材料提高混凝土硬度，提高耐久度。

表 9-4　国内外高性能混凝土材料

产品	特性	应用
汉麻混凝土	良好的固碳和储碳能力，透气抗震，节能、隔音、隔热	屋顶、墙壁或板坯绝缘
高延性混凝土	降低钢筋需求；抗裂性能好	墙体
超高性能混凝土	超高耐久性和力学性能	幕墙、保温材料

资料来源：中国建筑节能协会。

3. 砖瓦的低碳化生产

2021 年 9 月 16 日，中国砖瓦工业协会制定的《砖瓦行业碳达峰行动方案》颁布实施。会上，中国砖瓦工业协会秘书长周炫在解读该方案时表示，根据我国砖瓦制品产能及应用情况，我国砖瓦制品产能仍旧会保持稳定小幅波动增长，预计 2025 年达到最高峰值，2030—2035 年基本保持稳定小幅波动下降的状况；我国砖瓦产品能源消费变化不大，行业碳达峰峰值会出现在 2025 年左右，2030—2035 年基本保持稳定小幅波动下降趋势。而行业碳减排实施路径以产业结构调整、产业淘汰落后、产业技术改造与提升、构建砖瓦行业碳达峰数据平台、开发探索新能源的应用、优化用能及流程结构、综合治理为主要手段。力争“十四五”期间，我国砖瓦行业综合能耗水平达到国家标准最高的一级水平（单位产品综合能耗降至 44 kg 标煤/ t 制品），砖瓦行业总碳排放量（万 t）再下降 12%，碳减排 3 000 万 t，促进砖瓦行业碳减排工作进一步提升。对于砖瓦行业来说，碳中和可以通过节能减排等抵消自身所产生的二氧化碳排放量，实现二氧化碳“零排放”，且科学研究表明：砖瓦制品是胶体级的多微孔粗陶结构的蜂窝海绵材料，具备了绿色环保生态海绵材料的所有功能，拥有理想的吸收和释放水分的特性，因此可以有效缓解城市“热岛效应”并降低墙体能耗，有效降低地表温度，是“生态海绵城市建设”理想的材料，将在砖瓦行业碳中和过程中大有作为。

在强化资源综合利用方面，砖瓦工业“十四五”发展规划指南明确指出，下一步要鼓励砖瓦企业利用工业固废、矿物尾渣、淤泥、污泥、农林废弃物等替代原材料，支持利用建筑垃圾生产砖瓦制品，进一步扩大资源综合利用范围，提高原材料中固废掺配比例，减少对自然资源的消耗。加大力度研发利用每年不低于 6 000 万块的砖瓦烧结窑炉协同处置河湖淤泥、建筑废弃土、建筑渣土及其他废弃物的成套技术，探索利用大型烧结砖隧道窑安全处置城市污泥技术，提高综合处置能力和利用效率。

第 10 章　碳市场与绿色金融

在 21 世纪的今天，我们正面临着一个日益严峻的全球性挑战——气候变化。全球各国都在努力采取措施应对气候变化，寻求低碳发展，以实现可持续发展的目标。在这一背景下，碳市场与绿色金融成为关注的焦点。本章节将深入探讨碳市场与绿色金融在绿色低碳治理中的作用与意义，以期为读者提供有关碳市场与绿色金融如何助力减缓气候变化的全新视角。

10.1　七个碳排放权交易试点市场

碳排放权是指企业依法取得向大气排放温室气体的权利，是一种特殊的、稀缺的有价经济资源；其紧密联结金融与绿色低碳经济，是绿色金融体系的重要组成部分。建设和完善碳排放权交易市场是实现“双碳”目标的重要途径，是构建国内绿色金融体系的内在要求，是争取国际碳排放定价权、推进人民币国际化的重大举措。

中国碳交易试点自 2011 年建立以来，覆盖 20 多个行业，近 3 000 家企业，累计成交金额超过 100 亿元。各试点省市在碳排放领域取得重大经验，实践探索不同地区碳交易的制度和机制，实现了碳排放总量和强度的双降。随后，碳交易试点出台系列办法和实施方案，进一步制定质量管理、数据核查、配额分配、投诉处理等碳排放权交易制度。全国碳市场运行机制框架如图 10-1 所示。

2021 年 7 月，全国碳排放权交易市场启动线上交易，市场运行有序，交易价格平稳，促进了企业温室气体减排和绿色低碳转型。习近平总书记在 2022 年 1 月 24 日主持中共中央政治局第三十六次集体学习时强调，要充分发挥市场机制作用，完善碳定价机制，加强碳排放权交易。

2022 年，全国碳市场迈入第二个履约周期，全年共运行 50 周（242 个交易日），

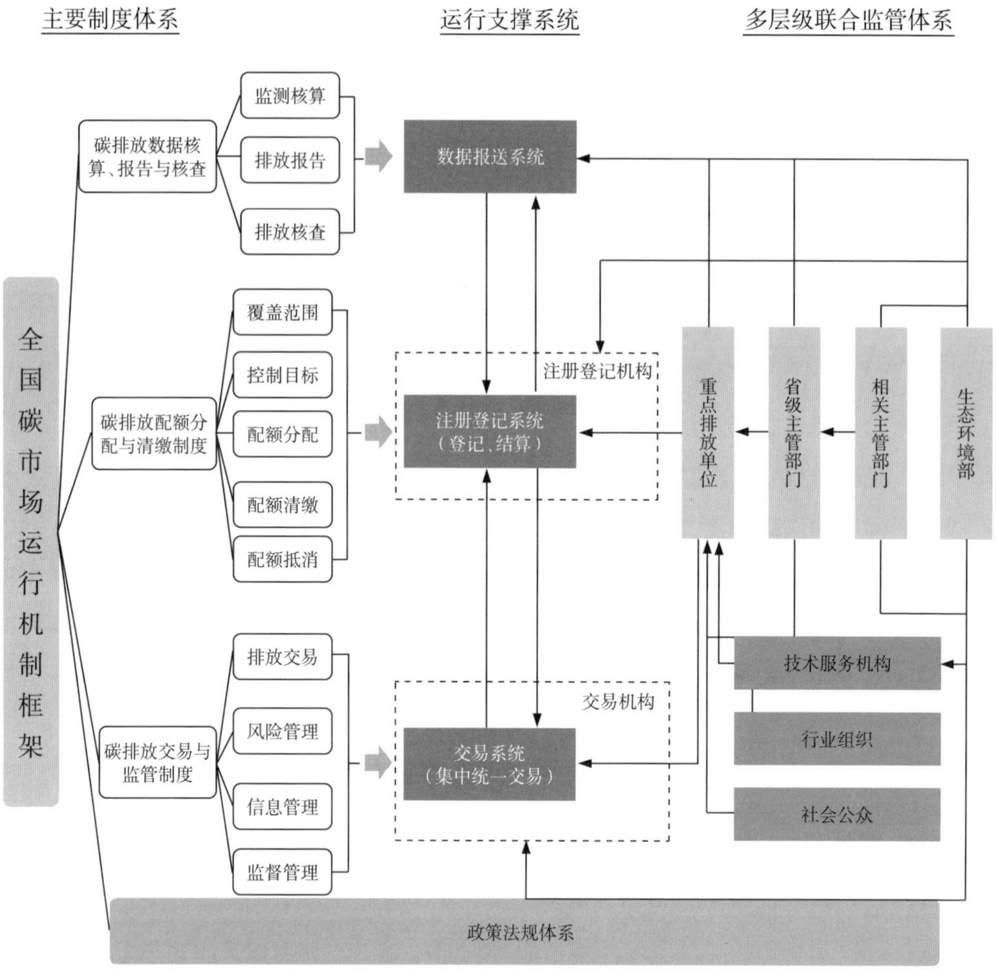

图 10-1　全国碳市场运行机制框架

碳排放配额年度成交量为 5 088.95 万 t，年度成交额为 28.14 亿元，成交均价每吨为 45.61 元。

截至 2022 年 12 月 31 日，全国碳市场碳排放配额（CEA）累计成交量为 2.30 亿 t，累计成交额为 104.75 亿元，每日收盘价在每吨 55—62 元之间波动。2022 年上半年 CEA 价格起伏较大，最高价格达到每吨 61.38 元，下半年呈现下降态势，价格均未超过每吨 60 元。试点省市碳排放权配额累计成交额和成交量见表 10-1、表 10-2。

表 10-1　试点省市碳排放权配额累计成交额

单位：万元

年份	试点省市							总额	年增幅
	上海	北京	深圳	广东	天津	湖北	重庆		
2013	55.5	7.4	718.4	722.8	29.1			1 533.2	
2014	3 179.8	2 713.0	6 849.5	3 602.9	1 087.6	11 777.0	445.7	29 655.5	1 834.2%
2015	9 198.9	9 108.1	18 693.0	11 458.5	2 785.5	33 222.0	571.2	85 037.2	186.6%
2016	11 517.3	19 551.9	46 214.3	28 009.1	3 684.7	64 582.8	721.7	174 281.8	104.9%
2017	18 793.3	29 788.9	59 494.0	59 670.7	4 420.2	81 402.8	1 847.4	255 417.3	46.6%
2018	27 516.0	45 901.8	85 000.1	81 735.6	6 194.7	98 774.2	2 776.4	347 898.8	36.2%
2019	35 318.7	66 472.1	104 556.6	151 956.1	8 016.7	114 208.6	2 859.7	483 388.5	38.9%
2020	44 676.0	83 991.2	111 545.0	221 933.6	16 335.4	141 162.3	2 975.7	622 619.2	28.8%
2021	52 159.2	95 855.1	116 117.4	323 149.0	35 791.4	171 429.5	4 546.4	799 048.0	28.3%
2022	55 827.6	104 941.7	120 272.7	412 951.3	41 128.4	193 847.4	9 780.6	938 749.7	17.5%

数据来源：碳交易网。

表 10-2　试点省市碳排放权配额累计成交量

单位：万 t

年份	试点省市							总额	年增幅
	上海	北京	深圳	广东	天津	湖北	重庆		
2013	2.0	0.1	11.5	12.0	1.0			26.6	
2014	82.3	45.9	99.9	63.8	51.0	493.6	14.5	851.0	3 094.3%
2015	273.7	164.1	366.5	424.9	150.9	1 353.8	21.3	2 755.2	223.8%
2016	517.8	384.6	1 282.8	1 625.4	219.7	2 787.0	34.6	6 851.9	148.7%
2017	857.5	589.9	1 784.6	4 064.0	299.5	3 881.9	456.6	11 934.0	74.2%
2018	1 101.4	884.8	2 700.5	5 794.4	462.2	4 900.7	830.4	16 674.4	39.7%
2019	1 303.8	1 180.7	3 749.0	10 117.3	601.9	5 494.9	847.5	23 295.1	39.7%
2020	1 527.7	1 387.3	4 375.6	13 318.0	951.1	6 458.1	853.1	28 870.9	23.9%
2021	1 716.9	1 537.2	4 715.4	16 608.4	1 682.6	7 522.3	910.7	34 693.5	20.2%
2022	1 803.9	1 658.6	5 083.9	18 477.4	1 871.4	8 122.5	1053.3	38 071.0	9.7%

数据来源：碳交易网。

10.1.1 北京碳排放权交易试点市场

2013 年 11 月，北京市发展改革委发布《关于开展碳排放权交易试点工作的通知》①，明确北京市碳排放权交易试点市场交易机制。2014 年 5 月，北京市发展改革委颁布《关于印发规范碳排放权交易行政处罚自由裁量权规定的通知》②，规范碳排放权交易行政处罚自由裁量权。2019 年 7 月，北京市出台《北京绿色交易所碳排放权交易客户投诉处理暂行办法（试行）》③，完善碳市场客户投诉处理流程和控制程序。

北京碳市场于 2013 年 11 月 28 日启动上线，覆盖的行业范围包括电力、热力、水泥、石化、工业、服务业、交通运输等行业。北京碳市场主要分两次免费发放年度配额，包括配额预发和排放量核定及配额调整核发。与国内其他区域碳市场相比，北京碳市场的碳价较高、趋势性波动较小，这有利于激励企业重视节能减排工作，达成稳定的减排预期。

2020 年起，北京市进一步将民用航空运输业航空器的碳排放纳入碳排放权交易报告范围，为未来纳入履约范围做好了准备。从参与单位的性质来看，中央在京单位比例接近 30%，外资及合资企业约占 20%，包括多家世界 500 强企业。

从运行情况来看，北京碳市场在配额分配，碳排放监测、报告、核查，市场交易，能力建设等方面积累了丰富的经验。例如，在碳排放配额分配和稳定碳价方面，北京碳市场配额分配从严从紧，有利于创造良好的市场供需关系；通过市场公开操作管理办法建立碳排放配额价格预期，有利于增强各类参与主体对碳市场的信心，从而为稳定北京碳市场价格起到重要的支撑作用。

2022 年 9 月 30 日，北京市公布 2022 年度该市纳入全国碳市场管理的排放单位名录。2022 年 11 月 23 日，北京市开展了 2021 年度碳排放配额有偿竞价发放，成交总量为 96.11 万 t，成交总额为 1.13 亿元，统一成交价为 117.54 元/吨。北京的试点规模小于广东，但碳价处于全国领先水平，采用价格下限（20 元）和上限（150 元）作为价格稳

---

① 北京市发展改革委. 北京市发展改革委关于开展碳排放权交易试点工作的通知[EB/OL].（2013-11-20）[2024-10-11]. https：//www.beijing.gov.cn/zhengce/zhengcefagui/201905/t20190522_57710.html.

② 北京市发展改革委. 北京市发展改革委关于印发规范碳排放权交易行政处罚自由裁量权规定的通知[EB/OL].（2014-06-06）[2024-10-11]. https：//www.beijing.gov.cn/zhengce/gfxwj/201905/t20190522_57922.html.

③ 北京市碳排放权电子交易平台. 北京绿色交易所碳排放权交易客户投诉处理暂行办法（试行）[EB/OL].（2022-01-19）[2024-10-11]. https：//www.bjets.com.cn/article/yjzy/jygz/202201/20220100002143.shtml.

定机制，2022 年成交均价一度达到 149 元/吨的高位。北京碳市场已初步呈现出从政策驱动转向市场驱动的态势，在 2021 年度履约期（2022 年 10 月 31 日）截止后仍在持续发生交易，且交易量较大。2022 年北京碳市场成交量及成交均价如图 10–2 所示。

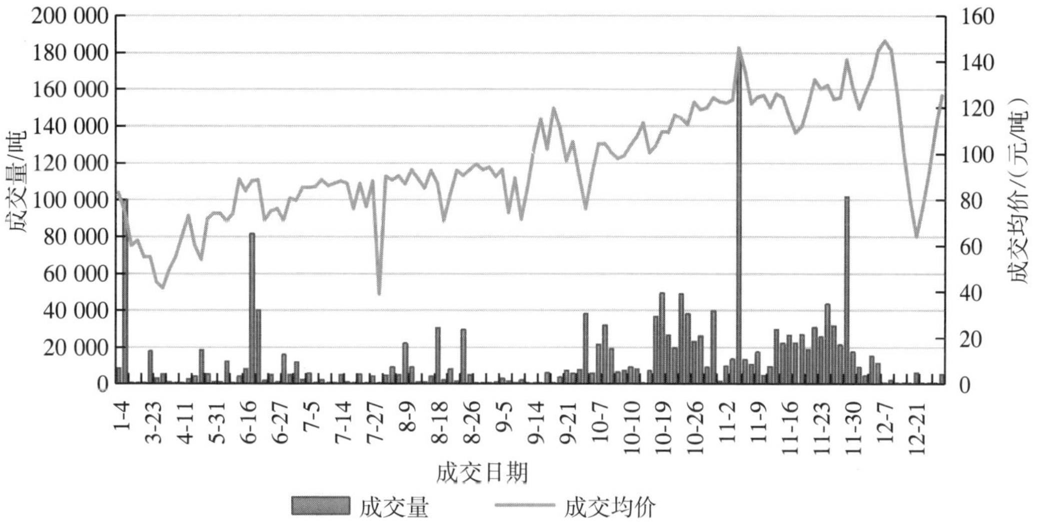

图 10–2　2022 年北京碳市场成交量及成交均价情况

数据来源：北京市碳排放权电子交易平台。

10.1.2　天津碳排放权交易试点市场

2018 年 5 月，天津市印发《天津市碳排放权交易管理暂行办法》①，完善天津碳排放市场交易管理机制。近年来，各试点省市陆续完善碳排放权交易管理规定，助推试点省份碳排放履约清缴工作。2020 年 6 月，天津市政府完善《天津市碳排放权交易管理暂行办法》②，以规范天津市碳排放权交易制度。

天津碳市场于 2013 年 12 月启动，覆盖了工业和航空业等行业，2021 年度新增了有色、矿山、食品饮料、医药制造、农副食品加工、机械设备制造、电子设备制造等工业行业。2021 年度配额总量为 0.75 亿 t，其中政府预留配额比例为 6%。天津碳市场逐渐引入拍卖机制，2019 年起进行配额有偿竞价，2020 年和 2021 年均开展了两次拍卖，2022 年未开展拍卖活动。

---

① 天津市人民政府办公厅. 天津市碳排放权交易管理暂行办法［EB/OL］.（2018–05–20）［2024–10–11］. https：//www.tj.gov.cn/zwgk/szfwj/tjsrmzfbgt/202005/t20200519_2370498.html.

② 天津市人民政府办公厅. 天津市碳排放权交易管理暂行办法［EB/OL］.（2020–06–12）［2024–10–11］. https：//www.tj.gov.cn/zwgk/szfwj/tjsrmzfbgt/202006/t20200613_2666389.html.

2022年，天津碳市场碳排放配额年度成交量为188.8万t，年度成交额为5 337万元。截至2022年12月31日，天津碳市场碳排放配额（TJEA）累计成交量为1 871.4万t，累计成交额为4.11亿元，成交均价最高为40.16元/吨，最低为25.50元/吨。天津碳价总体呈小幅上升趋势，价格在年中明显上涨。由于履约时间由6月30日推迟至8月10日，天津碳价在各试点中处于低位。从成交情况来看，天津碳市场的活力有待进一步激发。2022年天津碳市场成交量及成交均价如图10-3所示。

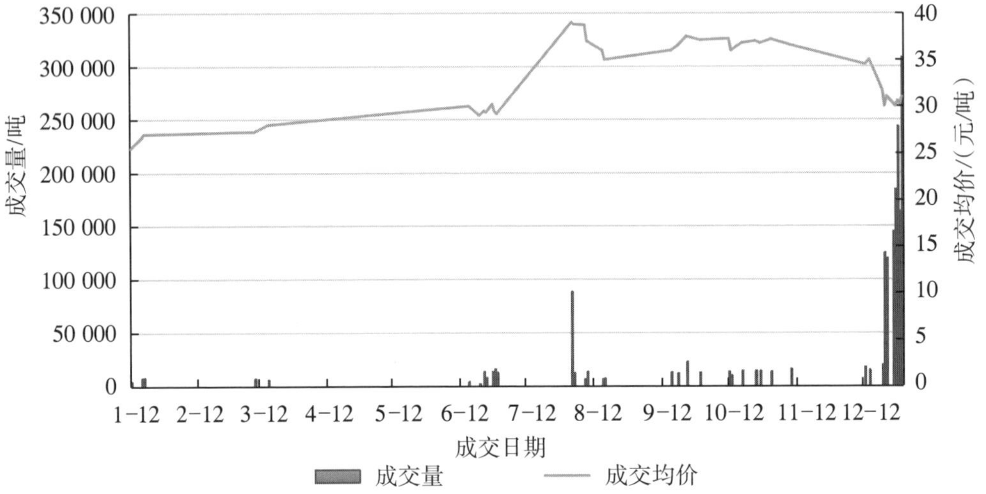

图10-3　2022年天津碳市场成交量及成交均价情况

数据来源：天津排放权交易所。

10.1.3　广东碳排放权交易试点市场

2017年2月，广东省发展改革委印发《广东省企业碳排放核查规范（2017年修订）》①，以指导企业进行碳排放信息报告与核查，同年4月，印发《广东省发展改革委关于碳普惠制核证减排量管理的暂行办法》②，以加快推进广东省碳普惠制试点。2021年12月，广东省生态环境厅印发《广东省2021年度碳排放配额分配实施方案》③，明确广东省控排企业2021年配额总量和配额分配发放方法。

① 广东省发展改革委. 广东省企业碳排放核查规范（2017年修订）[EB/OL].（2017-02-23）[2024-10-11]. http://drc.gd.gov.cn/ywtz/content/post_833370.html.

② 广东省发展改革委. 广东省发展改革委关于碳普惠制核证减排量管理的暂行办法 [EB/OL].（2017-04-17）[2024-10-11]. http://drc.gd.gov.cn/gfxwj5633/content/post_1059939.html.

③ 广东省生态环境厅. 广东省2021年度碳排放配额分配实施方案[EB/OL].（2021-12-28）[2024-10-11]. http://gdee.gd.gov.cn/gkmlpt/content/3/3735/mmpost_3735194.html#3217.

广东碳市场于 2013 年 12 月启动，在全国碳市场试点中规模最大，2022 年度交易量和交易金额均居全国碳交易试点首位，覆盖行业包括水泥、钢铁、石化、造纸和民航行业。广东是首批进行部分配额有偿发放的试点之一，2013 年免费配额和有偿配额的比例分别为 97%和 3%，2014 年起以竞价形式进行配额有偿发放，刺激碳价逐步走高。广东省控排标准越发严格，覆盖范围更为广泛。

广东碳价在各试点中位居第二，仅次于北京碳市场。截至 2022 年年末，广州碳排放权交易中心市场配额总量达到 1.85 亿 t，参与控排企业、投资机构和自然人投资者总数超过 2 900 个。2013 年以来，广东省实现林业碳汇碳普惠减排量签发 177.08 万 t，为粤东西北贫困地区业主增收 2 467 万元。

此外，《广东省 2021 年度碳排放配额分配实施方案》明确提出，自 2022 履约年度起，控排企业纳入标准从年排放 2 万 t 二氧化碳（或年综合能源消费量 1 万 t 标准煤）及以上调整为年排放 1 万 t（或年综合能源消费量 5 000 t 标准煤）及以上，并将陶瓷、纺织、数据中心等纳入覆盖范围。2022 年广东碳市场成交量及成交均价如图 10−4 所示。

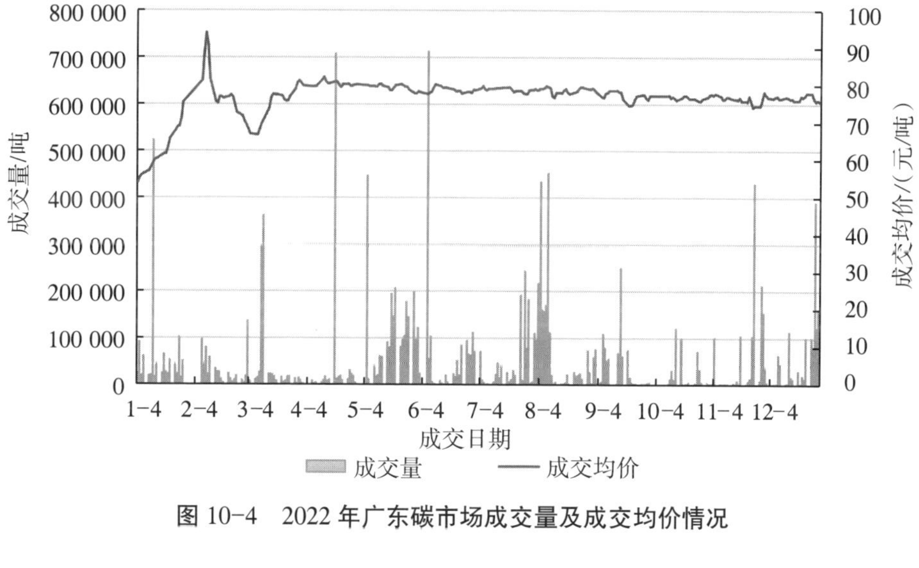

图 10−4　2022 年广东碳市场成交量及成交均价情况

10.1.4　深圳碳排放权交易试点市场

2012 年 10 月，深圳市出台《深圳经济特区碳排放管理若干规定》①，明确深圳市碳排放管控制度、配额管理制度、碳排放抵消制度和碳排放权交易制度。2021 年 3 月，

① 深圳市人民政府. 深圳经济特区碳排放管理若干规定［EB/OL］.（2012−10−30）［2024−10−11］. http://sf.sz.gov.cn/fggzsjcx/content/post_2973459.html.

深圳市生态环境局出台《关于做好 2020 年度碳排放权交易试点工作的通知》①，调整深圳市碳排放管控单位，并对统计数据、核查报告、质量管理、配额履约等碳排放权交易工作做出安排。

深圳碳市场是国内首个启动运营的试点，开始于 2013 年 6 月，覆盖了能源、工业、建筑和运输等行业。与其余试点相比，深圳碳市场规模较小，但较为活跃，开展了一系列金融创新，包括碳资产质押融资、碳债券、碳配额托管、绿色结构性存款和碳基金。深圳碳市场配额发放采取免费为主（97%无偿分配）、有偿为辅（3%有偿拍卖）的方式。2022 年 6 月，《深圳市 2021 年度碳排放配额分配方案》②明确该市碳排放权交易体系年度配额总量由 2 200 万 t 提升至 2 500 万 t，碳排放管控单位由 687 家提升至 750 家。配额总量及控排企业的增加将进一步提高深圳碳市场活跃度。

2022 年，深圳碳市场碳排放配额（SZEA）年度成交量为 508.07 万 t，年度成交额为 0.42 亿元。截至 2022 年 12 月 31 日，SZEA 累计成交量为 5 083.9 万 t，累计成交额为 12.03 亿元，成交均价最高为 65.98 元/t，最低为 4.08 元/t。

2022 年，深圳碳价持续走高，下半年成交均价 49.52 元/t，为上半年成交均价的 2.8 倍，交易量大多集中在 8 月履约月份，该月交易量占全年交易总量的 58.5%。2022 年深圳碳市场成交量及成交均价如图 10-5 所示。

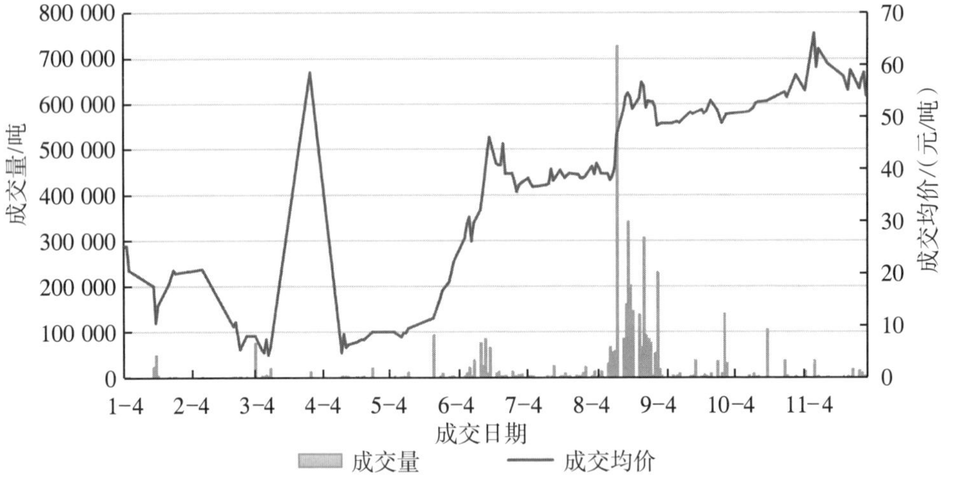

图 10-5　2022 年深圳碳市场成交量及成交均价情况

数据来源：深圳排放权交易所。

① 深圳市生态环境局. 关于做好 2020 年度碳排放权交易试点工作的通知［EB/OL］.（2021-03-25）［2024-10-11］. http：//meeb.sz.gov.cn/gkmlpt/content/8/8649/post_8649456.html#3767.

② 深圳市生态环境局. 深圳市 2021 年度碳排放配额分配方案［EB/OL］.（2022-06-29）［2024-10-11］. http：//meeb.sz.gov.cn/attachment/0/990/990243/9920396.pdf.

10.1.5 上海碳排放权交易试点市场

2021 年 8 月，上海市生态环境局依据《上海市碳排放管理试行办法》①和《上海市 2020 年碳排放配额分配方案》②有关规定，开展 2020 年度碳排放配额第一次有偿竞价发放，发放总量为 80 万 t。2021 年 10 月，上海市政府印发《上海加快打造国际绿色金融枢纽服务碳达峰碳中和目标的实施意见》③，推动上海市金融市场与碳排放权交易市场的合作与联动。

上海碳市场于 2013 年 11 月 26 日启动，是我国第二个启动碳排放交易体系的试点，共纳入 27 个工业及非工业行业。上海市率先纳入了航空、水运等行业，有近 1 500 个控排企业和投资机构参与交易。上海碳市场已开展了各类交易产品创新，包括卖出回购、借碳交易、CCER 质押、碳配额质押等。上海碳市场采取直接免费发放配额和不定期竞价有偿发放配额的形式，2022 年组织了两次配额有偿竞价发放，成交总量为 245.97 万 t。

2022 年，上海碳市场碳排放配额（SHEA）年度成交量为 152.31 万 t，年度成交额为 3 668.4 万元。截至 2022 年 12 月 31 日，SHEA 累计成交量为 1 803.9 万 t，累计成交额为 5.58 亿元，成交均价最高为 63.00 元/吨，最低为 41.76 元/吨。上海碳价从年初的 42 元/吨开始上涨，之后碳价基本维持在 51 元/吨以上，成交量较 2021 年有大幅提升。

在各试点碳市场中，上海碳市场的交易并不活跃，政策监管动态对成交情况影响较大，碳价总体稳中有升，成交量主要集中在 12 月履约月份，政策驱动特征明显。2022 年上海碳市场成交量及成交均价如图 10-6 所示。

① 上海市人民政府. 上海市碳排放管理试行办法［EB/OL］.（2013-11-18）［2024-10-11］. https：//www.shanghai.gov.cn/nw31729/20200820/ 0001-31729_37498.html.

② 上海市生态环境局. 上海市 2020 年碳排放配额分配方案［EB/OL］.（2021-02-02）［2024-10-11］. https：//sthj.sh.gov.cn/hbzhywpt2025/ 20210202/510b31e87df149348d73c7a40faab484.html.

③ 上海市人民政府. 上海加快打造国际绿色金融枢纽服务碳达峰碳中和目标的实施意见［EB/OL］.（2021-10-11）［2024-10-11］. https：//www.shanghai.gov.cn/nw12344/20211019/a201939175c8417c9cda322f556bbbaf.html.

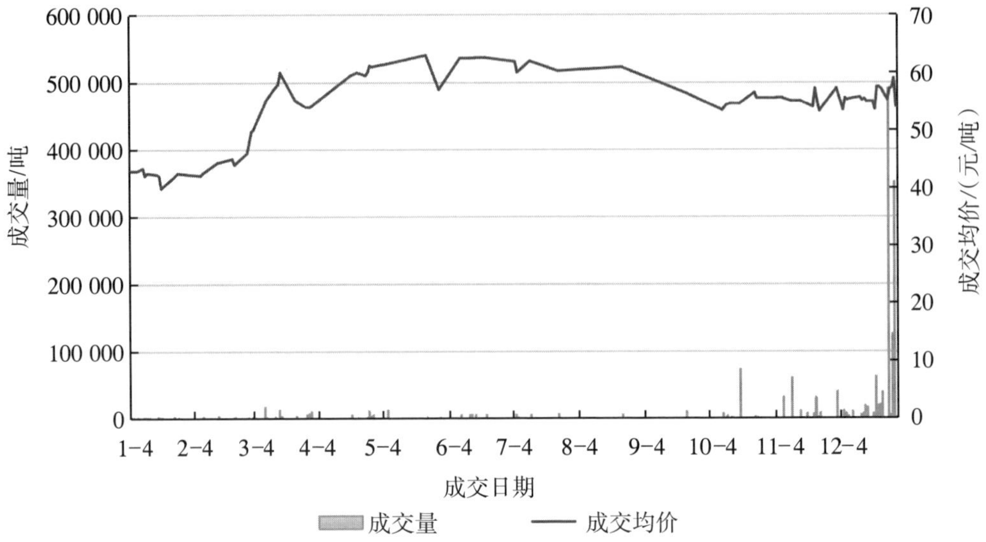

图 10-6 2022 年上海碳市场成交量及成交均价情况

数据来源：上海环境能源交易所。

10.1.6 湖北碳排放权交易试点市场

2014 年 3 月，湖北省人民政府通过《湖北省碳排放权管理和交易暂行办法》①。2018 年 5 月，湖北省发布《关于 2018 年湖北省碳排放权抵消机制有关事项的通知》，完善湖北省碳排放权交易制度体系。2019 年 7 月，湖北省生态环境厅出台《湖北省 2018 年碳排放权配额分配方案》，明确湖北省 2018 年碳排放权配额分配方案。

湖北碳市场于 2014 年 4 月启动，控排范围涵盖钢铁、水泥、化工等 16 个行业。不同企业根据各自碳排放数据质量采用标杆法、历史强度法、历史法中的一种进行配额分配。2016 年，湖北试点将石化、化工、建材、钢铁、有色、造纸和电力等七大行业的门槛从综合能耗 6 万 t 标准煤及以上降至 1 万 t 标准煤及以上。2017 年，湖北试点进一步将其余覆盖行业标准降至 1 万 t 标准煤及以上。

2022 年 11 月，《湖北省 2021 年度碳排放权配额分配方案》②中将用于市场调节的政府预留配额由 8%调整为 6%。湖北碳市场在 2022 年共举行了两个批次的配额拍卖，拍卖

① 湖北省人民政府. 湖北省碳排放权管理和交易暂行办法［EB/OL］.（2014-04-04）［2024-10-11］. http：// www. hubei.gov.cn/zfwj/szfl/201404/t20140422_1711157.shtml.

② 湖北省生态环境厅. 湖北省 2021 年度碳排放权配额分配方案［EB/OL］.（2022-11-11）［2024-10-11］. http：// sthjt.hubei.gov.cn/fbjd/zc/zcwj/sthjt/ehf/202211/t20221111_4399660.shtml.

成交总量为 200 万 t，成交总额 8 668.99 万元。2022 年，湖北碳价由 37.15 元/吨大幅上升至 61.89 元/吨，之后小幅下降，维持在每吨 43—52 元之间，成交量大多集中于 12 月，约占全年总成交量的 53%。湖北碳市场在所有碳市场试点中相对较为活跃，碳价较为平稳，在国内碳市场中处于中游水平。2022 年湖北碳市场成交量及成交均价如图 10-7 所示。

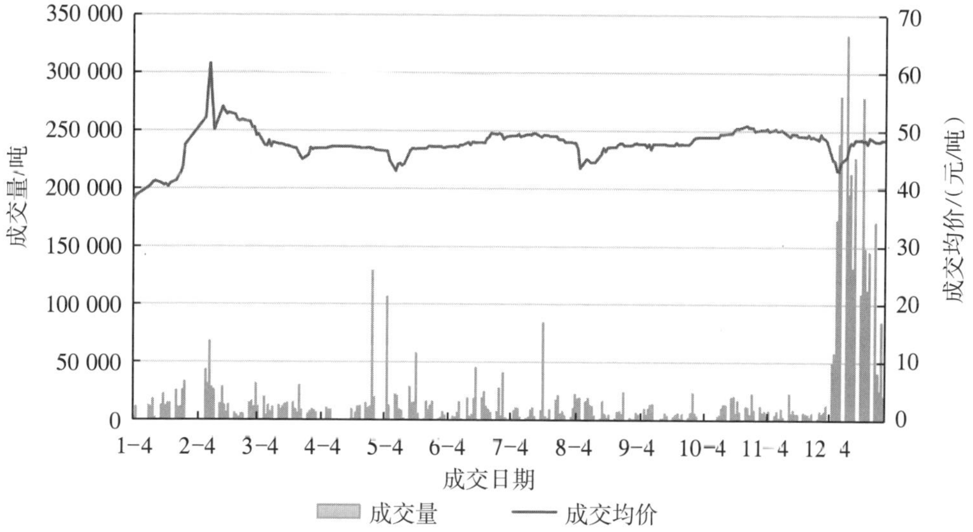

图 10-7 2022 年湖北碳市场成交量及成交均价情况

数据来源：湖北碳排放权交易中心。

10.1.7 重庆碳排放权交易试点市场

重庆市碳排放权交易制度建立了“1+3+N”的政策体系，其中：“1”为《重庆市碳排放权交易管理暂行办法》；“3”为《重庆市碳排放配额管理细则（试行）》①《重庆市工业企业碳排放核算报告与核查细则（试行）》②《重庆联合产权交易所碳排放交易细则（试行）》③；“N”为《重庆市碳排放配额分配方案》《碳排放申报系统操作手册》等。

重庆碳市场于 2014 年 6 月起开始运行，交易体系覆盖前二年任一年度温室气体排

① 重庆市发展改革委. 重庆市碳排放配额管理细则（试行）[EB/OL].（2014-05-28）[2024 10 11]. http://fzggw.cq.gov.cn/zwgk/zfxx gkml/zcwj/xzgfxwj/sfzggwxzgfxwj/202302/t20230209_11584400_wap.html.

② 重庆市发展改革委. 重庆市工业企业碳排放核算报告和核查细则（试行）[EB/OL].（2014-05-28）[2024-10-11]. http://www.fzggw.cq.gov.cn/zwgk/zfxxgkml/zcwj/xzgfxwj/sfzggwxzgfxwj/202302/W020230209362281748785.pdf.

③ 重庆市发展改革委. 重庆联合产权交易所碳排放交易细则（试行）[EB/OL].（2014-06-13）[2024-10-11]. http://fzggw.cq.gov.cn/zwxx/tzgg/202002/t20200212_5169338_wap.html.

放达到 1.3 万 t 二氧化碳当量（约 5 000 t 标准煤）及以上的工业企业，实行免费分配（95%）和有偿分配（5%）的方式。免费分配是对不同行业重点排放单位采用不同分配方法中的一种或几种组合的方法进行配额分配，用于市场灵活调节；有偿分配主要通过拍卖等方式向市场投放。与其他试点不同的是，重庆试点还覆盖非二氧化碳的温室气体，包括甲烷（CH_4）、氧化亚氮（N_2O）、氢氟碳化物（HFC_s）、全氟碳化物（PFC_s）和六氟化硫（SF_6），并根据核算规则折算为二氧化碳当量进行交易。

2022 年，重庆碳市场碳排放配额（CQEA）年度成交量为 75.91 万 t，年度成交额为 5 234.2 万元。截至 2022 年 12 月 31 日，CQEA 累计成交量为 986.6 万 t，累计成交额为 9 780.6 万元，成交均价最高为 49 元/吨，最低为 28.80 元/吨。2022 年重庆碳价出现一定幅度的下降，年末维持在 30 元/吨左右。从成交情况来看，重庆碳市场的活跃度较低，许多月份未发生交易，这与重庆市纳入管理的重点排放单位数量较少存在一定关系。2022 年重庆碳市场成交量及成交均价如图 10-8 所示。

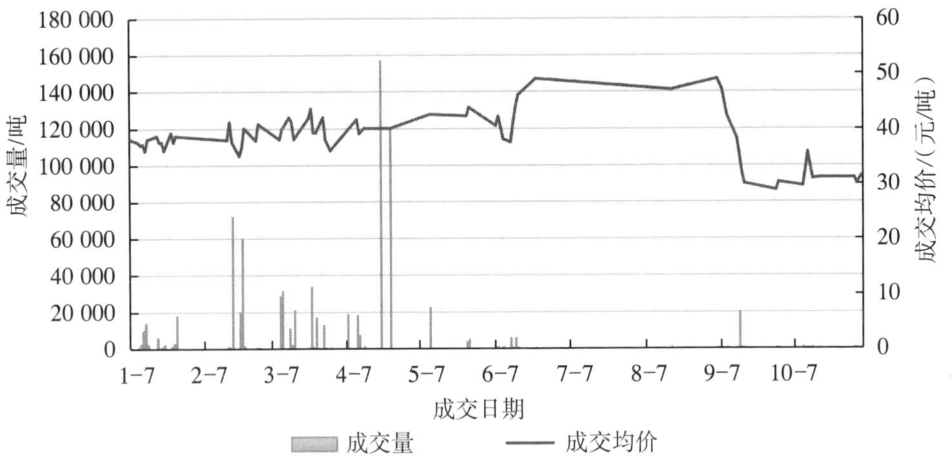

图 10-8　2022 年重庆碳市场成交量及成交均价情况

数据来源：重庆碳排放权交易中心。

2020 年，生态环境部连续印发《碳排放权交易管理办法（试行）》①《纳入 2019—2020 年全国碳排放权交易配额管理的重点排放单位名单》②等文件，发电行业率先被纳入碳排放配额管理。其中，《碳排放权交易管理办法（试行）》在准入标准、配额分配、排放交易、排放核查与配额清缴等方面进行了规范。《2019—2020 年全国碳排放权交易

① 生态环境部. 碳排放权交易管理办法（试行）[EB/OL].（2020-12-31）[2024-10-11]. https：//www.mee.gov.cn/gzk/gz/202112/t20211213 _963865.shtml.

② 生态环境部. 纳入 2019—2020 年全国碳排放权交易配额管理的重点排放单位名单[EB/OL].（2020-12-30）[2024-10-11]. https：//www.mee.gov.cn/xxgk2018/xxgk/xxgk03/202012/W020201230736907682380.pdf.

配额总量设定与分配实施方案（发电行业）》在配额分配、配额发放、配额清缴等方面做出了规定。《2021 年国务院政府工作报告》再次将碳排放权交易列入了年度重点工作。

10.2　全国碳排放权交易市场

10.2.1　全国碳排放权交易市场的运行表现

1. 碳排放权交易政策实施成效

碳市场是发挥市场资源配置作用，从而促进碳减排的重要手段。越来越多的国家开始建立国家层面或地方层面的碳交易体系。试点碳市场将与全国碳市场持续并行，逐步向全国碳市场平稳过渡。我国碳排放权交易试点的成效如下：

（1）履约率高，促进碳排放总量下降。经过试点省市碳排放交易的十年探索，全国及试点省市碳排放权交易政策减排成效显著，重点排放单位履约率高，有效促进了温室气体减排，推动了省域低碳城市建设和碳普惠平台搭建。2021 年 12 月 31 日，全国碳排放权交易市场第一个履约周期结束，北京、天津、上海、广东和深圳完成履约八次，湖北、重庆完成履约七次。2022 年 1 月，甘肃平凉开建西北首个碳普惠城市，搭建碳普惠统一平台，这一举动强化了社会各界的低碳意识，为全国碳市场发展提供了有益经验，实现了区域碳排放总量的下降。

（2）推动产业结构调整。期初免费配额客观上抑制了碳泄漏行为。在碳达峰、碳中和目标双重驱动下，高载能产业因高能耗需承担更多的碳排放成本，应向低能耗、高附加值优化升级。多个减排企业通过出售配额收获颇丰，如京能集团、大唐发电和华能国际 2023 年的碳交易收入分别高达 4.50 亿元、3.00 亿元和 2.69 亿元。免费配额在前期有助于吸引企业入场碳交易，减少企业调控碳排放相关成本，降低企业在碳市场交易过程中的融资约束，从而推动企业平稳过渡碳市场交易。因此，企业的期初免费配额方案仍将持续一段时间，但随着碳交易市场的逐渐成熟，未来将降低免费配额比例直至停止免费配额发放。

（3）加速煤电机组运营绩效分化，推动社会低碳化发展。引入碳排放权交易市场后，碳排放的显化外部成本转化为排放主体的内部成本。高能效机组通过出售剩余碳排放配额以降低综合供电成本，低能效机组需额外增加碳排放履约成本。如南方区域燃煤高能效机组每年可通过出售配额盈利 2 750 万元以上，折合每千瓦时电成本降低 0.006 元；而低能效机组则需额外支出750多万元购买碳排放配额，折合每千瓦时电成本增加0.008元，由此可知碳排放权交易加速了不同能效燃煤机组的运营绩效的分化。

2. 全国碳排放权交易市场发展情况

2012年以前，我国参与碳排放交易的唯一方式为参与国际CDM项目。2012年北京、上海等试点省市在试点地区参与CCER交易。2021年7月16日，全国碳排放权交易市场正式开启线上交易，市场成交量周期性显著，碳价呈阶段性波动，控排企业碳交易意愿显著增强。

（1）以发电行业为突破口，助推构建减污降碳管控体系。全国碳排放权交易市场以发电行业为突破口，涉及约7 500家电力企业，可交易碳排放量超过50亿吨/年。发电行业以煤炭消费为主，首批纳入全国碳市场的发电行业共计2 162家，排放规模约40亿t，约占全国碳排放总量的40%。发电行业排放数据自动化管理程度高，设施完备，管理较为规范。

（2）市场成交量周期性显著，交易存在“羊群效应”。全国碳排放权交易市场在成交量和成交规模方面存在明显的周期性特征。进入履约周期清缴月，履约期内超出碳排放量的企业需要在碳排放权交易市场中购买额外的配额来抵消过量的排放量，造成总成交量和市场活跃度显著提升。然而履约期之外，市场活跃度较低，主要原因在于：一方面，市场参与主体为发电企业，同业约束方式相同，操作方式相近，在相同的政策条件下容易发生集中交易，引发“羊群效应”；另一方面，现阶段碳排放配额以免费分配为主，宽松且免费的配额发放使得企业利用交易推动减排的内生动力不足，积极性欠佳。随着从事碳交易主体的增多，市场免费额度发放收紧，市场活跃度预期将得到改善。

（3）控排企业碳交易意愿增强，碳金融交易成为新兴市场。控排企业碳交易意愿增强，比如碳交易市场上的“老兵”龙源电力2006—2013年通过CDM[①]业务获取利润22.5亿元[②]，最高时期占龙源电力净利润总额的四分之一。2021年全国碳排放交易市场上线后，龙源电力完成全国碳市场第一单，碳配额为25万t。随着未来钢铁建材等行业被纳入碳交易市场，CCER冲抵量将显著增加，碳金融交易成为新兴市场，控排企业碳交易意愿预期将进一步增强。2021年4月19日广州期货交易所正式成立，碳排放期货成为重点上市品种，计划于2022—2023年推出。国家气候战略中心的数据显示，我国长期碳金融资金缺口年均稳定在1.6万亿元以上，由此说明金融机构尤其是中小银行发展空间广阔。

---

① CDM指发达国家政府或发达国家政府企业通过购买发展中国家减排项目产生的减排量，完成减排义务。

② 新浪财经. 龙源电力：“双碳”目标下公司主业料迎快速增长 碳交易业务有望贡献新增量［EB/OL］.（2022-01-29）［2024-10-11］. https://finance.sina.cn/2022-01-29/detail-ikyamrmz8160218.d.html.

10.2.2　全国碳排放权交易市场的发展建议

1. 渐进完善碳交易定价机制

（1）加大有偿配额比例。从长期看，应着力探索设定与长期配额分配计划相一致的绝对排放上限，在严格设定全国碳市场配额总量和行业碳排放基准的前提下，渐进增加配额有偿分配比例。逐步压实碳排放主体的减排责任，有效控制现有高排放企业的排放总量，倒逼企业主动进行节能环保技术改进，促使碳价恢复合理水平，充分发挥碳价的激励以及约束作用，推动形成一级与二级市场的价格联动机制。适当引入储备或抵消机制，及时根据市场碳配额现存余量进行调控以稳定碳价。

（2）优化碳配额总量制定。配额总量影响稀缺性，从供给端作用于碳市场的配额价格，交易体系总量设定应遵循“适度从紧”和“循序渐进”的原则，顾及气候变化、国内碳减排以及欧盟碳市场波动的外生宏观冲击，对碳配额总量设定进行合理预估。在把控总量的前提下，经济发展高速地区和能源产业密集地区应承担更多减排责任。既要杜绝引起区域不平等的因素滋生，更要保证全国平均减排成本最小化。针对新进入企业，依据其实际生产需求及往年生产规模提前预留碳配额以激励生产，在现有配额制度基础上，根据行业贸易强度、成本强度和减排潜力的变化建立配额动态调整机制。

（3）健全碳交易数据库、碳足迹基础数据库。依托人工智能、大数据、云计算、区块链等数字技术打造高质量碳交易数据库，实时监测国际市场价格和供求关系，分析国内外交易成本和风险成本差异，剖析国内外碳价差产生原因，预测国内外碳价未来走势，保障投资者收益。增强科技支持和资金配套，借助人工智能、大数据、区块链等信息技术，建立多功能一体化碳排放权交易市场数据分析平台。整合现有的“广东碳交易”“中国碳市”“四川环境交易”“沈阳碳交易”等地方碳交易用户终端 App，建立多功能一体化碳排放权交易市场数据分析平台，构建全国统一的碳交易用户终端。

2. 循序推进碳期货市场布局

（1）科学布局远期现货市场。完善远期现货市场与现货市场建设，实现信息透明，提高信息传递速度，充分发挥远期现货的价格引导作用。以公开、连续、前瞻性的碳排放价格，引导资金投入新技术、新设备、新工艺。地方碳交易所也应实时调控碳配额远期产品保证金参数，借助碳市场发展东风，进一步壮大期货市场规模，发挥好期货市场优势，加大市场供给，逐步推进新商品期货和金融期货品种研发，助力建设碳市场，从而形成良性循环。探索使用保税交割和现金交割模式，方便国际投资者参与。同时，衍接好国内制度规则与国际市场，强化跨境监管模式。

（2）合理规范碳金融监管体系。碳金融是碳市场的有益补充，可以提高碳市场的流动性，为碳市场健康发展提供资金保障。2022 年 1 月，中国农业银行率先与中国碳排放权注册登记结算有限责任公司达成合作，利用“农银碳服”系统助力完成全国碳排放权交易市场第一个履约周期配额清缴工作，是国有大型银行推动碳排放交易、丰富碳金融产品的首次尝试。

在立法先行、监管体系健全的前提下，联合银行、证券、期货、基金等金融机构，实现碳现货市场、期货/期权市场以及碳融资市场等共同发展。构建多层次立体的碳交易市场和碳金融市场，更好地激发碳市场活力，充分挖掘碳排放权这一特殊资源的价值，从而确保我国“双碳”目标顺利达成。

3. 加快引入碳市场参与主体

（1）逐步扩大市场主体参与范围，扩大行业覆盖面。“十四五”时期，铝、水泥、钢铁、石化和造纸等高耗能行业应逐步被纳入国家排放交易体系。市场情况表明，铝和水泥即将成为下一个被纳入的行业。应降低专业服务机构与金融机构准入门槛，允许金融机构参与碳金融衍生品市场的交易，在碳交易体系中纳入其他符合一定条件的高耗能高排放企业，提高市场交易活力。进一步出台政策引导现有火电企业进行低碳技术革新。从供给侧发力，逐步建立发电企业行业内部优胜劣汰机制。做好碳交易的市场教育工作，对企业主体参与碳交易、管理碳资产进行培训，提高企业参与碳交易的积极性，使其在参与碳交易的过程中逐渐形成可持续的、健康的发展模式。

（2）培育完善市场参与主体链。发挥各市场参与主体的功能定位，监管机构应增加正常市场波动的容忍度。在保持监管定力、强化金融监管的同时，坚持碳交易市场化导向，进一步深化碳金融体制改革，更好地发挥金融机构在碳配额资源配置中的重要作用。政府层面应有效保障碳市场规则的正确制定和有效实施，交易所保持碳市场规则的稳定性，确保让市场在规定的排放总量上限找到合适的排放配额价格，而不应由某个监管机构随意设定。碳市场规则中应合理规范引入公众参与，由职能部门出台相关配套管理办法，纳入涉及碳配额分配的公众参与机制。

（3）营造绿色金融生态。积极探索完善绿色金融体系，为碳市场提供坚强的资金保障。建立完善绿色资产产权、绿色技术产权的保护和交易制度，包括绿色低碳资产价值的市场化变现机制和绿色低碳资产外溢价值的内部化机制，以及相应的绿色低碳资产评估体系和评估标准等。积极推进绿色金融国际合作发展，打造北京、上海、深圳、香港等城市作为联通国内国际双循环的绿色金融枢纽，打造全球绿色金融示范区，有序推进多层次、多元化、多渠道绿色金融体系的双向开放。

10.3 绿色低碳治理中的金融产品

10.3.1 绿色信贷

1. 绿色信贷概述

绿色信贷是指一种重点投向低碳经济、循环经济和生态经济等领域，促进绿色产业、绿色经济的发展，推动经济和社会可持续发展的贷款行为。

绿色信贷是中国绿色金融体系中最重要的金融工具之一，是中国绿色金融发展中起步最早、发展最快、政策体系最为成熟的产品，是金融机构应对环境和社会风险、提升国际竞争力、贯彻落实"双碳"目标的重要工具，是实现资源节约型、环境友好型社会和实现社会可持续发展的有力抓手。实施绿色信贷的目的是以信贷等金融资源推动经济和社会的可持续发展，优化金融机构信贷结构，降低环境和社会风险。

2. 绿色信贷创新产品类型

由于合规经营风险管理和拓展绿色信贷产品的需要，银行开展了绿色信贷产品创新。当前我国绿色信贷创新产品主要分为两大类：一类是零售类产品，主要针对居民绿色生活方面的融资需求，用于鼓励家庭实行低碳消费等；另一类是公司类产品，主要面向节能环保等绿色行业的企业客户，用于支持企业在低碳领域的生产经营。

（1）零售类产品。

绿色房产类贷款：一是绿色住房按揭贷款，指银行向购买符合环保标准的绿色住房的客户发放按揭贷款；二是绿色商业用房按揭贷款，指银行向购买符合环保标准的绿色商用房的客户发放的按揭贷款。

绿色消费类贷款：一是光伏按揭贷，指银行向自然人发放的用于购置屋顶光伏发电设备的贷款；二是新能源汽车贷款，指银行向个人发放的用于购买新能源汽车的贷款。

绿色个体经营贷款：主要指银行向个体工商户发放的用于绿色生产经营的贷款。

绿色信用卡：也被称为低碳信用卡、环保信用卡等。相较于普通信用卡，绿色信用卡增加了绿色环保概念。

（2）公司和项目类产品。

绿色建筑贷款：包括为建造绿色建筑发放的房地产开发贷款，以及以绿色建筑为抵押的贷款。

能效项目贷款：指银行对节能服务等能源效率提高类项目发放贷款，主要包括合同能源管理贷款和损失分担融资。

排放权交易领域的贷款：由于一些可交易的排放权流动性好，市场价格评估方便，因此银行以此类权益作为抵押发放贷款。

3. 绿色信贷余额情况

据中国人民银行统计①，截至 2022 年年末，我国本外币绿色贷款余额达 22.03 万亿元，同比增长 38.5%，比上年末高 5.5 个百分点（表 10−3）。

表 10−3　2021—2022 年全国绿色贷款余额变化情况

2021 年全国绿色贷款余额/万亿元	2022 年全国绿色贷款余额/万亿元	绿色贷款余额增量/万亿元	绿色贷款余额增速/%
15.9	22.03	6.13	38.5

分用途看，基础设施绿色升级产业、清洁能源产业和节能环保产业贷款余额分别为 9.82 万亿元、5.68 万亿元和 3.08 万亿元，同比分别增长 32.8%、34.9%和 59.1%。分行业看，电力、热力、燃气及水生产和供应业绿色贷款余额为 5.62 万亿元，同比增长 27.4%，全年增加 1.15 万亿元；交通运输、仓储和邮政业绿色贷款余额为 4.58 万亿元，同比增长 10.8%，全年增加 4 546 亿元（表 10−4）。

表 10−4　2022 年全国绿色贷款余额占比情况

	类型	余额/万亿元	同比增长/%	占比/%
分用途	基础设施绿色升级产业	9.82	32.8	44.58
	清洁能源产业	5.68	34.9	25.78
	节能环保产业	3.08	59.1	13.98
	其他	3.45	42.3	15.66
分行业	电力、热力、燃气及水生产和供应业	5.62	27.4	25.51
	交通运输、仓储和邮政业	4.58	10.8	20.79
	其他	11.83	50.7	57.70

在减排方面，2022 年投向具有直接和间接碳减排效益项目的贷款分别为 8.62 万亿元和 6.08 万亿元，分别占绿色贷款的 39.13%和 27.60%，合计占绿色贷款的 66.73%（图 10−9）。

① 中国人民银行. 2022 年四季度金融机构贷款投向统计报告［R/OL］.（2023-02-03）［2024-10-11］. https：//www.gov.cn/xinwen/2023-02/03/content_5739947.htm.

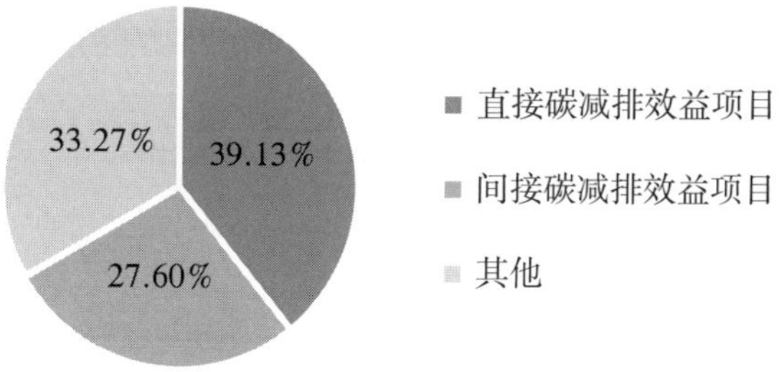

图 10-9　2022 年碳减排视角下的绿色贷款投向

4. 绿色信贷相关政策

绿色信贷相关政策文件如表 10-5 所示。可以看到，早在 1995 年，我国就出台了绿色信贷的相关政策。时至今日，我国的绿色信贷政策已经逐渐完善。

表 10-5　我国绿色信贷相关政策文件

发布日期	文件名称
1995/02/06	《关于贯彻信贷政策与加强环境保护工作有关问题的通知》
2002/11/23	《节能减排授信工作指导意见》
2007/07/18	《关于落实环境保护政策法规防范信贷风险的意见》
2012/02/24	《绿色信贷指引》
2013/02/07	《关于绿色信贷工作的意见》
2013/07/04	《关于报送绿色信贷统计表的通知》
2014/06/27	《关于印发绿色信贷实施情况关键评价指标的通知》
2015/09/21	《生态文明体制改革总体方案》
2016/08/31	《关于构建绿色金融体系的指导意见》
2017/12/26	《中国银行业绿色银行评价实施方案》
2018/01/05	《关于建立绿色贷款专项统计制度通知》
2018/07/27	《银行业存款类金融机构绿色信贷业绩评价方案》
2019/02/14	《绿色产业指导目录（2019 年版）》
2019/12/30	《关于修订绿色贷款专项统计制度的通知》
2020/06/09	《关于绿色融资统计制度有关工作的通知》
2021/02/22	《国务院关于加快建立健全绿色低碳循环发展经济体系的指导意见》
2021/02/24	《关于引导加大金融支持力度促进风电和光伏发电等行业健康有序发展的通知》

续表

发布日期	文件名称
2021/05/27	《银行业金融机构绿色金融评价方案》
2021/05/27	《关于振作工业经济运行推动工业高质量发展的实施方案的通知》
2022/06/01	《银行业保险业绿色金融指引》

10.3.2 绿色保险

1. 绿色保险概述

绿色保险是为解决因经济社会活动中的环境问题衍生的环境风险而提供的一种保险制度安排和长期治理机制。绿色保险包括与农业及其他社会生产领域相关的通过创新保险模式来实现改善环境的保险。广义上说，绿色保险通常是指与环境风险管理有关的各种保险安排，其实质是将保险作为一种可持续发展的工具，以应对与环境有关的一系列问题，包括气候变化、污染和环境破坏等。狭义上说，绿色保险是指环境污染强制责任保险，即以企业发生的污染事故对第三者造成的损害依法应负的赔偿责任作为标的的保险。

绿色保险除了一般保险业所共有的分摊经济损失、经济补偿等方面的基本特征外，还具有鲜明的助推生态文明建设和绿色发展的特征。绿色保险能有效调动多方力量，构建政府、企业和社会共同参与的环境治理机制，有效防范环境责任风险、分担损害赔偿责任、保障受害者合法权益，在保护并改善环境、促进绿色经济发展、支持生态文明建设方面发挥着积极作用。

2. 绿色保险产品类型

（1）环境污染保险。环境污染保险包括环境污染责任保险、沿海内河船舶污染责任险、远洋船东保赔险等。其中，环境污染责任保险是保险助力化解环境损害风险的主要产品，是以环境侵权者因污染环境而应承担被侵权的第三者损害赔偿和污染治理责任或生态系统修复责任作为标的的责任保险。

（2）绿色资源保险。绿色资源保险主要覆盖森林、草原等绿色资源在生长周期中可能遭遇的火灾、有害生物灾害、气象灾害等风险。随着林业碳汇的发展，绿色资源保险还延伸至因火灾、冻灾、泥石流、山体滑坡等约定灾害造成的森林固碳量损失风险。

（3）巨灾气候保险。巨灾一般指突发、难以避免且造成巨大财产损失或人员伤亡的自然灾害，如特别严重的地震、洪水、台风、泥石流等。2013 年 12 月，《深圳市巨灾保险救助工作规程（2023 年）》①正式实施，其规定的巨灾保险制度由政府巨灾救助保险、巨灾基金、个人巨灾保险组成。

（4）清洁能源保险。清洁能源保险主要覆盖风电、光伏、水电和特高压等产业在建设和运营期所面临的风险，如物质损失风险和质量（利润）波动风险，包括建筑工程险、安装工程险、机器设备损失险等较为传统的险种，以及保证保险等创新性保险。

（5）绿色交通保险。绿色交通保险主要覆盖新能源汽车和轨道交通建设领域的风险，一般包括财产保险、责任保险和综合保险。

（6）绿色建筑保险。绿色建筑保险主要覆盖绿色建筑建设和运营期间所涉及的工程与财产安全、质量和性能达标等方面的风险，一般分为财产保险（如建筑工程一切险、安装工程一切险、企财险、家财险）和责任保险（如绿色建筑性能责任保险、施工企业安全生产责任保险、工程质量潜在缺陷保险）两大类。

（7）绿色技术保险。绿色技术保险主要覆盖技术研发、知识产权、产品质量和产品推广四个方面的风险，一般分为责任保险（如研发费用损失保险、重点新材料首批次应用保险、产品质量安全责任保险、首台/套重大技术装备保险、重点新材料首批次应用保险）和保证保险（如专利质押融资还款保证保险、产品质量保证保险）两类。

3. 绿色保险发展现状

大力发展绿色保险，是贯彻落实生态文明理念的内在要求，也是实现“双碳”目标的重要举措。

2021 年 6 月 15 日，中国保险行业协会发布《保险业聚焦碳达峰碳中和目标助推绿色发展蓝皮书》。②统计结果显示，2018—2020 年，保险业累计为全社会提供了保额为 45.03 万亿元的绿色保险保障，支付赔款 533.77 亿元，有力发挥了绿色保险的风险保障功效。2020 年绿色保险保额 18.33 万亿元，较 2018 年增加 6.30 万亿元，年均增长 23.43%；2020 年绿色保险赔付金额 213.57 亿元，较 2018 年增加 84.78 亿元，年均增长 28.77%，高于保额年均增长 6.81 个百分点（图 10-10）；2020 年绿色交通保险、环境污染保险、清洁能源保险、绿色技术保险、绿色建筑保险、绿色资源保险及其他绿色保险的保额分别为 63 419.1 亿元、53 921.48 亿元、19 558.63 亿元、1 664.85 亿元、

① 深圳市减灾委员会办公室．深圳市巨灾保险救助工作规程（2023 年）[EB/OL].（2023-03-28）[2024-10-11]. http：//www.sz.gov.cn/cn/xxgk/zfxxgj/tzgg/content/post_10508052.html.

② 中国保险行业协会．保险业聚焦碳达峰碳中和目标助推绿色发展蓝皮书 [EB/OL].（2021-06-15）[2024-10-11]. http：//www.iachina.cn/art/2021/6/15/art_8573_105129.html.

1 017.42 亿元、10.19 亿元及 26 596.21 亿元；各类绿色保险保额中，占比最大的是绿色交通保险和环境污染保险，分别为 38.16%、32.45%（图 10-11）。

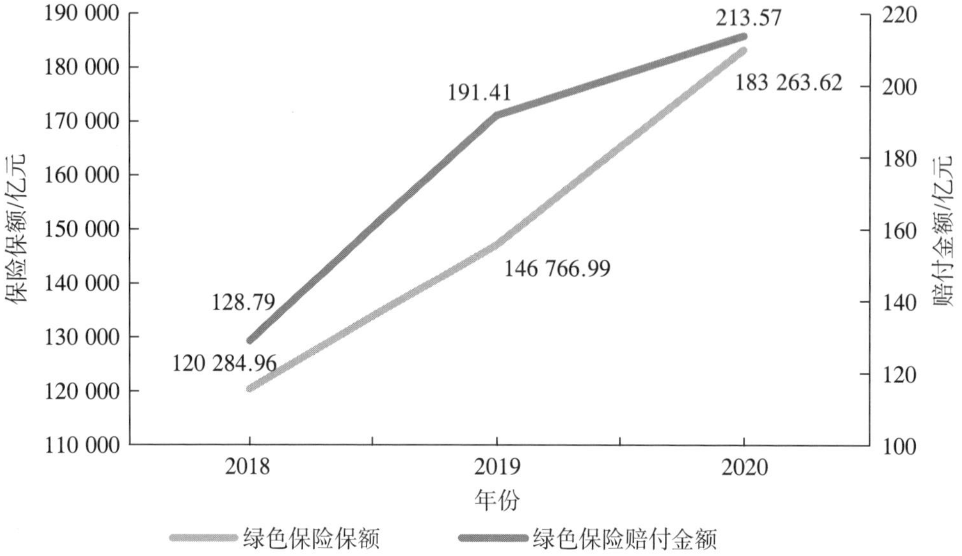

图 10-10　2018—2020 年我国绿色保险保额及赔付金额变化趋势图

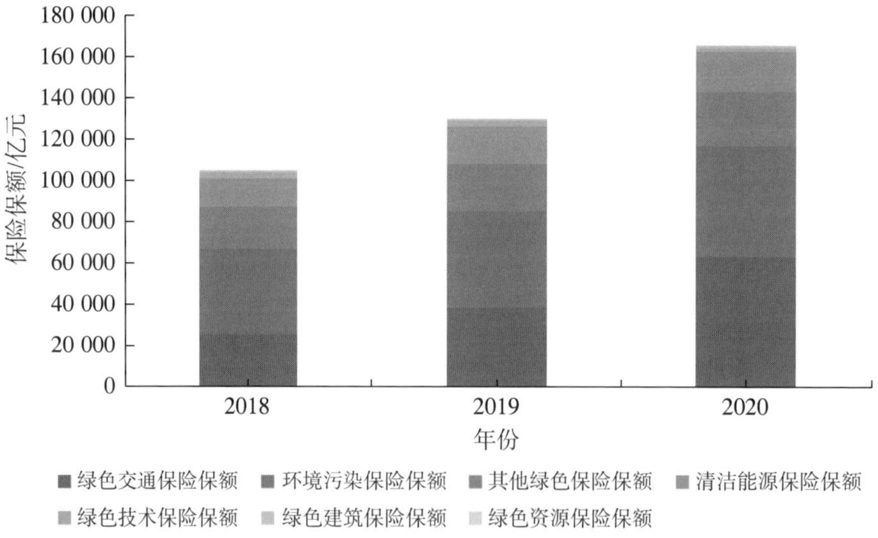

图 10-11　2018—2020 年我国各类绿色保险保额占比变化趋势图

4. 绿色保险相关政策

历年有关绿色保险的政策文件梳理如表 10-6 所示。中国银保监会于 2022 年 6 月 1 日发布了《银行业保险业绿色金融指引》，旨在促进银行业和保险业发展绿色金融，有序推进碳达峰、碳中和工作。该指引无论从战略高度方面还是实操指导方面，均有重要意义。

表 10-6　绿色保险相关政策文件

发布日期	文件名称
2016/08/23	《中国保险业发展“十三五”规划纲要》
2016/09/01	《关于构建绿色金融体系的指导意见》
2019/12/30	《关于推动银行业和保险业高质量发展的指导意见》
2021/02/22	《关于加快建立健全绿色低碳循环发展经济体系的指导意见》
2021/10/24	《2030 年前碳达峰行动方案》
2021/11/10	《国务院办公厅关于鼓励和支持社会资本参与生态保护修复的意见》
2022/06/01	《银行业保险业绿色金融指引》

10.3.3　绿色基金

1. 绿色基金概述

绿色基金是指响应政府绿色发展战略，履行绿色社会责任，能直接或间接产生环境效益，以绿色经济、绿色事业为资金投放方向或以绿色、可持续发展为价值取向的投资基金或公益基金。

此定义有两层含义：一、我们所定义的绿色基金范畴是符合、响应和贯彻国家绿色发展战略目标的，能够直接或间接产生环境效益，具有明显的外部性。二、绿色基金成立的目的可能是基于投资价值判断，看好“绿色产业”，认为该领域有较高的投资价值和较好的投资回报，值得进行产业布局或资产配置，可以解释为资本回报驱动，或者是基于绿色发展、可持续发展等理念，权衡投资回报与推动生态环境改善的关系，以履行责任投资或支持绿色公益事业为首要原则，可以解释为社会责任驱动。

2. 绿色基金产品类型

（1）以价值取向分类。政策或功能型绿色基金，指以实现政策意图或达到特定功能为目标的绿色基金，包括政府设立的绿色国家发展基金、绿色引导基金、绿色城市发展基金、环境或气候保护基金等。

（2）以资金投向分类。资本市场绿色基金，具体可以从资金投向的两个维度进行细分。从一级市场和二级市场的投资角度进行分类，从股权型和债权型投资角度进行分类（表 10-7）；也有一些基金是一二级市场、股权与债权投资都包含的混合型基金。

表 10-7 资本市场绿色基金分类表

	股权型	债权型（固定收益型）
一级市场	风险投资、股权投资	债权、名股实债、PPP 投资
二级市场	股票投资	债券、ABS 投资

3. 绿色基金发展现状

近年来，绿色基金在我国得到了较大发展。2021 年，中国绿色基金相关企业注册量从 2010 年的 6 家增长至 52 家，大约是 2010 年的 9 倍。2010—2021 年我国绿色基金相关企业注册量及增速如图 10-12 所示。

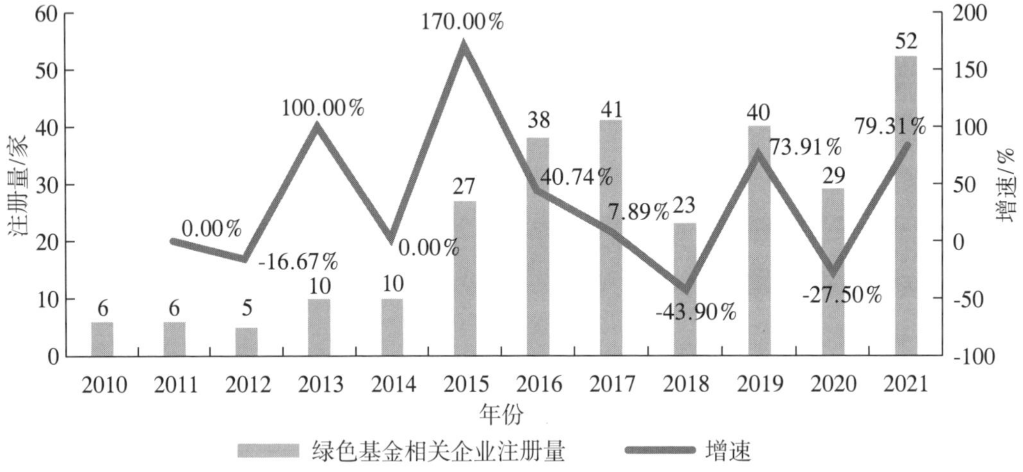

图 10-12 2010—2021 年我国绿色基金相关企业注册量及增速

我国各级政府发起绿色发展基金成为一种趋势。目前，我国绿色基金发展显现出巨大的市场爆发力。包括广东、北京、山东在内的多个省市已纷纷建立起绿色发展基金或环保基金，地级市也在不断推动绿色基金发展的进程，以带动绿色投融资。这对地方政府投融资改革和协调绿色城镇化资金的筹措十分有利。2021 年中国绿色基金相关企业注册量位于前十的省市分别是广东、北京、山东、湖北、甘肃、江苏、贵州、安徽、浙江、福建、云南（并列），绿色基金相关企业注册量分别为 49 家、27 家、20 家、19 家、18 家、16 家、14 家、12 家、11 家、10 家、10 家。

我国新成立绿色基金仍然以股权投资为主。按投资类型划分，2020 年我国新成立备案的绿色基金中，股权投资基金、证券投资基金、创业投资基金的数量分别为 77 只、32 只、17 只，占比分别为 61.11%、25.40%、13.49%，如图 10-13 所示。绿色基金对低碳节能领域的投资将有效促进我国投向低碳节能领域的绿色基金比例进一步扩大，进一步推动实现我国低碳发展目标。2020 年我国新成立备案的绿色基金投向生态环保领域、低碳节能领域、循环经济领域的数量分别为 38 只、86 只、2 只，占比分别为 30.16%、68.25%、1.59%，如图 10-14 所示。

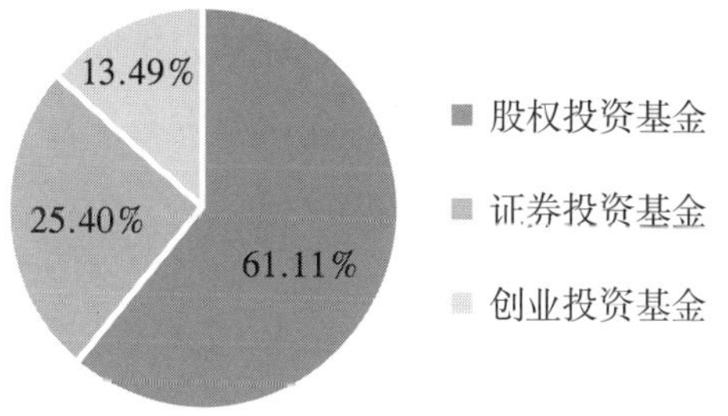

图 10-13　2020 年我国绿色基金投向类型分布

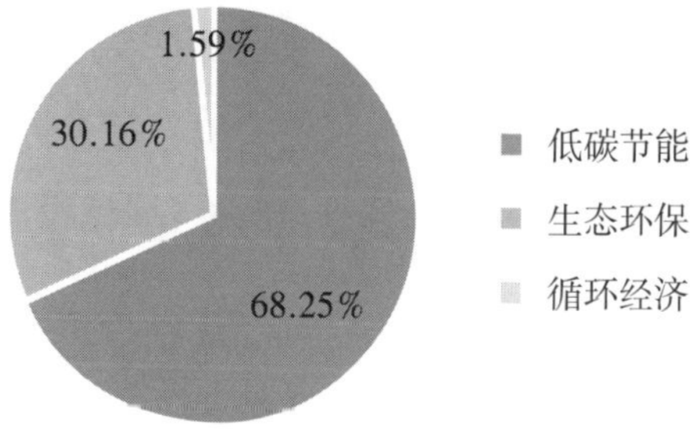

图 10-14　2020 年我国绿色基金投资领域分布

4. 绿色基金相关政策

2011 年 10 月，《国务院关于加强环境保护重点工作的意见》[①]中明确提出鼓励多渠道建立环保产业发展基金，拓宽环保产业发展研究渠道。

2015 年 5 月，《关于在公共服务领域推广政府和社会资本合作模式的指导意见》[②]特别提出在节能减排等生态环境保护十三大领域积极推广政府和社会资本合作（PPP）模式，并将推广 PPP 模式列为双引擎之一。9 月，《生态文明体制改革总体方案》[③]提出“支持设立各类绿色发展基金，实行市场化运作”。11 月 3 日，《中共中央关于制定国民经济和社会发展第十三个五年规划的建议》正式发布，其中一大亮点便是“支持绿色清洁生产，推进传统制造业绿色改造，推动建立绿色低碳循环发展产业体系，鼓励企业工艺技术装备更新改造。发展绿色金融，设立绿色发展基金”。这是我国在政策层面首次明确了设立绿色发展基金的指导目标。

随后，2016 年 8 月 30 日，中央全面深化改革领导小组第二十七次会议审议通过《关于构建绿色金融体系的指导意见》。[④]该意见明确提出，通过政府和社会资本合作模式动员社会资本，支持设立各类绿色发展基金，实现市场化运作。

---

① 国务院．国务院关于加强环境保护重点工作的意见［EB/OL］.（2021-10-20）［2024-10-11］. https：//www.gov.cn/zhengce/zhengceku/2011-10/20/content_4672.htm.

② 国务院办公厅．关于在公共服务领域推广政府和社会资本合作模式的指导意见［EB/OL］.（2015-05-22）［2024-10-11］. https：//www.gov.cn/zhengce/content/2015-05/22/content_9797.htm.

③ 国务院．生态文明体制改革总体方案［EB/OL］.（2015-09-21）［2024-10-11］. https：//www.gov.cn/gongbao/content/2015/content_2941157.htm.

④ 中国人民银行，财政部，发展改革委，等. 关于构建绿色金融体系的指导意见［EB/OL］.（2016-08-31）［2024-10-11］. https：//www.mee.gov.cn/gkml/hbb/gwy/201611/t20161124_368163.htm.

2016 年 11 月发布的《中共中央关于制定国民经济和社会发展第十三个五年规划的建议》中，明确提出“发展绿色金融，设立绿色发展基金”。

2018 年 11 月 10 日，中国证券投资基金业协会发布《绿色投资指引（试行）》，明确绿色投资原则与目标，要求基金管理人每年开展一次绿色投资情况自评估，并将自评估报告及《基金管理人绿色投资自评表》报送至协会。2019 年，基金业协会发布《关于提交自评估报告的通知》，作为《绿色投资指引（试行）》的具体实施文件。

10.3.4 绿色租赁

1. 绿色租赁概述

绿色租赁是指租赁机构为支持环境改善、应对气候变化和资源节约高效利用等经济活动所提供的租赁产品及服务。

绿色产业相关项目期限长、设备投资金额较大、技术更迭速度快、设备损耗较高，因此以“融资与融物结合”“使用权与所有权分离”模式为主导的融资租赁更切合绿色产业发展的需求。绿色融资租赁作为二者相结合的产物，可根据企业融资能力、项目业务特征等承租方的融资特质和需求，灵活调整还款方式、业务期限等产品属性，打造适合承租方的定制化绿色融资租赁产品。采用绿色融资租赁的方式可有效缓解企业缺乏抵质押物或传统企业因投资额大而导致的融资困难等问题，帮助企业进行绿色低碳转型。

2. 绿色租赁发展模式

绿色租赁聚焦于污染防治、清洁能源、节能环保等绿色产业，注重绿色转型发展。

（1）直接租赁。直接租赁（也称“直租”），指租赁公司作为出租人，根据承租人对租赁物的要求向设备供应商购买租赁物件、支付货款，将设备运抵承租人经营地供其使用运行，并向承租人收取租金的交易形式。该方式大多适用于新购固定资产、购置大型设备。直接租赁原理如图 10-15 所示。

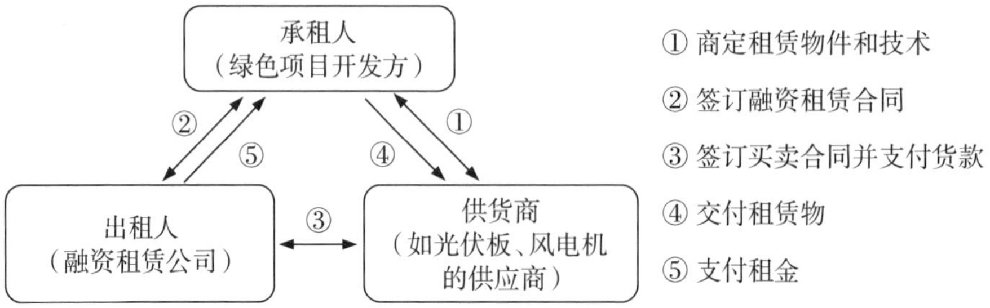

图 10-15 直接租赁原理示意图

（2）售后回租。售后回租（也称“回租”），指承租人将其自有设备出售，在租赁期间将设备所有权转让给融资租赁公司（出租人），并支付租金从出租人处租回该设备，在双方约定的租赁期满后，承租人再回购租赁标的物的交易形式。该交易形式属于设备供应商与承租人为同一人的特殊租赁形式，大多适用于项目已建成但自有流动资金不足的企业。售后回租原理如图 10–16 所示。

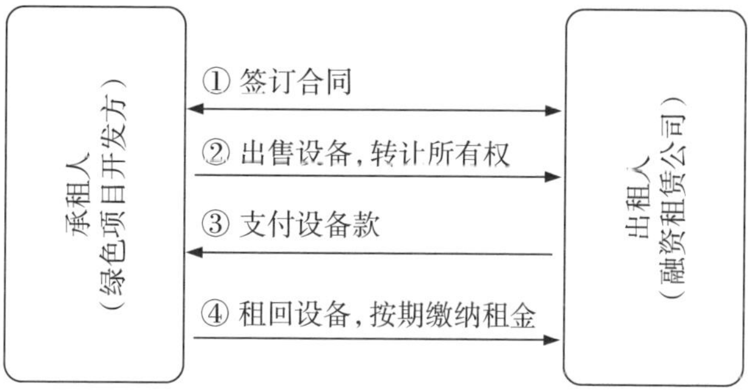

图 10–16　售后回租原理示意图

3. 绿色租赁发展现状

作为推动经济增长的重要引擎，金融租赁行业呈现出良性发展趋势，逐渐走向转型发展的关键期。2022 年中国银行业协会发布的《中国金融租赁行业发展报告（2021）》[①]数据显示，2021 年全年，金融租赁行业中新增绿色租赁业务投放总额高达 1 243.30 亿元，同比增长 81.75%；绿色租赁总资产规模达 2 114.07 亿元，约占金融租赁行业总资产规模的 6%。

绿色产业涵盖范围较为广泛，各领域下细分板块众多。目前，绿色融资租赁行业主要覆盖业务领域包括清洁能源、交通、绿色建筑、生态旅游、智能制造、污水整治等。从行业实践来看，清洁能源领域的风电、光伏以及交通领域的新能源汽车等细分业务领域规模较为可观，是众多融资租赁公司的业务部署重点领域。各融资租赁公司积极推动清洁能源发展，支持传统产业绿色转型，重视推动储能、分布式光伏、绿色建筑等新兴产业的转型发展。

4. 绿色租赁相关政策

绿色融资租赁正在“双碳”目标的推动下兴起，成为助力绿色发展的重要补充金融工具。在政策层面，近年来国家及地方均开始在绿色融资租赁方面开展部署。

① 中国银行业协会. 中国金融租赁行业发展报告（2021）[R/OL].（2022–10–08）[2024–10–11]. https://www.china-cba.net/Index/show/catid/213/id/41365.html.

国家层面，融资租赁公司的绿色融资租赁业务被监管部门归为绿色贷款进行统一管理。2018 年，人民银行出台《关于建立绿色贷款专项统计制度的通知》，从用途、行业和质量等维度设立统计指标。2020 年，银保监会出台《绿色融资统计制度》，统计涉及环境、安全等重大风险的绿色融资租赁企业的信贷情况及绿色融资情况。

地方层面，自 2015 年起，全国多地政策文件曾多次提出应大力推动融资租赁、助力绿色产业发展。广西、浙江、江苏、福建等地均在近几年提出鼓励支持绿色融资租赁发展的内容。2020 年 11 月，《中国人民银行天津分行关于进一步推动天津市绿色金融创新发展的指导意见》发布，明确提出鼓励金融租赁公司设立绿色租赁专营部门，积极开展绿色租赁业务。天津市绿色租赁余额占全市绿色贷款余额的比重高达三分之一，成为绿色金融的重要组成部分。2022 年 6 月，上海市出台的激励政策成为该领域的积极信号，《上海市浦东新区绿色金融发展若干规定》[①]规定在浦东新区登记注册的融资租赁公司开展节能环保、清洁生产、清洁能源、生态环境、基础设施绿色升级以及绿色服务等领域融资租赁业务的，经国家金融管理部门授权，可以适当放宽租赁资产余额集中度与关联度的监管限制。

10.3.5 碳金融

1. 碳金融概述

碳金融是出售基于项目的温室气体排放量或者交易碳排放许可所获得的一系列现金流的统称。狭义的碳金融，指企业间就政府分配的温室气体排放权进行市场交易所导致的金融活动；广义的碳金融，指服务于限制碳排放的所有金融活动，既包括碳排放权配额及其金融衍生品交易，也包括基于碳减排的直接投融资活动和相关金融中介等服务。

碳金融可以化解绿色金融挑战、推动三高企业转型、鼓励低碳产业发展、优化能源结构等，并且对于完善碳市场机制、丰富绿色金融体系、争取国际碳定价权具有重要的现实意义。

2. 碳金融产品类型

2022 年 4 月，证监会发布的《碳金融产品》金融行业标准（JR/T 0244—2022），在

① 上海市人大常委会办公厅. 上海市浦东新区绿色金融发展若干规定［EB/OL］.（2022-07-01）［2024-10-11］. https：//law.sfj.sh.gov.cn/#/detail? id=62ce3a22e4b068fcee0c9c48.

碳金融产品分类的基础上，制定了具体的碳金融产品实施要求，并将碳金融产品明确定义为：建立在碳排放权交易的基础上，服务于减少温室气体排放或者增加碳汇能力的商业活动，以碳配额和碳信用等碳排放权益为媒介或标的的资金融通活动载体。碳金融产品分类如表 10-8 所示。

表 10-8　碳金融产品分类

碳金融产品分类	产品名称	含义
碳市场融资工具	碳债券	发行人为筹集低碳项目资金向投资者发行并承诺按时还本付息，同时将低碳项目产生的碳信用收入与债券利率水平挂钩的有价证券
	碳资产抵质押融资	碳资产的持有者（即借方）将其拥有的碳资产作为质物/抵押物，向资金提供方（即贷方）进行抵质押以获得贷款，到期再通过还本付息解押的融资合约
	碳资产回购	碳资产的持有者（即借方）向资金提供机构（即贷方）出售碳资产，并约定在一定期限后按照约定价格回购所售碳资产以获得短期资金融通的合约
	碳资产托管	碳资产管理机构（托管人）与碳资产持有主体（委托人）约定相应碳资产委托管理、收益分成等权利义务的合约
碳市场交易工具（碳金融衍生品）	碳远期	交易双方约定未来某一时刻以确定的价格买入或者卖出相应的以碳配额或碳信用为标的的远期合约
	碳期货	期货交易场所统一制定的、规定在未来特定的时间和地点交割一定数量的碳配额或碳信用的标准化合约
	碳期权	期货交易场所统一制定的、规定买方所有权在将来某一时间以特定价格买入或者卖出碳配额或碳信用（包括碳期货合约）的标准化合约
	碳掉期	交易双方以碳资产为标的，在未来一定时期内交换现金流或现金流与碳资产的合约，包括期限互换和品种互换（也称“碳互换”）
	碳借贷	交易双方达成一致协议，其中一方（贷方）同意向另一方（借方）借出碳资产，借方可以担保品附加借贷费作为交换
碳市场支持工具	碳指数	为反映整体碳市场或某类碳资产的价格变动及走势而编制的统计数据
	碳保险	为降低碳资产开发或交易过程中的违约风险而开发的保险产品。目前主要包括碳交付保险、碳信用价格保险、碳资产融资担保等
	碳基金	依法投资碳资产的各类资产管理产品

3. 碳金融发展现状

从我国碳金融的发展历程来看，碳市场上线之前，北京、湖北、深圳、广州等试点地区的交易所都尝试开展了相关的碳排放权交易的金融衍生品服务，且多集中在基金、债券、质押融资、回购融资等项目上。

目前，碳金融市场在我国已经起步。2021 年 7 月 16 日，全国碳排放权交易市场启动，这是利用市场机制控制和减少温室气体排放、推动绿色低碳发展的一项重大制度创新。此次发布的《碳金融产品标准》，既为将金融机构作为碳市场交易主体做好了技术准备，又为水权、排污权、用能权等更多环境权益交易机制的建设提供了可行性参考。

4. 碳金融相关政策

我国出台了一系列政策对碳金融发展进行支持（表 10-9）。

表 10-9 碳金融相关政策文件

发布日期	政策内容
2010/07	国家发展改革委下发《关于开展碳排放权交易试点工作的通知》，要求试点地区积极探索有利于节能减排和低碳产业发展的体制机制，研究运用市场机制推动控制温室气体排放目标的落实
2010/10	国务院下发《关于加快培育和发展战略性新兴产业的决定》，提出要建立和完善主要污染物和碳排放交易制度
2011/08	国务院下发《“十二五”节能减排综合性工作方案的通知》，提出“开展碳排放交易试点，建立自愿减排机制”
2011/11	国家发展改革委批准七个省市建立试点碳市场的申请
2012/06	国家发展改革委印发《温室气体自愿减排交易管理暂行办法》的通知，对交易主体、原则、交易量、方法学的使用或建立，以及交易量管理等具体内容做了详细规定，使自愿减排交易市场得到规范
2013—2014	北京、上海、天津、湖北、广东、深圳、重庆七个试点碳市场建立并开始实质交易
2014/12	国家发展改革委公布《碳排放权交易管理暂行办法》，指导推动全国碳市场的建立和发展
2016/08	中国人民银行、财政部等七部委联合印发《关于共建绿色金融体系的指导意见》，提出有序发展碳远期、碳掉期、碳期权、碳租赁、碳债券、碳资产证券化和碳基金等碳金融产品和衍生工具，探索研究碳排放期货交易，发展基于碳排放权、排污权、节能量（用能权）等各类环境权益的融资工具，拓宽企业绿色融资渠道
2016/11	国家发展改革委办公厅发布《关于切实做好全国碳排放权交易市场启动重点工作的通知》，对全国统一碳市场启动前的重点准备工作做了具体部署
2017/12	国家发展改革委宣布全国碳市场正式启动，并于 12 月 20 日正式印发《全国碳排放权交易市场建设方案（发电行业）》，标志着我国通过市场机制利用经济手段控制和减少碳排放进入崭新的阶段
2020/12	中华人民共和国生态环境部发布关于印发《2019—2020 年全国碳排放权交易配额总量设定与分配实施方案（发电行业）》《纳入 2019—2020 年全国碳排放权交易配额管理的重点排放单位名单》并做好发电行业配额预分配工作的通知

续表

发布日期	政策内容
2021/01	《碳排放权交易管理办法（试行）》
2021/05	生态环境部关于发布《碳排放权登记管理规则（试行）》《碳排放权交易管理规则（试行）》和《碳排放权结算管理规则（试行）》的公告
2021/07	中国人民银行发布《环境权益融资工具》，明确环境权益融资工具的分类、实施主体、融资标的、价值评估、风险控制等总体要求，以及环境权益回购、借贷、抵质押贷款等典型实施流程，为企业和金融机构规范开展环境权益融资活动提供指引

第 11 章　绿色低碳发展的法律制度

11.1　绿色低碳发展法律制度概述

绿色低碳发展是人类社会为应对以气候问题为代表的环境危机所做出的战略调整和选择。绿色低碳发展是一个相对的、发展的、动态的理念。绿色发展，就是以效率、和谐、可持续为目标的经济增长和社会发展方式；低碳发展，就是用更少的、更清洁的能源消费支撑经济社会的可持续发展。

概括而言，绿色低碳发展，就是指以使用清洁的能源和原料、采用先进的工艺技术与设备、改善管理、综合利用等措施，在生产、流通和消费等过程中，降低消耗，减少损失，制止浪费，实现减量化、再利用和资源化的一种发展。绿色低碳发展，本质上是可持续发展，是以效率、和谐、可持续为目标，用更少的、更清洁的能源消费支撑经济社会可持续发展的一种新模式，是顺应时代潮流和世界发展大势的必然选择。绿色低碳发展的推进和实现需要法治保障。绿色法治是我国解决严峻的生态危机以及建设生态文明和“美丽中国”的必然要求，是法治本身实现现代化转型的必然选择，是法自身“净化”的结果，是我们党治国理政的新要求，也是科学发展观的时代内涵。

绿色低碳发展法律制度是由现行有效的法律法规所确立的，以促进、规范和保障绿色低碳发展实现为目标的法律规范体系。从绿色低碳发展的内在运作过程看，绿色低碳发展制度大体上可以分解为前后衔接的绿色低碳生产制度和绿色低碳消费制度。前者重在规范、促进生产环节的绿色低碳转型，主要内容可以进一步分为环境污染防治制度、清洁生产促进制度和循环经济促进制度；后者重在促进消费端的绿色低碳转型，主要内容可以进一步分为绿色产品消费制度和绿色生活方式促进制度。同时，无论是绿色低碳生产还是绿色低碳消费都依赖于能源的消耗，因此绿色低碳能源制度就成为实现绿色低碳发展的法律制度体系的基础与核心。

当前，我国尚未建立起完备的绿色低碳发展法律体系，一些具体的绿色低碳发展法律制度尚无明确的法律依据，还仅处于政策建议阶段。因此下面重点对已有专门立法或者明确法律依据的绿色低碳发展法律制度的内容进行简要介绍。

11.2　绿色低碳能源法律制度

11.2.1　可再生能源促进制度

可再生能源是指风能、太阳能、水能、生物质能、地热能、海洋能等非化石能源。为了促进可再生能源的开发利用，增加能源供给，改善能源结构，保障能源安全，保护环境，实现经济社会的可持续发展，我国于 2005 年颁布实施了《可再生能源法》，并于 2009 年进行修订，对可再生能源总量目标制度、可再生能源并网发电审批和全额收购制度、可再生能源上网电价与费用分摊制度、促进可再生能源的鼓励措施等可再生能源促进制度的主要内容进行了规定。

1. 可再生能源总量目标制度

规定能源生产和消费中可再生能源的总量目标，是促进可再生能源开发利用，引导可再生能源市场发展的有效措施。我国《可再生能源法》规定，国务院能源主管部门根据全国能源需求与可再生能源资源实际状况，制定全国可再生能源开发利用中长期总量目标，报国务院批准后执行，并予以公布。国务院能源主管部门根据前款规定的总量目标和省、自治区、直辖市经济发展与可再生能源资源实际状况，会同省、自治区、直辖市人民政府确定各行政区域可再生能源开发利用中长期目标，并予以公布。

为保障可再生能源总量目标的实现，我国还要求国务院能源主管部门会同国务院有关部门，根据全国可再生能源开发利用中长期总量目标和可再生能源技术发展状况，编制全国可再生能源开发利用规划，报国务院批准后实施。国务院有关部门应当制定有利于促进全国可再生能源开发利用中长期总量目标实现的相关规划。省、自治区、直辖市人民政府管理能源工作的部门会同本级人民政府有关部门，依据全国可再生能源开发利用规划和本行政区域可再生能源开发利用中长期目标，编制本行政区域可再生能源开发利用规划，经本级人民政府批准后，报国务院能源主管部门和国家电力监管机构备案，并组织实施。

2. 可再生能源并网发电审批和全额收购制度

可再生能源并网发电是可再生能源大规模商业化应用的主要领域，明确规定电网企业要全额收购依法取得行政许可或者报送备案的可再生能源并网发电项目的上网电量，是使可再生能源电力企业得以生存，并逐步提高能源市场竞争力的重要措施。

我国《可再生能源法》规定，国务院能源主管部门会同国家电力监管机构和国务院财政部门，按照全国可再生能源开发利用规划，确定在规划期内应当达到的可再生能源发电量占全部发电量的比重，制定电网企业优先调度和全额收购可再生能源发电的具体办法，并由国务院能源主管部门会同国家电力监管机构在年度中督促落实。电网企业应当与按照可再生能源开发利用规划建设，依法取得行政许可或者报送备案的可再生能源发电企业签订并网协议，全额收购其电网覆盖范围内符合并网技术标准的可再生能源并网发电项目的上网电量。

3. 可再生能源上网电价与费用分摊制度

由全体电力消费者分担可再生能源发电的额外费用，将使可再生能源发电投资者获得相对稳定和合理的回报，引导他们向可再生能源发电领域投资，从而加快可再生能源开发利用的规模化和商业化。

我国《可再生能源法》规定，可再生能源发电项目的上网电价，由国务院价格主管部门根据不同类型可再生能源发电的特点和不同地区的情况，按照有利于促进可再生能源开发利用和经济合理的原则确定，并根据可再生能源开发利用技术的发展适时调整。实行招标的可再生能源发电项目的上网电价，按照中标确定的价格执行，但是不得高于上述国务院价格主管部门确定的同类可再生能源发电项目的上网电价水平。

电网企业根据确定的上网电价收购可再生能源电量所发生的费用，高于按照常规能源发电平均上网电价计算所发生费用之间的差额，由在全国范围销售电量征收到的可再生能源电价附加收入进行补偿。

4. 促进可再生能源的鼓励措施

可再生能源开发利用的投资成本较高，为加快技术开发和市场形成，尚需要国家给予必要的扶持。为此，我国《可再生能源法》规定了可再生能源专项资金和税收、信贷等相关的鼓励措施。

首先，国家财政设立可再生能源发展基金，资金来源包括国家财政年度安排的专项资金和依法征收的可再生能源电价附加收入等。可再生能源发展基金主要用于补偿电网企业收购可再生能源电量所发生的费用与高于按照常规能源发电平均上网电价计算所发生费用之间的差额、国家投资或者补贴建设的公共可再生能源独立电力系统合理的运行和管理费用超出销售电价部分的差额。其次，对列入国家可再生能源产业发展指导目录、符合信贷条件的可再生能源开发利用项目，金融机构可以提供有财政贴息的优惠贷款。

最后，国家对列入可再生能源产业发展指导目录的项目给予税收优惠。

11.2.2 节约能源制度

节约能源是指加强用能管理，采取技术上可行、经济上合理以及环境和社会可以承受的措施，从能源生产到消费的各个环节，降低消耗、减少损失和污染物排放、制止浪费，有效、合理地利用能源。节约能源是我国的基本国策，我国实施节约与开发并举、把节约放在首位的能源发展战略。节约能源是合理有效地利用能源，从而可以缓解能源紧缺状况，促进绿色低碳发展转型的重要措施。我国于 1997 年制定了《节约能源法》，规定了节能标准、节能评估与审查、能效标识与节能产品认证、重点用能单位节能管理等内容。该法于 2007 年进行了修订，之后又于 2016 年和 2018 年进行了两次修正。

1. 节能标准制度

首先，国务院标准化主管部门和国务院有关部门依法组织制定并适时修订有关节能的国家标准、行业标准，建立健全节能标准体系。国务院标准化主管部门会同国务院管理节能工作的部门和国务院有关部门制定强制性的用能产品、设备能源效率标准和生产过程中耗能高的产品的单位产品能耗限额标准。建筑节能的国家标准、行业标准由国务院建设主管部门组织制定。

其次，国家对落后的耗能过高的用能产品、设备和生产工艺实行淘汰制度。生产过程中耗能高的产品的生产单位，应当执行单位产品能耗限额标准。对超过单位产品能耗限额标准用能的生产单位，由管理节能工作的部门按照国务院规定的权限责令生产单位限期治理。禁止生产、进口、销售国家明令淘汰或者不符合强制性能源效率标准的用能产品、设备；禁止使用国家明令淘汰的用能设备、生产工艺。

2. 节能评估与审查制度

国家实行固定资产投资项目节能评估和审查制度。固定资产投资项目节能审查意见是项目开工建设、竣工验收和运营管理的重要依据。

对于政府投资项目，建设单位在报送项目可行性研究报告前，需取得节能审查机关出具的节能审查意见。对于企业投资项目，建设单位需在开工建设前取得节能审查机关出具的节能审查意见。未按本办法规定进行节能审查，或节能审查未通过的项目，建设单位不得开工建设，而对于已经建成的项目不得投入生产、使用。

对未按本办法规定进行节能审查，或节能审查未获通过，擅自开工建设或擅自投入生产、使用的固定资产投资项目，由节能审查机关责令其停止建设或停止生产、使用，并且限期改造；不能改造或逾期不改造的生产性项目，由节能审查机关报请本级人民政府按照国务院规定的权限责令关闭，并依法追究有关责任人的责任。

3. 能效标识与节能产品认证制度

国家对家用电器等使用面广、耗能量大的用能产品，实行能源效率标识管理。生产者和进口商应当对列入国家能源效率标识管理产品目录的用能产品标注能源效率标识，在产品包装物上或者说明书中予以说明，并按照规定向国务院市场监督管理部门和国务院管理节能工作的部门共同授权的机构备案。生产者和进口商应当对其标注的能源效率标识及相关信息的准确性负责。禁止伪造、冒用能源效率标识或者利用能源效率标识进行虚假宣传。

用能产品的生产者、销售者可以根据自愿原则，按照国家有关节能产品认证的规定，向从事节能产品认证的机构提出节能产品认证申请，经认证合格后，取得节能产品认证证书，可以在用能产品或者其包装物上使用节能产品认证标志。

4. 重点用能单位节能管理制度

年综合能源消费总量 1 万 t 标准煤以上的用能单位或者被国务院有关部门或者省、自治区、直辖市人民政府管理节能工作的部门指定的年综合能源消费总量 5000 t 以上不满 1 万 t 标准煤的用能单位纳入重点用能单位进行管理。

重点用能单位应当每年向管理节能工作的部门报送上年度的能源利用状况报告。能源利用状况包括能源消费情况、能源利用效率、节能目标完成情况和节能效益分析、节能措施等内容。管理节能工作的部门应当对重点用能单位报送的能源利用状况报告进行审查。对节能管理制度不健全、节能措施不落实、能源利用效率低的重点用能单位，管理节能工作的部门应当开展现场调查，组织实施用能设备能源效率检测，责令实施能源审计，并提出书面整改要求，限期整改。重点用能单位应当设立能源管理岗位，在具有节能专业知识、实际经验以及具有中级以上技术职称的人员中聘任能源管理负责人，并报管理节能工作的部门和有关部门备案。

5. 节能激励措施

中央财政和省级地方财政安排节能专项资金，支持节能技术研究开发、节能技术和产品的示范与推广、重点节能工程的实施、节能宣传培训、信息服务和表彰奖励等。对列入推广目录的需要支持的节能技术、节能产品，实行税收优惠等扶持政策。通过财政补贴支持节能照明器具等节能产品的推广和使用。政府采购监督管理部门会同有关部门制定节能产品、设备政府采购名录时，在名单上应当优先列入取得节能产品认证证书的产品、设备。国家引导金融机构增加对节能项目的信贷支持，为符合条件的节能技术研究开发、节能产品生产以及节能技术改造等项目提供优惠贷款。

11.2.3　能源消费总量控制制度

能源活动产生的二氧化碳排放占我国二氧化碳排放的部分相当大，控制能源消费，尤其是化石能源的消费是减少能源活动产生的二氧化碳排放的有效途径，是实现绿色低碳发展转型的主要任务。

我国 1997 年颁布的《节约能源法》规定了能源消费强度指标，即能耗指标。自“十一五”规划开始，能耗指标被列为约束性指标。但是能耗只是一种间接控制手段，不能从根本上遏制化石能源大量消费所带来的环境和气候问题。为此，我国开始探索能源消费总量控制制度。

2021 年 10 月，中共中央、国务院印发的《关于完整准确全面贯彻新发展理念做好碳达峰碳中和工作的意见》提出，要合理控制能源消费总量，统筹建立二氧化碳排放总量控制制度。同时，国家发展改革委也印发了《完善能源消费强度和总量双控制度方案》（发改环资〔2021〕1310 号），对未来的能源双控制度的达成进行了谋划。

首先，国家继续将能耗强度降低作为国民经济和社会发展五年规划的约束性指标，合理设置能源消费总量指标，并向各省（自治区、直辖市）分解下达能耗双控五年目标。

其次，优化能耗双控指标分解落实，合理确定各省（自治区、直辖市）能耗强度降低和能源消费总量目标。在能源消费总量目标分解中，对能源利用效率较高、发展较快的地区适度倾斜。

最后，增强能源消费总量管理弹性。第一，坚决管控高耗能高排放项目。各省（自治区、直辖市）要建立在建、拟建、存量高耗能高排放项目清单，明确处置意见。对不符合要求的“两高”项目，各地区要严把节能审查、环评审批等准入关，金融机构不得提供信贷支持。第二，鼓励地方增加可再生能源消费。对超额完成激励性可再生能源电力消纳责任权重的地区，超出最低可再生能源电力消纳责任权重的消纳量不纳入该地区年度和五年规划当期能源消费总量考核。第三，鼓励地方超额完成能耗强度降低目标。对能耗强度降低并且达到国家下达激励目标的省（自治区、直辖市），其能源消费总量在五年规划当期能耗双控考核中免予考核。第四，推行用能指标市场化交易。进一步完善用能权有偿使用和交易制度，加快建设全国用能权交易市场，推动能源要素向优质项目、企业、产业以及经济发展条件好的地区流动和集聚。建立能源消费总量指标跨地区交易机制，对于总量指标不足、需新布局符合国家产业政策和节能环保等要求项目的省（自治区、直辖市），在确保完成能耗强度降低基本目标的情况下，可向能耗强度降低进展顺利、总量指标富余的省（自治区、直辖市）有偿购买总量指标，国家根据交易结果调整相关地区总量目标并进行考核。

11.3 绿色低碳生产法律制度

11.3.1 环境污染防治制度

环境污染通常是指在人类生产、生活中向环境排放了超过环境容量的物质或能量，导致环境质量降低，进而对人体健康、财产以及生态系统平衡等造成不利影响的现象。依据不同的标准，可以对环境污染进行不同的分类。不同类型的环境污染，需要采取不同的污染防治措施，由此也会导致污染防治立法的差异。

1. 我国的环境污染防治立法

自 1979 年颁布实施第一部《环境保护法（试行）》以来，我国的环境污染防治立法得到了迅速发展。现在，我国的环境污染防治立法正处于进一步的健全和完善过程之中。

除全国人大、全国人大常委会外，国务院也制定和实施了大量综合性或单行环境污染防治的行政法规，国务院各主管部门也分别制定了一些专项环境污染防治的部门规章或环境标准，各地方还根据本地方的特点制定了许多地方性环境污染防治的法规、规章或地方性环境标准。这样，我国的环境污染防治法律法规体系就初步形成了。

目前，我国环境污染防治法的体系主要由海洋污染防治、大气污染防治、水污染防治、土壤污染防治、固体废物污染环境防治、噪声污染防治、放射性污染防治等方面的法律、行政法规、部门规章以及地方性法规或规章组成。

2. 我国环境污染防治制度的主要内容

环境污染防治法律制度的核心目标是控制污染物的排放，而控制污染物排放的方法主要有浓度控制与总量控制两种。前者仅通过限制排污口所排放的污染物浓度的方式进行污染控制，后者通过限制一定时期内特定区域污染物排放总量的方式进行污染控制。无论是实施浓度控制还是总量控制，环境污染防治制度大体上都包括以下几个方面的内容：

第一，制定国家环境质量标准，确立污染防治目标。第二，制订环境保护的规划，并针对各种污染物和有害物质的排放等制定国家污染物排放标准来规范向环境排放污染物的行为。第三，确立一系列的环境污染防治法律制度来促成环境标准的达标和规划目标的实现。例如，对于拟建的建设项目（包括新建、改建和扩建的项目），首先要实行环境影响评价和“三同时”制度。同时，排污单位应当向生态环境行政主管部门申请排污许可证。对于正常经营（运营）的排污单位，主要是采用征收环境保护税、环境监测、现场检查等行政控制的方法来实现对污染物排放的监督管理。对于污染物排放达不到国家或地方污染物排放标准的，县级以上人民政府生态环境主管部门可以采取限制其生产、停产整治等措施，或者查封、扣押造成污染物排放的设施、设备；情节严重的，报经有批准权的人民政府批准，责令其停业、关闭。对于发生突发性污染事故的单位，要求排污单位采取紧急措施以消除或减轻污染物对周围环境的影响或危害，还必须向生态环境主管部门和有关部门报告并接受处理。人民政府也可以根据情况决定是否采取强制性的应急措施。

但是，因为各类环境污染在具体迁移转变规律上、控制对策手段上以及致害特性上存在一定的差异，故各单项环境污染防治法律的具体对策措施也存在一些差异。

11.3.2　清洁生产促进制度

清洁生产是国际社会在总结了传统生产方式高投入、高浪费、高污染和低产出的经验教训后，提出的新型生产理念，是实现绿色低碳发展的重要制度措施。2002 年，我国制定了《清洁生产促进法》，并于 2012 年进行了修订。根据该法的界定，清洁生产是指不断采取改进设计、使用清洁的能源和原料、采用先进的工艺技术与设备、改善管理、综合利用等措施，从源头削减污染，从而提高资源利用效率，减少或者避免生产、服务和产品使用过程中污染物的产生和排放，以减轻或者消除对人类健康和环境的危害。

1. 政府及其主管部门促进清洁生产的职权

政府及其主管部门是支持、促进清洁生产的行政管理者主体，依照法律规定其主要职权包括：制定有利于清洁生产的政策和清洁生产推行规划；建立清洁生产表彰奖励制度；制定有利于实施清洁生产的财政税收政策；定期制定和发布清洁生产技术、工艺、设备和产品导向目录和指南；批准设立节能、节水、废物再生利用等环境与资源保护方面的产品标志，并按照国家规定制定相应标准；组织和支持建立清洁生产信息系统和技术咨询服务体系，向社会提供有关清洁生产方法和技术、可再生利用的废物供求以及清洁生产政策等方面的信息和服务；组织清洁生产技术研究开发和示范，组织开展清洁生产教育和宣传；组织编制有关行业或者地区的清洁生产指南和技术手册，指导实施清洁生产；优先采购节能、节水、废物再生利用等有利于环境与资源保护的产品；定期公布污染严重企业名单。

2. 生产经营者的清洁生产义务

《清洁生产促进法》规定了对生产经营者实施清洁生产的要求，这些要求可以分为指导性规范、自愿性规范和强制性规范三种。

指导性规范，即不附带消极法律后果（无须承担法律责任）的选择性行为模式。其包括：有关建设和设计活动应当优先考虑清洁生产；企业进行技术改造应当采取清洁生产措施；一般企业开展清洁生产审核等。

自愿性规范，即不附带任何法律义务且具有积极法律后果（以政府奖励、表彰等形式体现）的选择性行为模式，主要目的在于鼓励企业自愿实施清洁生产，改善企业及产品形象，同时企业可以相应地依照有关规定得到奖励和享受政策优惠。如除了应当实施强制性清洁生产审核的企业以外的企业，可以自愿与清洁生产综合协调部门和环境保护部门签订进一步节约资源、削减污染物排放量的协议。该清洁生产综合协调部门和环境保护部门应当在本地区主要媒体上公布该企业的名称以及节约资源、防治污染的成果。此外，企业还可以自愿申请环境管理体系认证。

强制性规范，即附带消极法律后果（违反将受到法律制裁）的行为模式。强制性规范要求生产经营者必须履行下列义务：对产品进行合理包装，包装的材质、结构和成本应当与内装产品的质量、规格和成本相适应，减少包装性废物的产生，不得进行过度包装。对污染物排放超过国家和地方规定的排放标准或者超过经有关地方人民政府核定的污染物排放总量控制指标、超过单位产品能源消耗限额标准构成高耗能、使用有毒有害原料进行生产或者在生产中排放有毒有害物质的企业，应当实施强制性清洁生产审核的措施；实施强制性清洁生产审核的企业，应当将审核结果向所在地县级以上地方人民政府负责清洁生产综合协调的部门、环境保护部门报告，并在本地区主要媒体上公布，接受公众监督，但涉及商业秘密的部分除外；县级以上地方人民政府有关部门应当对企业实施强制性清洁生产审核的情况进行监督，必要时可以组织对企业实施清洁生产的效果进行评估验收，所需费用纳入同级政府预算。承担评估验收工作的部门或者单位不得向被评估验收企业收取费用；对违反者，责令限期改正，拒不改正的，处以 5 万元以上 50 万元以下的罚款。

《清洁生产促进法》还规定了信息通报与公众监督机制。一方面，省级人民政府负责清洁生产综合协调的部门、环保部门，根据促进清洁生产工作的需要，在本地区主要媒体上公布未达到能源消耗控制指标、重点污染物排放控制指标的企业名单，为公众监督企业实施清洁生产提供依据；另一方面，上述企业应当按照国务院清洁生产综合协调部门、环保部门的规定公布能源消耗或者重点污染物产生、排放的情况，接受公众监督。对违反者，责令公布，可以处 10 万元以下的罚款。

11.3.3　循环经济促进制度

循环经济强调以循环发展模式替代传统的线性增长模式，表现为以“资源—产品—再生资源”和“生产—消费—再循环”的模式有效地利用资源和保护环境，最终达到以较小发展成本获取较大的经济效益、社会效益和环境效益，是实现绿色低碳发展的重要制度抓手。为了进一步促进循环经济的发展，我国于 2008 年颁布了《循环经济促进法》，并于 2018 年进行了修正，对循环经济制度的主要内容进行了规定。

1. 循环经济管理制度

循环经济管理制度主要包括规划制度、回收制度和统计制度。

循环经济发展综合管理部门会同生态环境等有关部门编制循环经济发展规划，并规定资源产出率、废物再利用和资源化率等指标。循环经济发展综合管理部门会同统计、生态环境等有关部门建立和完善循环经济评价指标体系，上级人民政府将主要评价指标完成情况作为对地方人民政府及其负责人进行考核评价的主要依据。

生产列入强制回收名录的产品或者包装物的企业，必须对废弃的产品或者包装物负责回收；对因不具备技术经济条件而不适合利用的，由该生产企业负责无害化处置。消费者应当将废弃的产品或者包装物交给生产者或者委托回收的销售者或者其他组织。

加强资源消耗、综合利用和废物产生的统计管理，并将主要统计指标定期向社会公布。标准化主管部门会同循环经济发展综合管理和生态环境等有关部门建立健全循环经济标准体系，制定和完善节能、节水、节材和废物再利用、资源化等标准。建立健全能源效率标识等产品资源消耗标识制度。

2. 减量化、再利用、资源化制度

循环经济是指在生产、流通和消费等过程中进行的减量化、再利用、资源化活动的总称。减量化是指在生产、流通和消费等过程中减少资源消耗和废物产生；再利用是指将废物直接作为产品或者经修复、翻新、再制造后继续作为产品使用，或者将废物的全部或者部分作为其他产品的部件予以使用；资源化是指将废物直接作为原料进行利用或者对废物进行再生利用。

减量化方面：对于生产过程，《循环经济促进法》规定了落后设备、材料和产品淘汰制度，确立了产品的生态设计制度。对于流通和消费过程，对服务业提出了节能、节水、节材的要求；在保障产品安全和卫生的前提下，限制一次性消费品的生产和消费等。此外，还对政府机构提出了厉行节约、反对浪费的要求。

再利用和资源化方面：对于生产过程，《循环经济促进法》规定了各类产业园区发展区域循环经济、工业固体废物综合利用、工业用水循环利用、工业余热余压等综合利用、建筑废物综合利用、农业综合利用以及对产业废物进行交换的要求。对于流通和消费过程，《循环经济促进法》规定了建立健全再生资源回收体系等具体要求。

3. 促进循环经济发展的激励措施

要促进循环经济的发展，仅靠行政强制手段是不够的，必须依法建立合理的激励机制，调动各行各业的积极性。为此，《循环经济促进法》规定了设立循环经济专项资金，对促进循环经济发展的产业给予税收优惠，限制耗能高、污染重的产品出口以及实行有利于资源节约和合理利用的价格政策、政府采购政策等。

例如，企业使用或者生产列入国家清洁生产、资源综合利用等鼓励名录的技术、工艺、设备或者产品的，按照国家有关规定享受税收优惠。对符合国家产业政策的节能、节水、节地、节材、资源综合利用等项目，金融机构应当给予优先贷款等信贷支持，并积极提供配套金融服务。对生产、进口、销售或者使用列入淘汰名录的技术、工艺、设备、材料或者产品的企业，金融机构不得提供任何形式的授信支持。使用财政性资金进行采购时，应当优先采购节能、节水、节材和有利于保护环境的产品及再生产品。

11.4 绿色低碳消费法律制度

11.4.1 绿色低碳消费法律制度概述

绿色消费是各类消费主体在消费活动全过程中贯彻绿色低碳理念的消费行为，主要表现为崇尚勤俭节约，减少损失浪费，选择高效、环保的产品和服务，降低消费过程中的资源消耗、污染物及碳排放。随着经济较快发展、人民生活水平不断提高，我国已进入消费需求持续增长、消费拉动经济作用明显增强的重要阶段。促进绿色消费，既是传承中华民族勤俭节约传统美德、弘扬社会主义核心价值观的重要体现，也是顺应消费升级趋势、推动供给侧改革、培育新的经济增长点的重要手段，更是缓解资源环境压力、实现绿色低碳发展转型、建设生态文明国家的现实需要。

我国并无关于绿色低碳消费的专门立法，涉及绿色低碳消费的相关内容分散在《水法》《政府采购法》《节约能源法》等法律法规之中。2016 年，国家发展改革委联合中宣部、科技部等部门印发了《关于促进绿色消费的指导意见的通知》（发改环资〔2016〕353 号），开始从整体上构建绿色低碳消费的制度体系。之后，国家发展改革委联合有关部门印发了《关于加快建立绿色生产和消费法规政策体系的意见》（发改环资〔2020〕379 号）和《促进绿色消费实施方案》（发改就业〔2022〕107 号）。

根据上述政策文件，我国正在构建的绿色低碳消费制度的主要内容包括：加强宣传教育，在全社会厚植崇尚勤俭节约的社会风尚，大力推动消费理念绿色化；规范消费行为，引导消费者自觉践行绿色消费，打造绿色消费主体；严格市场准入，增加生产和有效供给，推广绿色消费产品等。从实践进展来看，绿色产品消费制度、绿色生活方式促进制度是当前绿色低碳消费制度的重点内容。

11.4.2　绿色产品消费制度

绿色产品消费制度主要包括两个方面的内容，一是绿色产品认证与标识制度，二是绿色产品推广制度。

自 20 世纪 90 年代以来，我国陆续实施了环境标志认证、节能低碳产品认证、节水产品认证、可再生能源产品认证、绿色设计产品评价等一系列制度。2016 年，国务院办公厅印发了《关于建立统一的绿色产品标准、认证、标识体系的意见》（国办发〔2016〕86 号），我国开始建立统一的绿色产品认证制度。市场监管总局会同国家发展改革委、工业和信息化部、生态环境部等有关部门统一发布绿色产品标识、评价标准清单和认证目录。目前，我国已经发布了三批绿色产品评价标准清单及认证目录。统一后的绿色产品标识包括两类：一是绿色产品认证标识，即在资源属性、能源属性、环境属性、品质属性方面全部符合标准要求的产品，可以将其理解为“全绿”产品；二是绿色属性认证标识，即符合资源属性、能源属性、环境属性、品质属性任一方面标准要求的产品，可以将其理解为“涉绿”产品。

绿色产品推广制度主要表现为绿色采购制度，即绿色产品政府采购制度和企业绿色采购制度。我国《政府采购法》第九条规定，政府采购应当有助于实现国家的经济和社会发展政策目标，包括保护环境、扶持不发达地区和少数民族地区、促进中小企业发展等。据此，国务院有关部门先后印发了《节能产品政府采购实施意见》及“节能产品政府采购清单”与《关于环境标志产品政府采购实施的意见》及“绿色采购清单”，通过政府采购鼓励节能产品和环境标志产品的推广使用。企业绿色采购方面，商务部联合有关部门颁布了《企业绿色采购指南（试行）》，鼓励企业使用该指南建立绿色供应链管理体系，主动承担环境保护等社会责任，自觉实施并且强化绿色采购。

11.4.3 绿色生活方式促进制度

绿色生活方式促进制度主要表现为居民用电、用水、用气阶梯价格制度以及生活垃圾分类制度。居民用电、用水、用气涉及基本民生问题，法律不宜对消费总量做出强制性规定，因而大多通过阶梯价格制度引导居民合理消费、节约使用。

实施生活垃圾分类，可以有效改善城乡环境，促进资源回收利用，改善新型城镇化质量和绿色低碳发展水平。我国 2020 年修订的《固体废物污染环境防治法》明确规定“国家推行生活垃圾分类制度”，其中涉及居民绿色生活方式的主要是源头减量和分类投放。对此，《固体废物污染环境防治法》要求产生生活垃圾的单位、家庭和个人应当依法履行生活垃圾源头减量和分类投放义务，承担生活垃圾产生者的责任。任何单位和个人都应当依法在指定的地点分类投放生活垃圾。禁止随意倾倒、抛撒、堆放或者焚烧生活垃圾。此外，还要按照产生者付费原则，建立生活垃圾处理收费制度。生活垃圾处理费应当专项用于生活垃圾的收集、运输和处理等，不得挪作他用。

第 12 章　完善低碳发展与治理的体制与机制

12.1　碳交易市场政策体系的完善

12.1.1　我国碳排放权交易市场要素框架

碳排放权交易市场（以下简称碳市场）是利用市场机制实现低碳排放的重要政策工具。建设和完善碳市场是实现“双碳”目标的重要途径，是构建国内绿色金融体系的内在要求，是争取国际碳排放定价权、推进人民币国际化的重大举措。

碳市场是依据科斯的排污权理论，将环境容纳资源的限量使用权作为一种资产标的，在市场上进行公开交易的市场。将环境作为市场上的一种补偿性的生产要素，将对环境产生影响、有价值的资产如碳排放额作为市场中可供交易的商品。确定碳排放权的初始分配方式，通过市场调节和价格机制发挥作用，能够促使污染成本的外部性问题内部化，从而达到成本最低、污染最少的污染排放水平。构建碳交易体系的关键因素主要有排放上限设置、分配方式和方法、市场调节机制等，而影响碳价的关键因素是供需关系和减排成本。政府设定的排放上限逐年降低，从而向市场释放出长期减排信号。

1. 碳交易的主要参与者

碳交易的主要参与者包括政府、企业、中间商、第三方核证机构与长期投资者等，每个参与者在碳交易市场中扮演着不同的角色。总体来看，政府的监管和政策指导为市场提供框架，企业通过减排和交易碳配额来履行减排义务，中间商提供交易平台和流动性，第三方核证机构确保数据的准确性和可信度，而长期投资者则为市场提供资金和稳定性。参与者之间的协同合作有助于推动碳减排和可持续发展，从而提升碳市场的活力和交易效率。

政府在碳交易市场上具有重要的监督和管理作用，负责宏观调控整个碳排放市场，相关部门负责设计碳市场的政策体系，制定法律法规和管理措施，监督和指导碳交易的运行。政府通过拍卖、分配和调节碳配额来管理碳市场，推动减排行动，设定碳排放目标和减排措施，确保市场的公平、透明和有效运行。

企业是碳交易市场的主要参与者之一，包括碳排放量较大的工业部门、能源公司和其他碳排放行业的组织。企业需要监测和报告其碳排放量，并根据政府规定的碳市场机制购买或出售碳排放配额。

中间商是在碳交易市场中发挥中介作用的机构或个人，包括经纪商、交易平台和金融机构，负责促进碳配额的买卖，提供市场流动性，执行交易和提供相关服务。

第三方核证机构负责验证和核证企业的碳排放数据和减排项目的真实性和准确性，确保碳交易市场中的数据和减排认证的可信度，增加市场参与者之间的信任，提高市场信息的公开度与透明度。

长期投资者是指在碳交易市场中投资并持有碳资产的机构或个人，包括投资基金、保险公司、退休基金等。这些投资者通过购买碳配额或参与碳项目来实现投资回报和管理风险。

2. 碳定价技术

碳交易的关键在于碳定价技术。碳定价是一种减少温室气体排放量的工具，通过记录公共支付的排放成本，向排放者提供经济信号，并允许他们改变其活动并降低其排放量，或继续排放但同时为其排放量付费，通过这种灵活、低成本的方式实现全球环境目标。碳定价主要包括排放交易系统和碳税，以及碳定价抵消机制、基于结果的气候融资和组织设定的内部碳定价等，其中排放交易系统和碳税是碳定价最主要的方式。

碳排放权交易系统（ETS）是一个基于市场的节能减排政策工具，用于减少温室气体的排放。遵循“总量控制与交易”原则，政府对一个或多个行业的碳排放实施总量控制。纳入碳交易体系的企业每排放一吨温室气体（通常是二氧化碳），就需要有一个单位的碳排放配额。企业可以获取或购买这些配额，也可以和其他企业进行配额交易。简而言之，就是指二氧化碳排放权的交易，主要交易产品有碳配额和 CCER，以期用市场的作用达到减排的目的。

碳税是一种政府对碳排放征收的税费，以鼓励减少碳排放并促进环境的可持续发展。它是对企业、个人或机构基于其碳排放量征收的一种税收形式。碳税的基本原理是在碳排放产生的过程中向排放者征收一定金额的税费，这样可以增加碳排放的成本，从而激励企业和个人采取减排措施并转向更环保的行为。碳税的税率通常根据碳排放量来确定，即排放越多，征收的税费越高。碳税作为一种经济工具，被广泛应用于许多国家和地区，旨在推动碳减排和实现控制气候变化目标。通过对碳排放征税，碳税可以在经济和环境之间建立联系，促进可持续发展的实现。

除此以外，还有碳定价抵消机制、基于结果的气候融资和组织设定的内部碳定价等。碳定价抵消机制允许企业购买项目级的减排信用来抵扣其排放量。企业能够购买或出售碳配额，每个碳配额代表一定数量的二氧化碳排放权。如果企业能够减少排放，则可以出售多余的碳配额获利；而如果企业无法达到减排目标，则需要购买额外的碳配额。基于结果的气候融资是一种新兴的金融模型，资金提供者或投资者与项目实施者签订合同，约定在特定的减排或适应性目标实现后提供资金支持。其优势在于提供了一种可衡量和可验证的方式，确保资金的有效使用和实际的气候影响，同时也吸引更多的私人投资和市场参与，促进气候行动的扩大和加速。内部碳定价是企业给每单位的碳排放制定的价格，进而将排放量转化为一项财务指标。通过设定内部碳定价，组织可以将二氧化碳排放视为内部成本，鼓励各个部门和业务单位在决策中考虑碳排放和气候变化的因素。

12.1.2 国外碳交易市场机制经验分析及借鉴

1. 全球碳市场的设计范本：欧盟排放交易市场体系（EU-ETS）

欧盟建立的欧洲排放交易体系是世界上最大、最早的碳交易市场体系。该市场覆盖欧盟成员国的工业部门和电力行业，积累了丰富的经验和成功的机制，其中关键行业减排措施、监管框架以及碳金融发展对中国具有良好的借鉴意义。

EU-ETS 界定了优先脱碳的重点行业，通过发布关键行业中长期转型发展战略，部署了重点鲜明的行业减排措施。该措施认为，能源行业是欧盟未来有望实现减排突破的行业，工业是未来相对有潜力实现减排突破的行业。[①]能源系统转型是经济脱碳的关键动力。欧盟 2020 年 7 月 8 日发布的《推动气候中性经济：欧盟能源系统一体化战略》提出推动可再生能源的发展和利用，促进能源效率的提高，以及鼓励清洁能源的转型和减少对化石燃料的依赖，来实现能源系统脱碳，旨在通过推动工业转型来实现工业减排，鼓励工业部门采取改进技术、提升能源效率和碳捕集与封存等措施，配套相应的碳排放配额管理制度，要求企业购买碳排放配额以实现其碳排放，从而减少碳排放量。

欧盟碳交易市场具有完备的市场监管体系，对参与碳市场的企业实施严格的监管和

① 董丽苹，曾静静，曲建升，等. 欧盟碳中和政府体系评述及启示［J］. 中国科学院院刊，2021，36（12）：1463-1470.

报告要求。监管部门主要包括欧盟和成员国两个层面。在欧盟层面，监管部门主要以气候行动总司和金融监管部门为主，二者共同对碳交易进行监管，并互相配合协调，同时欧盟还通过注册登记系统、欧盟交易日志、交易系统等基础设施，从信息化层面加强交易监管。在成员国层面，监管机构通常为各国的环保和金融管制机构，成员国内各企业在受到欧盟监管的同时，也受到本国法律法规在排放登记、交易许可、限额控制等方面的监管。中国在完善碳市场交易体系的过程中，应当立足于本国发展实际，充分借鉴欧盟碳市场交易监管的有益经验，完善从中央到地方的监管体系，明晰相关监管部门的职责权限。

2. 政府主导的碳交易市场机制：韩国碳市场

2015 年 1 月，韩国启动了全国性碳排放交易市场（K-ETS）。韩国是次于欧盟和中国的第三大碳市场，碳市场覆盖范围非常广泛，达到八个行业和七类温室气体。韩国作为东亚地区第一个引入碳市场的国家，其碳市场成长经验和做市商制度对中国未来的全国碳市场交易具有一定的参考价值。自 2015 年成立以来，韩国的全国性碳排放交易市场经历了三个阶段，发展出了以自由分配为主、有偿拍卖为辅的配额制度。从第三阶段开始，金融机构将进入给予碳配额的二级交易市场，以完善第二阶段中的做市商制度，这是韩国碳交易市场中最具特色的机制——由政府指定的金融企业参与做市，吸引更多卖家进入碳市场，来制造市场流动性。

在 K-ETS 中，做市商机制发挥着重要的作用，能提高市场的流动性和有效性。做市商是指在市场上扮演双重角色的实体，既能够买入碳配额，又能够出售碳配额，通过提供买卖双方之间的流动性来促进碳配额的交易。做市商以自己的账户资金提供买卖双方之间的流动性，为买家和卖家提供即时的报价和交易机会，降低市场摩擦和交易成本，提升碳配额交易的效率。

中国作为世界上最大的温室气体排放国，具有庞大的碳交易规模，可以借鉴 K-ETS 的机制经验，引入做市商机制降低交易成本，促进碳配额的交易和减排目标的实现，并建立稳定和可持续的碳市场生态系统，有助于实现减排目标，并推动碳市场的发展和成熟。

12.1.3 碳中和目标下的碳交易市场体制机制创新

应进一步完善碳中和目标下我国碳市场的顶层设计，夯实碳交易市场持续发展的基础。

（1）构建高效碳交易市场的机制设计，完善相关的法律法规和监管体系。我国碳交易市场正处于建设初期阶段，还未出台有关碳交易市场的权威法律文件，难以实现市场中的公平和效率，应加快推进碳交易的高位立法，出台统一的、具有最高法律效力的文件，来明确碳市场的法律地位、配额的法律属性和相关主体的权责范围。①明确碳市场的运转核心、清晰产权和主体责任，不断提升碳交易市场交易过程的透明化程度，稳步推进碳市场的制度建设。

由于我国区域低碳发展水平不相同，高位法的出台也应该结合地方政策和地方法规，既要保证法律内容的统一，以防止碳交易市场上的投机行为，也要仔细考虑各地经济发展水平，统筹规划，为建立全国统一的碳交易市场提供良好保障。在设计制度时也应设计相应惩罚机制，对违反法律责任和义务的主体有明确的惩罚措施。我国现阶段的处罚标准较低，配额设置较为宽松，对大部分企业没有约束力，应该适当收紧碳配额设置，提高罚款力度，对碳排放信息披露制度进行规范，完善动态在线监测和核算方法，鼓励第三方核查机构的参与。

（2）完善配额分配方法。碳配额分配是碳交易市场的生产要素，影响着政府和企业之间的供给和需求；碳配额分配额度影响着中国碳交易的一、二级市场。在一级市场中，政府作为供给方通过无偿或者有偿方式把碳配额分配给企业，企业作为需求方接受碳配额，并作为企业排放的约束条件。在二级市场中，碳配额额度的多少以及碳配额的分配模式影响着碳交易市场的流动性。如果碳配额总量较少，企业减排的成本会较高，部分企业会惜售配额，从而导致市场碳价过高，碳市场交易活动减少；如果碳配额总量设置过高，会导致企业缺乏节能减排的动力，不利于“双碳”目标的实现。因此，配额分配的方法与区域经济发展水平、企业客观排放量以及成本承受能力有关，完善配额分配方法是健全中国碳市场交易机制的重要步骤。

在碳配额分配制度建设中，应逐步增加拍卖方式分配的比重，降低免费配给的比重。可以通过拍卖分配的方式增加企业的成本，如果企业要获得相应的碳配额，就要付出一定的成本，但注意成本设置不能超过企业的承受范围。这种成本拍卖的方式可以真实地反映出企业排放的需求。

在碳市场配额总量的设定中，要运用发展的眼光看待问题，以促进经济的可持续发展为目标，根据未来的发展趋势进行碳配额的动态调整，并做出准确的判断，不断收紧碳市场配额总量；设计逐渐递减的碳配额科学测算模型，根据逐年减排目标的设定，通

① 李辉，庞博，朱法华，等. 碳减排背景下我国与世界主要能源消费国能源消费结构与模式对比［J］. 环境科学，2022，43（11）：5294-5309.

过模型来动态调整碳配额的总量和分配方案,确保与国家总减排目标的协调性和一致性;配套建立有效的监测和评估机制，以监控碳配额的实际分配和减排效果，通过定期监测和评估，对模型进行调整和改进，确保其科学性和可行性。中国目前区域发展水平不同，碳配额分配的方法也应不断进行优化，针对东部发达地区和西部欠发达地区的配额机制应因地制宜。无论是无偿分配还是有偿分配，都可以对西部欠发达地区给予一定的补偿，通过统筹兼顾不断完善我国碳配额分配方法。

（3）建设完整的碳金融体系。碳金融体系是碳市场体系、碳服务体系、碳政策体系的有机整体。在碳市场中，金融业可以提升碳市场的活跃度和流动性，依靠金融服务才能在碳市场中完成交易。目前中国的碳金融体系还较为薄弱，政府可以从以下方面来建设完整的碳金融体系。依据碳市场交易的准则制定相应的金融行业标准，为金融业的发展提供配套政策，保障“双碳”目标的实现；不断发展和创新碳金融服务产品，鼓励碳金融及其衍生品参与到市场交易中来，并加强与国际金融体系的合作，借鉴国外碳金融体系的经验，提升中国碳金融体系的创新能力；加大对金融人才的培养，加强碳金融体系的网络建设，为碳金融的建设奠定坚实的基础。

（4）发展多层次碳交易市场，通过区域协同实现减排目标，提升碳交易市场的活跃度。我国是发展中国家，主要产业仍以第二产业为主，区域经济发展水平不平衡，形成了排放量大、区域分散、排放源众多的特点。中国统一碳市场的建立应该与区域发展战略目标相协调，需要构建多层次碳交易市场来落实“双碳”目标，提升交易市场的活跃度。多层次碳市场建设应在明确碳市场三大定位的基础上，创建互相联通、互为补充的碳配额市场、减排量碳市场和普惠碳市场，形成“三位一体”的多层次复合型碳市场格局。碳市场的三大定位是指碳市场作为节能减排政策工具的基础定位、碳市场引领低碳发展模式创新的特色定位、碳市场驱动绿色经济发展活力的战略定位。这三个市场彼此联通，互为补充，从指标体系角度可以分解为行业和区域两个部分，并根据不同类型的指标设计不同层级的体制机制，在不同的碳市场进行相对应指标的交易。

不断完善当前市场的体制机制建设，提出一个相对稳定的市场预期，建设一个价格和功能准确完备的全国碳交易市场，不断推进碳期货市场发展，完备碳定价体系。多层次碳市场要立足于碳市场节能减排的设计初衷，引领我国低碳技术不断创新，为绿色经济发展注入活力。为了不断完善多层次碳市场的建设，政府进行顶层设计时要注意三个层次碳交易市场之间的彼此协调、有效衔接和同步建设。完善相关的法律法规，加强这三个市场的机制体制建设，区块链技术和碳配额市场的革新都应纳入机制体制建设的考虑范畴。目前，中国的碳市场交易的信息透明度和公开度仍欠缺，建立多层次市场的信息交换平台，在平台中利用大数据分析为政策主体行为提供依据；创新是多层次碳交易市场的重要环节，重点打造示范项目，不断完善多层次碳市场制度设计。

12.2 能源资源领域的深化改革

12.2.1 加快能源价格机制改革

电力、石油、天然气等能源价格的制定，不只是能源市场体制改革的核心要素，也是政府和市场关系的集中表现。能源定价机制应该符合市场化要求，从而在能源效率的提升中发挥重要的杠杆作用。[①]自 20 世纪 90 年代起，电力、石油、天然气等能源的价格逐步放开由市场形成，但受多方面因素影响，能源市场机制还不完善，价格形成机制存在部分失灵现象。应厘清当前存在的主要问题，加快建立健全碳中和背景下能够充分反映市场供求和资源稀缺程度、生态价值和环境损害成本的能源价格形成机制，推动经济和能源实现绿色低碳转型。

1. 能源价格市场化改革中的主要问题

（1）过度竞争导致的市场失灵。以煤炭行业为例，煤炭中小企业数目较多，它们过度降低价格以获得交易机会，长期的价格亏损会使企业发展停滞，甚至威胁整个煤炭行业的健康态势。另外，在政策调整下放松价格规制时，能源投机行为的产生会带来无意义的寻租活动，造成社会资源的浪费，阻碍市场机制的有效运行。

（2）比价关系导致的过度损耗。我国能源定价未能同能源的稀缺程度相结合，导致能源消耗结构中煤炭资源定价和使用不平衡，从而使得煤炭的过度消耗、经济收益的损耗以及环境的过度破坏。另外，我国能源市场未能与国际市场紧密结合，国内政府指导的定价机制使得国内能源价格长期低于国际水平，能源的过度开采不断加剧。比价关系不协调的状态也会影响我国能源产业的优化，使得中国能源产业难以进一步转型升级。

（3）政府补贴政策的弊端。政府补贴政策一般包含财政拨款和税收优惠，利用间接或直接的方式使生产者降低创新成本。以财政拨款为主的外部资金的注入，目的是确保企业拥有充足资金使得研发投入顺利进行，提高企业研发的积极性，进而促进能源的开

① 王治平. 我国能源价格与能源效率变动关系研究［J］. 价格理论与实践，2011（3）：31-32.

发与利用。但是目前我国能源补贴资金存在到位难的问题，补贴资金的规模同能源发展现状之间存在差异，补贴金额过少会影响企业研发投入的积极性，有效的激励机制依赖于补贴力度的大小。同时，单靠财政资助的补贴难以持续促进社会生产，难以实现能源价格的市场化。

2. 完善能源价格改革的对策建议

（1）加快定价机制转换。国家发展改革委印发的《关于“十四五”时期深化价格机制改革行动方案的通知》明确提出，到 2025 年，竞争性领域和各环节的价格主要由市场决定。今后应实施以消费端为主的定价机制，以需求侧来制定能源价格，使用户能够更合理地进行能源消费决策，达到能源供给量和需求量的平衡，在降低消费端能耗成本的同时，避免由政府定价带来的过度垄断和市场僵化。

（2）协调比价关系。相比国外能源定价，我国的能源价格较低，因此应适当提高传统能源的价格，以减少传统能源比价关系不协调导致的消耗过度，缓解生态环境压力。另外，比价关系的协调发展需要根据形势变化进行调整。国内能源市场进入国际能源市场时，需要及时应对国际环境变化导致的价格突变，具备相应的防范能力。针对供应链受阻的问题，提前储备充足的能源以应对危机，维持国内能源的正常供应。

（3）完善能源补贴机制。应从生产侧和消费侧两端共同进行补贴机制的完善：对于企业供给端，确保补贴的稳定和循序渐进是补贴政策落实的基础；对于消费者需求，完备的补贴机制是确保其能源购买力的基础手段。对于补贴金额的考量，需要设计合理的补贴结构以确保公平性和有效性。

另外，对于能源价格的改革应当持续稳步推进，政府应逐步放松对能源的规制，坚持以市场为主导，更大限度地发挥市场对资源的重新有效配置作用。完善对于能源价格的管控和指导，有效发挥政府在面对市场失灵时的政府职能，消除外部性，同时对垄断行业进行管制。

12.2.2 完善绿色技术的知识产权管理制度

习近平总书记在十九届中央政治局第二十五次集体学习时强调，“创新是引领发展的第一动力，保护知识产权就是保护创新”，完善知识产权管理是推动技术革新的有力保障。目前对于知识产权管理的研究主要是围绕专利权、著作权、商标权等主体权利的探讨，以及技术成果转化中的知识产权研究等。知识产权管理的过程可以分为前端的知识管理以及后端成果转化管理两个部分，分别制定针对性措施能够更好地把握知识产权管理在创新中的主动权，推动能源产业的技术革新，具体有以下三点建议举措：

（1）完善新能源技术政策制度，建立合理的强制许可制度。一是制定完善相关政策制度。对我国新能源产业进行统筹规划，确保国家与地方的统筹规划程度、发展程度、发展目标一致，避免出现严重脱节问题。基于当地的发展状况和能源布局，与当地的基础设施相匹配，合理安排税收、财政、补贴机制等。同时产业政策应结合区域实际发展状况，考虑东西部地区的发展差异，对于东部地区及超大规模城市做出前瞻性规划，发挥其产业政策落实的示范作用，进一步促进东西部地区发展的合理化，继而推进新能源技术的稳定发展。二是应该同跨国非政府组织联合，争取在谈判中制定新的知识产权制度或对已有制度进行进一步解释，以期能利用强制化手段合理使用新能源技术。

（2）实施自主知识产权专利快速申请。一是实施绿色技术的专利快速申请制度。以日本为例，日本为加快绿色技术的市场化进程，实施了绿色专利申请快速通道，专利局将相关专利列入优先审核的范围中，极大地缩短了审查周期，同时申请的专利必须满足新颖、创造、实用和环保四个要素。应借鉴其他新能源技术强国的成功经验，制定分类表，在审查过程中按照不同产业领域进行快速审查，提高审查效率。二是投入资本、人才，加大对自主知识产权的研发，设置专项经费用于绿色技术的自主知识产权研发。

（3）利用国际知识产权规则获得技术支持。当前，国际社会促进新能源技术转让的手段就是利用基金资助，全球环境基金便是用来资助发展中国家更好地应对现有的环境问题的，同时也联系着发展中国家和发达国家的利益关系。例如，1992 年出台的《联合国气候变化框架公约》中第四条第三款提倡发达国家应提供发展中国家缔约方所需要的技术转让资金。中国应充分利用已有相关规定，在项目合作、人才引进、外资投入上，积极争取技术帮助以及资金援助，运用好国际知识产权规则，合理谋求利益，为新能源技术的发展提供外部支撑。

12.2.3　完善能源监管机制

能源监管体制改革是能源体制改革的核心，推进监管机制的建立和完善对高度垄断的能源产业发展具有重要意义。我国能源监管机制的发展总体经历了初期探索阶段（1949—1978 年）、前期发展阶段（1978—1993 年）、中期起步阶段（1993—2014 年）、当前深化阶段（2014 年至今），具体阶段特征如图 12-1 所示。①

① 冯升波. 中国能源体制改革：回顾与展望［J］. 中国经济报告，2021（3）：22-26.

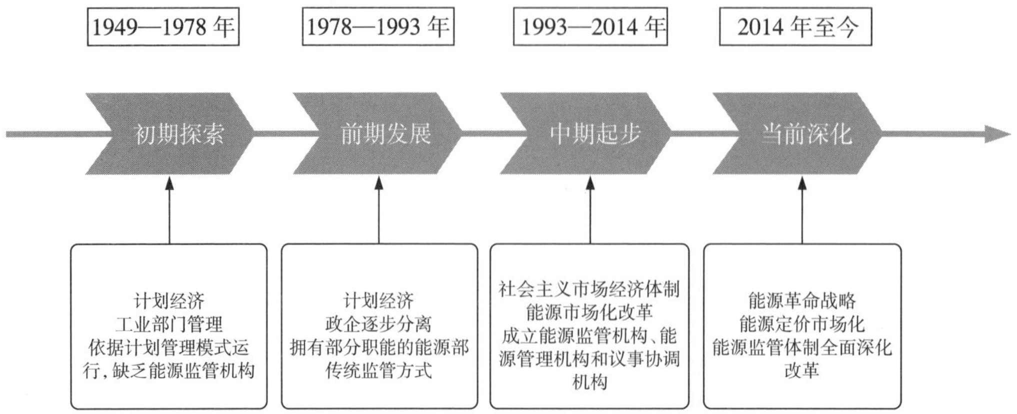

图 12-1　我国能源监管机制发展进程

碳中和战略的实施，要求进一步强化公平公正的能源市场秩序的维护，加强对与能源绿色低碳发展相关的能源市场交易、清洁低碳能源利用的监管。要完善能源领域的监管机制，应遵循以下几点：

（1）明确监管机构职能，优化政府职能。① 处理好能源监管机构间的关系，合理配置监管机构职能。② 明确各层级职能范围，政府对于涉及国有资产的部分企业应当加强管理，确保资产价值性不会降低。③ 增强能源产业独立性，可以将监管职能赋予更专业的独立监管机构予以执行，使监管行之有效。

（2）基于事权划分合理配置能源监管权力。密切上下级间的联系，加强上级对下级的监管力度。国家能源监管机构负责跨省区的管理职权，不仅能发挥地方监管的有效性，还有利于国家宏观层面对能源进行控制，进而发挥中央与地方的统一性和积极性。

（3）梳理能源监管机构与能源企业、组织间的权责关系。明确监管机构与市场的界限，避免越位、错位现象发生。厘清政府和市场的关系，避免能源监管机构过度干预导致市场化程度不足的情况。同时，设置具有专业能力的能源行业协会参与能源的监管，对专业化问题进行解决，形成以能源协会为主体的独立监管体系，充分发挥监管作用，避免能源公共事件的频发。

12.3　绿色金融体系的完善

12.3.1　中国绿色金融的实践发展历程

绿色金融是指利用金融工具引导社会经济资源向环境友好型产业和技术进行配置，实现经济和社会的可持续发展。我国是首个由政府主导进行绿色金融政策体系构建的国家①，覆盖银行、保险、证券、基金和环境交易等多个领域。立足于基本国情和经济发展情况，我国在 2015 年中央政府工作报告中首次将绿色金融作为发展目标。次年 8 月，中国人民银行等七部委联合印发了《关于构建绿色金融体系的指导意见》(银发〔2016〕228 号)，从经济可持续发展全局出发，建立健全绿色金融体系，发挥资本市场优化资源配置、服务实体经济的功能，支持和促进生态文明建设。

1. "双碳" 目标下的绿色金融体系框架不断完善

2020 年我国 "双碳" 目标的提出确立了绿色金融 "五大支柱" 的政策体系。绿色金融政策框架由 "自上而下" 和 "自下而上" 两种模式相结合，国家层面相继在《生态文明体制改革总体方案》、中央政府工作报告、党的十九大报告、国家 "十四五" 规划和 2035 年远景目标纲要中提及绿色金融，累计出台绿色金融相关政策文件 20 多项。在区域实践方面，先在浙江、江西、广东、贵州、新疆五省（区）选择部分地方建立绿色金融改革创新试验区，不断探索体制机制建设的经验，同时也鼓励其余地区积极探索绿色金融体系。

2. 绿色金融业务产品更加丰富

绿色金融产品服务体系不断创新，产品和服务更具多样性，其中绿色信贷和绿色债券创新发展最为迅速。我国的商业银行作为绿色信贷的发展主体，不断扩大绿色信贷的投入规模，用于投资绿色产业的基础设施建设和清洁节能行业。《2022 年金融机构贷款投向统计报告》显示，2022 年年末中国绿色贷款本外币余额达到 22.03 万亿元，比 2021 年的 15.9 万亿元增加 6.13 万亿元，增长率为 38.6%。其中，用于碳减排项目的投资贷款总额为 15.7 万亿元，占全部绿色贷款的 66.7%。我国绿色债券的发行体量也十分庞大，绿色债券的回报率远高于债券市场的平均水平。根据 2022 年中国绿色债券年报披

---

① 安国俊，陈泽南，梅德文. "双碳" 目标下气候投融资最优路径探讨 [J]. 南方金融，2022 (2)：3-17.

露数据，2022 年中国境内外绿色债券新增发行规模约 9 838.99 亿元，发行 568 只。截至 2022 年年底，中国境内外绿色债券存量规模约为 3 万亿元。

3. 绿色金融国际引领作用增强

我国政府高度重视绿色金融的发展，我国在绿色金融体系、绿色金融产品和绿色金融国际合作等领域已经具有了一定的话语权。中央财经大学绿色金融国际研究院和国际金融论坛研究院共同发布的“全球绿色金融发展指数和国别排名”从政策与战略、市场与产品、国际合作三方面综合评价了各国的绿色金融发展情况，2021 年我国绿色金融全球指数排名位居第四，是唯一进入前十的发展中国家。我国在 G20 可持续绿色金融小组、中英中法之间的绿色金融合作，以及中欧绿色金融一致化的研究都处于推动者和引导者的地位，积极推动了“一带一路”绿色化，并提出了 12 条倡议，号召参与国家制定绿色化标准，满足国家对于绿色发展的需求，并在未来有可能发展成为全球性的倡议计划。

12.3.2 碳中和目标下绿色金融体制机制创新

“双碳”目标的实施为绿色金融发展带来了更大的契机，同时也提出更高的要求。有必要进一步推进绿色金融体制机制创新，建立起金融支持绿色低碳转型的长效机制。

1. 健全绿色金融的法律法规体系

制定法律和监管框架是发展绿色金融的基础，旨在促进绿色金融的发展和规范市场行为。政府主导逐步健全绿色金融法律法规体系，一是要健全包括绿色产业发展和监管在内的规范化、法制化政策体系，完善具体方法和细则。通过立法方式规定对超排污企业的责任认定，规定对超排污企业的处罚力度及对履约企业的激励措施，对未及时准确披露自身环境的企业责任人同样进行法律追责；对已有的法规、规定和法律等加以细化和总结，使整理结果作为相应行业的实施细则；将其部分规章与政策性文件上升为地方性法规，与国家强制力保障实施的法律规范相结合，在依托硬法的基础上发挥软法的作用，为绿色金融的可持续发展提供政策指导和法律保障。二是要加强法律责任制度建设，明确企业和监管部门的责任和要求。制定透明度要求、披露要求和财务准则，确保投资者和市场参与者获得准确的环境和气候相关信息；提供市场规划和透明度，帮助投资者和市场参与者更好地识别、评估和管理这些风险，提高绿色金融业务的可持续性和稳定性，进而推进中国绿色金融市场健康、高效发展。

2. 健全绿色金融信息披露制度

健全绿色金融信息披露制度，有利于投资者充分了解该绿色项目的相关信息，提高市场透明度，提升绿色金融的投资力度，吸引更多资本投入，并使企业重视绿色业务的发展，继而推动“双碳”目标的实现。中国计划于 2025 年基本形成强制性环境信息披露制度，期望通过“市场+监管”两部分共同来提升信息披露的质量。明确绿色信息的披露标准，融资主体和金融机构之间的信息披露标准应该统一化和准确化，逐步加强与气候、环境等因素相关的信息披露要求；完善金融资产在 ESG 方面的绩效考核，如债券发行人、上市公司、商业银行等；明确披露的标准和内容，例行披露环境和气候信息，披露投资预期环境效益、筛选标准、项目类别等相关信息，并建立统一的信息共享平台和碳排放数据共享平台。委托具有较强信息量化能力和专业水平的外部评估机构对有绿色金融项目的企业进行评估和评级，改进和完善第三方绿色认证评估体系，并将相关企业的绿色评估报告公开。解决融资主体与金融机构信息不对称的问题，大力降低绿色金融市场交易的成本。

3. 不断推进绿色金融普惠化

在面对气候和环境变化的问题时，许多个人和小微企业都具有很高的参与热情，因此，应加大绿色金融普惠化，激励社会各阶层和群体采取绿色行动。首先，要建立绿色金融客户（如绿色小微企业）的界定标准，将绿色收入占比和 ESG 评级纳入界定范围，定义绿色小微企业；其次，不断推动金融产品创新，如创新绿色普惠信贷产品、保险产品等，从而满足绿色普惠主体的多元化融资需求；再次，发挥政策“组合拳”作用，综合运用财税政策和金融政策，通过减少成本和增加利润的方式引导金融资源投入绿色普惠领域，促进绿色金融和普惠金融的融合发展。

4. 完善系统化激励制度体系

应进一步优化绿色财政配置，有效发挥市场激励作用。政府可以设立绿色金融基金，提供财政支持和资金补贴，鼓励金融机构和企业开展绿色金融业务；不断发展绿色债券市场，支持绿色项目的融资并推动绿色金融创新；优化绿色金融财税扶持制度，通过提供税收减免、补贴或者优惠利率等激励措施，降低绿色金融的成本和风险；建立差别化利率政策，针对从事重点环保领域金融业务的机构和企业设置差异化补贴，降低绿色金融产品成本，激励更多的资金流向环保和可持续项目；推动保险市场发展，鼓励保险公司提供覆盖环境风险的绿色环保产品，减轻绿色项目开展过程中的不确定性和风险；评选绿色银行时，中国人民银行可以考虑将银行资产的碳足迹纳入评选指标，以激励银行采取不同的碳减排相关措施，并促进碳金融市场健康发展。

12.4 绿色科技创新体系的完善

绿色科技创新是实现低碳战略的核心力量。应以国家“双碳”目标需求为导向，立足国情、长远布局，深入探索生态环境领域科技攻关新型体制，建立高效的科技管理机制，充分发挥绿色科技创新的支撑作用。

12.4.1 碳中和目标下绿色科技发展的国家布局

（1）能源绿色低碳转型技术。我国是世界上第一大能源生产国和消费国，化石燃料是目前我国消费占比最大的能源类型。实施“双碳”目标不意味一刀切式地削减能源消费，而应有效统筹能源利用和能源转型，走绿色、集约的新型工业化道路。引领高碳工业的低碳化、零碳化是目前亟待解决的问题之一。一方面，应加大化石燃料清洁转化技术的研发，为煤炭高效转化、煤制品清洁燃料、能源的消纳等提供技术支撑；另一方面，应提高可再生能源的应用比例，如太阳能、深海高空风能等，同时加大在电池、海上发电、生物质能等各项新能源发电技术，可再生能源电网技术以及以数字化带动能源结构变革等方面的布局。

（2）能源智慧储能系统。首先，储能技术的突破是新能源开采利用的核心。各国和组织机构应着力将低成本、高性能的储能技术作为关键突破口，提高自身制造竞争力。国家发展改革委和国家能源局于 2022 年印发《“十四五”新型储能发展实施方案》，对于我国未来十年的发展做出详细规划，肯定了储能市场的地位、模式和利用价值。其次，多能融合的智慧能源系统融合了大数据信息技术，在装配、储存、消费等环节进行耦合优化，破解了在上述环节中出现的问题，保障了能源消费和生态协调发展。2015 年，国务院将“互联网+智慧能源”列为重点发展领域之一，将信息技术与能源产业融合以推进我国能源革命战略。2016 年，国家发展改革委提出《关于推进“互联网+”智慧能源发展的指导意见》，进一步明确发展重点。当前我国“互联网+”智慧能源技术仍处于发展阶段，需要不断优化发展路径以确保技术得到充分发展。未来我国需针对能源设备进行优化升级，并在智慧能源网络的构建下，促进能源系统的高效运行。

（3）碳捕集、利用和封存技术。碳捕集、利用和封存技术是将二氧化碳从能源利用过程或空气中捕集并分离出来，再运输到合适的场所进行再利用或封存的技术。①该技术能够有效实现碳减排，是我国实现碳中和战略目标不可或缺的一项。近年来，我国高度重视 CCUS 技术的发展，《“十四五” 规划和 2035 年远景目标纲要》明确将 CCUS 技术作为重点进行支持引领，CCUS 在我国碳达峰、碳中和的发展目标下的重要作用逐渐体现。国家各种重点研发计划持续对 CCUS 技术做出支持，在多个流程中都取得了一定成绩，尤其是燃烧前捕集、运输、开采封存以及集成类的技术发展迅速。从 2004 年首个 CCUS 项目成功运行后，至今已投运和建设项目近 67 个。相关技术的快速进步，示范项目的顺利运行，战略方针的布局落实，呈现出新技术快速发展普及、生产效率持续提高的良好态势。

（4）生态固碳增汇。生态系统具有强大的碳汇能力，实现固碳增汇是我国实现碳中和目标的重要途径之一。当前固碳增汇技术的重要任务在于稳定现有生态系统的碳储量，合理规划国土空间，做好用途管控；实施生态修复工程，提高生态系统质量；提高碳汇能力，统筹已有的天然或人工生态系统。②世界资源研究所在 2018 年的报告中提出的基于自然的解决方案，是利用自然因地制宜地提出生态系统固碳方案，同时对生态系统进行进一步优化，实现各要素的协调统一。生态工程增汇模式的建立需要统筹国土空间绿化和生态环境治理，从时间、空间、经济成本各方面考量，建设分级分类的生态工程。目前我国已经提出生态增汇的战略布局，在战略支持下还需要依靠技术手段以完成发展目标。以增汇技术为例，未来需要因地制宜地验证增汇技术的有效性、经济性，并使其得到普及使用。同时，还需要建立起完备的碳汇监测系统，对已经实施增汇技术的地区进行评估优化。

（5）低碳社会转型发展。低碳战略关乎产业升级、技术革命、社会转型、政策文化创新的协同推进。低碳社会是追求人与自然和谐共生的绿色生活方式，以改变碳排放量为动力，从根本上转变传统的生产生活方式，实现绿色发展的愿景。2018 年，习近平总书记在全国生态环境保护大会上强调，构建高质量现代化经济体系的必然要求就是绿色发展，也是解决污染问题的根本策略，提倡适度简单、绿色低碳的生活方式，反对不合理消费。低碳社会的构建是一项长期工程，要推进社会转型需要统筹技术、经济、文化等多重要素变革，首先要推进制度的完善，无论是经济制度还是政治制度都应结合目前

① 张贤，李阳，马乔，等. 我国碳捕集利用与封存技术发展研究［J］. 中国工程科学，2021，23（6）：70-80.

② 于贵瑞，朱剑兴，徐丽，等. 中国生态系统碳汇功能提升的技术途径：基于自然解决方案［J］. 中国科学院院刊，2022，37（4）：490-501.

发展状况不断改进。其次，对于社会成员的生态文明教育也不可或缺，只有在认识上树立绿色发展理念，才能在实践中推进技术发展。

12.4.2 绿色科技创新机制的改革

从现状来看，我国绿色产业的关键技术仍与发达国家有一定差距，“卡脖子”关键技术仍然存在，绿色创新发展的内推力不足，支撑我国科技创新发展的制度和政策环境不够成熟。“双碳”目标为绿色科技创新发展带来了巨大契机，未来应从以下几个方面进行着力：

（1）加强绿色技术创新战略设计。应当以技术创新为核心，以战略引领技术发展，围绕如何提升我国低碳发展的核心竞争力构建战略布局，基于顶层设计确立技术革新的发展路线，明确科技创新的目标和发展布局；落实完善相关法律法规，保障技术的创新性，维护成果人的合法权益；为“双碳”目标的实现提供良好的政策环境，落实对于创新技术、自主知识产权保护的政策保障。

（2）在目标导向下实施“揭榜挂帅”。党的十九届五中全会提出要推进科技体制改革，实行“揭榜挂帅”制度。实行“揭榜挂帅”制度是围绕“四个面向”和关键核心技术等重大任务，实现高水平科技自立自强的创新举措。①前期发榜的关键在于宣传揭榜活动的机制和奖补政策，吸引国内外优秀人才和企业组织；中期的申请和论证揭榜需要体现方案的新颖性和完整性，揭榜活动的资金发放应具有灵活性和多样性，以适配特征不同的项目。“揭榜挂帅”制度弥补了绿色技术创新在资助体制上的不足，在扩大科研参与群体的同时，强化了成果竞争，有利于技术成果的快速发展，监管验收环节也能够检验技术是否在市场中成功转化。

（3）构建绿色科技链条。绿色科技创新得益于科技全链条的打通协调，以保障绿色创新技术从基础研究到成果转化的全过程。明确研究的领域是发展技术的基础，对于“卡脖子”的技术领域需要重点关注并加大投资力度；人才是绿色创新技术发展的决定性因素之一，一切科技创新活动都离不开人的创造性活动。关键性科技领军人才具有极强的专业性知识和一流的业务水平，对于绿色技术领域的发展有着不可撼动的带动作用，团队间的合作配合为技术的突破提供基础。新技术的自主知识产权的申请，有利于技术

---

① 梁炜. 科技创新支撑陕西建设内陆改革开放高地的态势分析和对策研究［J］. 陕西行政学院学报，2022，36（4）：13-17.

的保护，能够有效提高我国在国际上的竞争力。另外，研究成果的应用转化也是需要关注的重点，我国每年研制出大量科技成果，但能够有效转化为产品投入实际使用的数量还较少。需要在政策的支持激励下，促进科技成果的应用转化。同时拓展科技平台，找到科技与经济结合的切入点，是科研成果转化进入市场的重要渠道。

（4）坚持政府协调和企业需求引导机制。强化政府层面的引领性策略的实施，制定符合我国“双碳”目标下发展绿色科技的政策体系。协调解决在绿色创新技术上遇到的矛盾，加强对企业的扶持力度，激发企业对绿色技术的应用需求。例如通过减免税收、资金支持等对技术创新型企业进行补贴。尽快完善市场机制，以确保企业绿色技术成果转化后的经济收益，营造良好的经营环境，引导社会对于绿色创新技术的接受和应用，同时加大对创建低碳社会的宣传力度，加强生态文明建设教育力度。另外，企业要增强绿色技术研发的内驱力，主动对技术创新进行研究，并组建科技创新团队，吸纳人才以提升科技创新攻关能力。